BASTEI
LÜBBE

Von Sam Keen ist außerdem bei Bastei-Lübbe lieferbar:

60353 Feuer im Bauch
60355 Die Lust, ich zu sein

Sam Keen

ES LOHNT SICH NUR DER WEG NACH INNEN

Über das kreative Potential der Langeweile

Aus dem Amerikanischen von
Michael Benthack

BASTEI
LÜBBE

BASTEI-LÜBBE-TASCHENBUCH
Band 60 423

Die amerikanische Originalausgabe erschien unter dem Titel INWARD BOUND bei Bantam Books, a division of Bantam Doubleday Dell Publishing Group, Inc.

Lizenzausgabe im Gustav Lübbe Verlag GmbH, Bergisch Gladbach
Printed in Germany, März 1996
Einbandgestaltung: Theodor Bayer-Eynck
Satz: Schwarz Textverarbeitung, Köln
Druck und Bindung: Ebner Ulm
ISBN 3-404-60423-7

Inhalt

Teil II
Das gesunde, ganzheitliche Leben
Die Aufwärts-Spirale:
Eine Vorausschau

Einleitung:
Kein Regenbogen ohne dunkle Wolken

Solange ich zurückdenken kann, habe ich mir ein Leben voll bunter Eindrücke und Erfahrungen gewünscht. Alle in Technicolor. Kein Grau, kein Braun, keine dunklen Schatten sollte es darin geben. Ich wollte alles schmecken, berühren und ausprobieren und das Kaleidoskop menschlicher Möglichkeiten sehen. Lieber brennen, als rosten. Selbst in meinem Namen: Keen (dt.: scharf, schneidend; im übertragenen Sinn auch wißbegierig und stark interessiert an etwas) klingt an, daß es mir bestimmt war, ein intensives, gefahrvolles Leben zu führen. Ein ewiger Forscher wollte ich sein und meine Grenzen immer weiter stecken. Mein Intellekt war scharf und ruhelos, und ich schliff meine Zweifel zu Fragen, die ich jedem ins Gesicht schleuderte, der sich mit vorschnellen Lösungen zufriedengab. Fünfundzwanzig Jahre vor der Erfindung des Jogging begann ich mit dem Laufen, entschlossen, einen schlanken Körper zu erschaffen, der sich in der Bewegung heimisch fühlte. Ich hatte das Bedürfnis, mich am Abgrund der Gefahr zu bewegen. Ich rang, stieg auf Berge, tauchte, fuhr Motorrad. Nachdem ich die akademische Karriereleiter (Doktorgrad und ordentliche Professur) erklommen hatte, gab ich die Sicherheit auf, die ich inzwischen erlangt hatte. Fortan arbeitete ich als freier Schriftsteller und hielt Vorträge. Ich zog nach Kalifornien und tauchte in die Happenings der ausgehenden sechziger Jahre ein – Revolution um jeden Preis, Encounter-Gruppen, psychodelische Bewußtseinserweiterung, neue Formen der übersinnlichen Wahrnehmung usw. Auf keinen Fall wollte ich mich in der Mitte meines Lebens langweilen und geistig träge werden. Damals sagte ich meiner Frau: »Wenn ich jemals behaupte: ›ich bin zufrieden‹, wisse sie, daß ich die Flamme erstickt habe, die mein Geist sei.« Schenke mir ein intensives Leben oder schenke mir den Tod.

Daß es mir damals nicht gut ging, brauche ich wohl kaum zu betonen. In Augenblicken der Aufrichtigkeit ließen Freunde durchblicken, das Zusammensein mit mir sei zwar anregend, aber auch anstrengend. Und Bekannte mit astrologischen Neigungen nickten wissend und meinten: »Genau das ist ja auch von einem Schützen zu erwarten, wenn sein Mond im …« Ich dagegen führte alles auf mein schottisches Erbe zurück, meine unablässige Neugier und meine Lebenslust.

Als ich zerschellte, brannte und in die Dunkelheit stürzte, traf mich das völlig unvorbereitet. Nach meiner Scheidung nach siebzehn Ehejahren und einer wilden Zeit als sorgloser Junggeselle geriet ich unversehens in den Zustand, den die Mystiker des Mittelalters als »die dunkle Nacht der Seele« bezeichnet haben und die Psychologen von heute (mit weniger poetischer Ausdruckskraft und weniger Seele) lieber »Depression« oder »Midlife-crisis« nennen. Da ich schon über die Auseinandersetzung mit meinen inneren Dämonen und meine Anfänge in *The Passionate Life* sowie *Feuer im Bauch* geschrieben habe, möchte ich an dieser

Stelle nicht darauf eingehen. Ich will hier nur sagen, daß die dumpfe, schmerzliche Niedergeschlagenheit allmählich nachließ, als ich aufhörte, vor dem seelischen Leid davonzulaufen, und ich mich für die Nuancen unter den »negativen« Gefühlen zu interessieren begann, die die Geographie der nächtlichen Seelenlandschaft ausmachen. So stellte ich erste Untersuchungen über die Unterschiede zwischen Müdigkeit, Langeweile, Depressionen, Kummer und Verzweiflung usw. an.

Je weiter ich mich zum objektiven Zeugen der sich wandelnden Topographie meiner Gefühle machte, desto deutlicher wurde mir, daß mein ganzes Streben darauf abzielte, in meinem Leben ein hohes Maß an ereignisreicher Intensität aufrechtzuerhalten. So süchtig war ich nach dieser Gemütsverfassung, daß es offenbar keine Rolle spielte, ob ich himmelhochjauchzend oder zu Tode betrübt war, solange nur etwas Extremes passierte. Sich Herausforderungen zu stellen, Geist und Körper durch exzessives Arbeiten oder Spielen bis zur Erschöpfung zu treiben, erschien mir besser, als in bürgerlicher Ruhe zu verharren.

Eines Tages sah ich von meinem Wohnzimmer hinaus aufs Meer und verspürte eine leichte Langeweile. Mir fiel nichts ein, was ich wirklich aufregend gefunden oder was ich gern getan hätte. Ich litt nicht unter Depressionen, sondern war nur gefangen in meiner Reglosigkeit. Mein unmittelbarer, natürlicher Impuls war, etwas zu »machen« – koste es, was es wolle. Etwas zu tun – essen, ins Kino gehen, einen Freund anrufen, ein neues Projekt beginnen, mit meiner Frau einen Streit vom Zaun brechen. Alles, wodurch ich der Leere entflohen wäre. Dann aber tat ich etwas Ungewöhnliches – ich blieb ganz still sitzen und studierte die Umrisse der Langeweile.

Und siehe da: Das Ungeheuer der Langeweile, dem ich zeitlebens ausweichen wollte, entpuppte sich eher als interessant denn als furchterregend. Es war gutmütig, ja freundlich, eine Erholung von der hektischen Geschäftigkeit. Während ich meinem Stoffwechsel gestattete, sich zu verlangsamen, lernte ich die Gefühle der seelischen »Ebbe« zu genießen. Da lag ich brach und ließ mein Leben Revue passieren. Ich machte eine Art Bestandsaufnahme seiner befriedigenden und seiner unbefriedigenden Aspekte und begann mich zu fragen, was ich von der Zukunft erwarte. Schon bald wurde ich zum Kenner jener zahlreichen »melancholischen« Gefühle, die ich zuvor unter dem Begriff »Langeweile« subsumiert hatte. Während ich das Tempo meines Lebens verringerte, erblühte meine Vorstellungskraft, und neue Begierden entsprossen dem verbrauchten Boden. Wo zuvor nur Willenskraft und Gehetztsein geherrscht hatten, entsprangen nun die verschiedensten Gefühle. Schrittweise erlebte ich das Versprechen, das in den Mythen und den Gebräuchen alter Völker immer wieder thematisiert wird – wir entdecken die Schönheit nur dann, wenn wir die Bestie »umarmen«. Wo wir straucheln und fallen, finden wir das Gold. Unter dem Versagen liegt die Tugend. Der Stein, den die Bauhandwerker ablehnen, bildet den Eckstein. Der Schatz verbirgt sich im Müll. Wirkliches Glück stellt sich nur ein, wenn wir es zulassen, die ganze Palette unserer Emotionen zu erleben – einschließlich der Gefühle von Langeweile, Angst, Kummer, Zorn und Verzweiflung.

Immer mehr Menschen in den Gesellschaften, die wir ein wenig selbstgefällig als die »entwickelten« bezeichnen, sind heute süchtig nach einer verschwenderischen Lebensweise, die von der unablässigen Stimulation des menschlichen Nervensystems und der Volkswirtschaft abhängt. Wir sind beschäftigt, beschäftigt, beschäftigt. Die »erfolgreichsten« Männer und Frauen in unserer Gesellschaft arbeiten heute fünfzig bis sechzig Stunden in der Woche. So ist es eine Ironie, wenn man sich erinnert, daß noch in den sechziger Jahren Soziologen einen radikalen Wandel im Freizeitverhalten prognostizierten. Das Problem der neunziger Jahre dürfte darin bestehen, daß wir uns nur schwer an eine 20-Stunden-Arbeitswoche gewöhnen werden können. Statt dessen sind wir eine Nation von Geschwindigkeitsfanatikern, von Typus-A-Persönlichkeiten geworden, gefangen in der Vorstellung, Veränderungen und »Fortschritte« seien an sich schon wertvoll. Kaum erleben wir einen Rückgang, fürchten wir eine Depression und versuchen Wege zu finden, die das »Wachstum« anregen. Offenbar ist völlig die Weisheit abhanden gekommen, die die biblischen Propheten zu dem Gebot veranlaßte, einen Tag in der Woche zu ruhen und zu feiern und dem Land zu gestatten, alle sieben Jahre brachzuliegen. (Nebenbei bemerkt: Das Wörterbuch in meinem Computer hat keinen Eintrag »brachliegen«).

Als ich die Langeweile kennenlernte und das ganze Spektrum melancholischer Gefühle erkundete, gelangte ich zu der Überzeugung, die Herausbildung einer emotionalen und spirituellen Ganzheit erfordere einen psychologischen »Sabbath«: eine Zeit und einen Ort des Freiseins und der Muße. In der Zeitung von heute steht, Dr. Franz Halberg, Forscher an den Chronobiological Laboratories der Universität von Minnesota, sei aufgrund empirischer Beweise überzeugt, daß der Mensch genetisch auf einen siebentägigen Rhythmus programmiert sei. (New York Times vom 8. September 1991). Es hat lange gedauert, bis ich das Offensichtliche erkannte: Unablässiges Tätigsein und das Streben nach einem erregenden Leben kann eben die Energien erschöpfen, die nötig sind, um ein erfülltes Leben zu führen.

Es gibt mehrere Gründe, warum ich die Langeweile als Ariadne-Faden gewählt habe, der uns am besten auf der Reise ins Innere unserer Psyche leiten kann. Jedes unterdrückte Gefühl eitert, infiziert sich und trägt zu einer Krankheit bei, die nur geheilt werden kann, wenn man das verbotene Gefühl zuläßt. Wir können keine Emotion neu erleben, deren Existenz wir leugnen. Mehr noch: Das Reich der Gefühle »kann nicht lange halb versklavt und halb frei existieren«. (Auch eine Nation kann das nicht). Wenn wir eine ganze Klasse von Gefühlen in Ketten legen, leiden auch alle anderen Emotionen darunter. Doch in unserer extrovertierten und aktivitätssüchtigen Kultur ist Langeweile ein Tabu. Als ich die Bibliothek aufsuchte, um mir Literatur zu meinem Thema zu besorgen, mußte ich feststellen: es gab keine. Depressivität und Identitätskrisen sind verbreitete psychische Krankheiten, doch »Langeweile« findet in den Werken heutiger Psychologen kaum Erwähnung. Hat denn niemand nach Pascal unter Langeweile gelitten, der den Lebensüberdruß als das Hauptproblem der Menschheit bezeichnete? Eine Zeitlang fragte ich mich, ob ich unter einer der Lepra vergleichbaren Krankheit litt, die der Vergangenheit angehört. Schließlich wurde mir klar: Ich war auf ein vernachlässigtes und unerforschtes Phänomen gestoßen, das sich als Schlüssel zur Erlangung emotionaler Fülle erwies. Als ich entdeckte, daß die »angesagten« Emotionen unserer Zeit – Zorn und Kummer, Schuld und Scham – bereits gut erforscht waren, kam ich mir ein wenig wie eine Debütantin vor, die sich erst spät in die gesellschaftliche Saison stürzt und kein Thema mehr findet, das sie interessiert, weil »alle guten Krankheiten schon vergeben« sind. Zum Glück wollte also keiner die Langeweile haben. Da ich gerne auf Flohmärkte gehe und in Trödelläden stöbere, entgehen mir allerdings kaum günstige Gelegenheiten. Deshalb habe ich einen Weg eingeschlagen, an dessen Anfang die Langeweile steht. Denn sie ist die wichtigste nicht diagnostizierte Krankheit, an der »normale« Menschen leiden und die sich zudem leicht heilen läßt.

So haben wir Menschen also Glück. Der Weg zur Hölle ist schmal, die Straße zum Himmel hingegen breit. Ein Weg führt in die Krankheit, tausend Wege zur Gesundheit. Soll sich der eigene Zustand verschlimmern, muß man nur den eigenen Horizont, die Gefäße, den Geist, die Begeisterungsfähigkeit, das Gemeinschaftsgefühl immer weiter verengen. Doch will man gesunden, muß man sich den zahllosen Wundern und Heilkräften zuwenden, die sich in uns, außerhalb von uns und um uns herum finden. Beginnt man, die verhedderten Fäden der Krankheit aufzulösen, so lösen sich auch die Knoten und Verneinungen im Geist.

Wenn sie eines Tages aufwachen und erkennen, daß sie gefühlsmäßig verarmt sind, machen sich nicht alle Menschen sogleich auf den Weg ins eigene Innere. Statt dessen fordern sie, im Handumdrehen emotionalen Reichtum zu gewinnen. Hat man seine Krankheit erkannt, möchte man natürlich sofort geheilt werden. Doch so funktioniert die Psyche nicht. War man lange nach Alkohol, Drogen, Arbeit, schädigenden Beziehungen usw. süchtig, kann man nicht auf Anhieb sein seelisch verkümmertes Leben hinter sich lassen. Im Reich des Geistes gibt es keine echten Aus-der-Gosse-zu den-Sternen-Geschichten. Es erfordert viel Zeit, das ganze Spektrum der Gefühle zu erforschen und das zurückzuerlangen, was man jahrelang geleugnet und ignoriert hat. Bei der Erziehung zum emotionalen Alphabetentum müssen wir mit dem ABC beginnen, ehe wir bei XYZ ankommen.

Beginnen Sie also dort, wo Sie stehen, nicht wo Sie gerne wären. Jede wahre spirituelle Reise beginnt im Schlamm, in der Wüste, im Sumpf, in der Einöde, nicht im siebten Himmel. Fangen Sie an mit der Erforschung der Gefühllosigkeit, der Langeweile, der Verwirrung, der Ambivalenz und der Deprimiertheit – den grauen, gescheckten und trübsinnigen Emotionen. Sie werden Ihnen den Weg weisen durch rot glühenden Zorn und quälenden Schmerz, mitten hinein ins Leben, und dort werden Sie aufbrechende, goldene Blüten, frisches Grün und königliches Violett finden. Die beste Möglichkeit, ein abwechslungsreiches, farbiges Leben zu führen, besteht in der Bereitschaft, das ganze Spektrum unserer Gefühle zu erleben. Doch am Ausgangspunkt der Reise braucht man nur das Wissen, daß es keinen Regenbogen ohne dunkle Farbtöne gibt.

I

Langeweile, Überdruß und Trübsinn: Die Geographie der Nacht-Landschaft

1. KAPITEL

Die Epidemie der Langeweile

»Langeweile« steht in den westlichen Gesellschaften in der Rangfolge sozial bedingter Krankheiten auf dem ersten Platz. Dieser Gemütszustand hat epidemieartige Ausmaße angenommen. Und je weiter man sich der künstlichen Welt der Einkaufspassagen nähert, desto undurchdringlicher wird der psychologische Nebel.

Doch leider springt die Langeweile nicht so stark ins Auge wie eine Krebserkrankung. Sie ist ein Dämon von minderer Klasse, grau und anonym. Es gibt keine Anti-Langeweile-Wochen, keinen Feldzug gegen Lebensüberdruß, keine Anonymen Gelangweilten, keine Stiftung zur Abschaffung der Monotonie. Dennoch kriecht der amorphe Klecks über unser Land wie ein Riesenpilz in einem Science-fiction-Film der billigeren Machart. Langeweile verschlingt unsere unschuldige Begeisterungsfähigkeit und zerstört unsere Träume.

Sie schleicht sich in den kleinsten Winkel unseres Lebens, das unsere Ermüdbarkeit innerlich darauf vorbereitet hat. Meist bleibt diese Seuche aber unsichtbar. Sie lähmt unsere Wahrnehmungskraft nämlich auch dann noch, wenn sie sich bereits in unserer Seele ausgebreitet hat. So viele von uns leiden unter dieser Krankheit, daß wir sie als normalen, unausweichlichen Bestandteil der Lebensweise im 20. Jahrhundert betrachten.

Der Fisch weiß nicht, daß er im Wasser schwimmt. Wir haben gelernt, uns mit langweiligen Jobs, deprimierenden Städten, lebensfeindlichen Bürokratien, der Fernseh-Wüste und einer fehlgeleiteten Politik abzufinden – frei nach dem Motto: so ist nun mal das Leben. Lebendige Menschen, voller Saft und Kraft, die sich mit wenigen einfachen Dingen zufriedengeben, sind rar geworden. Weisheit gilt als obsolete Tugend, nach der man in den Lebenszeugnissen bedeutender Männer und Frauen der Vergangenheit sucht. Und das Erstaunen, das die antiken Philosophen als Ziel und Lohn eines guten Lebens priesen, gibt auch keine Titelgeschichte im *Rolling Stone* [amerikanische Musikzeitschrift] oder in *Newsweek* [amerikanisches Nachrichtenmagazin] her.

Eine allgemeine Unzufriedenheit bestimmt uns: die Sisyphus-Krankheit, die aus unserem Inneren kommt. Unauffällig saugt uns irgendein Vampir das Lebensblut unseres Enthusiasmus (aus dem Griechischen entheos, »von Gott inspiriert«) und unserer Hoffnung aus den Adern – jenen Geist, den man in alten Zeiten »Seele« nannte. Besonders beängstigend ist aber: Ohne Widerspruch zu erheben, lassen wir zu, daß unsere Vitalität langsam dahinschwindet. Vielleicht hat sich die Langeweile zu einem derart normalen Bestandteil der modernen, von Technik und Technologie bestimmten Gesellschaft entwickelt, daß wir unser Krank-Sein nicht einmal bemerken – es jedenfalls ohne Gegenwehr akzeptieren. Und so werden wir nicht mit einem Knall, sondern mit einem Wimmern sterben.

Und wie fühlen *Sie* sich?

Vielleicht wachen Sie eines Morgens auf, und in Ihrer Seele herrscht ohne erkennbaren Grund Februar-

Stimmung. Grauer Alltags-Montag. Es ist Ebbe, bis auf Sandbänke nichts zu sehen. Doch spüren Sie keinen besonderen Schmerz, lediglich eine große, schmerzende Leere und große Unrast. Alles Aufregende ist aus Ihrem Leben entwichen. Nur eine schmale Reihe verstreuter Erinnerungen ist am Strand zurückgeblieben und markiert die zurückgehende Flut Ihrer Leidenschaften. Sie denken an Ihre Arbeit, Ihre Ehe, den Urlaub, den Sie im August antreten wollen – aber alles kommt Ihnen schal und fad vor. Kaum etwas ist Ihnen wirklich wichtig, Sie haben keine glühenden Träume, keine lebendigen Hoffnungen mehr, nicht einmal für Empörung bleibt Raum. So leben Sie ganz mechanisch, ohne Gefühl, von Tag zu Tag. Und ein jeder Tag trägt das gleiche, fade Gesicht.

Und wie lange geht das schon so? Sie können sich kaum daran erinnern.

Vielleicht setzte die Langeweile in der Woche nach Ihrer Pensionierung ein, oder als die Kinder die Schule verließen, und Sie auf einmal nicht mehr gebraucht wurden. Zwar versuchten Sie die Tage durch Hobbys zu füllen, aber die Zeit verging quälend langsam. Sie erledigten kleinere Arbeiten im Haushalt, traten einem Verein bei oder spielten dreimal in der Woche Golf. Doch wenn Sie nichts zu tun hatten, überkam Sie eine namenlose Traurigkeit, und die Zukunft lag vor Ihnen wie eine unfruchtbare Wüste.

Vielleicht arbeiten Sie auch in einer Fabrik der Electric Hose and Rubber Company, in der Schicht von drei bis elf Uhr. Zwar arbeiten Sie bereits sieben Jahre dort und sind in der Betriebshierarchie auch ein wenig aufgestiegen: Aber Sie sind noch jung. In letzter Zeit sind Sie, weil die Tätigkeit so monoton ist, zunehmend niedergeschlagen. Nachdem Sie 12000 Heizschläuche zugeschnitten und zu Strängen gebunden haben, oder überwacht haben, wie eine Strangpresse das endlose Band eines Polyvinylchlorid-Rohres herauspreßt, fühlt sich Ihr Geist wie tot an. Vielleicht sind Sie nur dieser besonderen Tätigkeit überdrüssig. Aber warum sind Sie dann so deprimiert, so tief in diese Sackgasse geraten?

Vielleicht stecken Sie auch in der Zwickmühle, die so viele Jugendliche erleben: Nie passiert etwas Neues in der Schule, es ist wie im Gefängnis, sechs Schulstunden à 45 Minuten – dazu noch Mittagessen und Hausaufgaben. Der Lehrplan und die Lehrer schreiben einem vor, was man angeblich zum eigenen Nutzen lernen muß. Und nach Schulschluß ist auch noch eine Menge zu tun. Also treiben sie sich herum und rauchen mit den Freunden einen Joint.

Oder Sie sind arbeitslos. Dafür können Sie zwar nichts, aber Sie fühlen sich trotzdem miserabel und verlieren allmählich Ihr Selbstbewußtsein. Schier endlos dehnen sich die Tage vor Ihnen.

Wie kann man sich gegen diesen Zustand zur Wehr setzen? Die Zeitung lesen – möglicherweise findet sich in den Kleinanzeigen ja irgend etwas Brauchbares; dann bis Mittag auf den Anruf der Firma warten, die Ihnen vielleicht einen Arbeitsplatz anbietet. Nachmittags gehen Sie in die Stadt, wobei Sie sich eines geschäftigen Gebarens befleißigen. Sie widersetzen sich dem Impuls, etwas zu trinken oder bis spät in die Nacht vorm Fernseher zu hocken. So tief wollen Sie nun auch wieder nicht sinken.

Sind Sie so wie die meisten Menschen, dann werden Sie der Langeweile vermutlich keine Beachtung schenken und statt dessen hoffen, das werde schon wieder vorübergehen. Oder Sie werden sich ein Hobby zulegen. Oder eine Affäre anfangen. Oder sich scheiden lassen. Oder ein neues Geschäft eröffnen. Oder ständig zu tun haben. Oder essen, um die Leere zu füllen. Wenn nichts davon funktioniert, versinken Sie in Depressionen und fragen sich, was eigentlich mit Ihnen los ist. (Stellen Sie sich die Langeweile als eine ganz normale Erkältung vor, und Depressivität als eine Lungenentzündung). Wenn Sie es sich leisten können und keine Angst vor dem Blick ins eigene Innere haben, beginnen Sie eine Therapie. Geht das nicht, bringen Sie Ihren Hausarzt dazu, Ihnen Tranquilizer oder Medikamente zur Stimmungs-»aufhellung« zu verschreiben. Oder Sie fangen an zu trinken. Oder versuchen, die schwierige Situation durchzustehen.

Dennoch fühlen Sie sich einsam – aber das sind Sie nicht. Zwar gibt es nur wenige genaue Statistiken, doch aus dem drastischen Anstieg der Selbstmordversuche und den Verkaufszahlen für Antidepressiva läßt sich ablesen, daß die Hälfte der amerikanischen Bevölkerung zu irgendeinem Zeitpunkt im Leben an Langeweile und Depressionen leidet. Psychiater berichten, daß die meisten Patienten heute nicht in die Sprechstunde kommen, um ihnen ihr Leid zu klagen, sondern weil sie unter einem Gefühl der Leere leiden. »Doktor, ich fühle einfach nichts mehr. Mir fehlt irgend etwas, aber ich weiß nicht, was. Es muß doch noch mehr im Leben geben.«

Die Werke der literarischen Moderne warnten uns vor dieser spirituellen Malaise – längst bevor die psychiatrischen Kliniken mit Patienten überschwemmt wurden, die an Depressionen erkrankt waren. Schon 1936 schrieb George Bernanos in seinem *Tagebuch eines Landpfarrers*:

Ich sagte mir also, die Welt wird vom Stumpfsinn aufgefressen. Natürlich muß man ein wenig nachdenken, um sich das klar zu machen, man erfaßt es nicht sogleich. Es ist wie Staub. Solange man mit Gehen und Kommen beschäftigt ist, sieht man ihn nicht, man atmet ihn ein, man ißt und trinkt ihn, und er ist so fein und dünn, daß er einem nicht einmal zwischen den Zähnen knirscht. Sowie man aber einen Augenblick stehenbleibt, hat man Gesicht und Hände über und über bedeckt von ihm. Man muß ständig in Bewegung sein, um diesen Aschenregen von sich abzuschütteln ... Ich frage mich aber, ob die Menschen diese ansteckende Krankheit, diesen Aussatz je erkannt haben. Eine Frühgeburt von Verzweiflung, eine scheußliche Form der Verzweiflung, entsprechend dem Gärungsergebnis eines zersetzten Christentums ... Denn wenn unser Geschlecht untergehen soll, dann wird es an Überdruß und Stumpfsinnigkeit untergehen ... [Zum Beispiel diese Massenkriege, die von einer wunderbaren Tatkraft des Menschen zu zeugen scheinen und tatsächlich nur dessen stets wachsende Gefühllosigkeit ankündigen ... Sie werden schließlich zu jeweils festgesetzten Zeiten ungeheuere, in ihr Schicksal ergebene Herden zur Schlachtbank führen.]

T. S. Eliot skizziert die Konturen der modernen Wüste und zeigt uns in J. Alfred Prufrock einen Mann, dem jede Leidenschaft verlorengegangen ist:

Denn alle hab ich schon gekannt, sie all gekannt –
Der Nächte, Morgen, Nachmittage Kreis,
Ich vertat mein Leben kaffeelöffelweis;
(Dt. von Klaus Günther Just)

Hemingway stimmt eine ähnliche Litanei an, über eine Welt, in der die Erfahrungen der Leere an die Stelle der Hoffnung und der Aussicht auf ein befriedigendes Leben getreten sind. In der Story »Ein sauberes gutbeleuchtetes Café« erzählt er die Geschichte eines alten Mannes, dem alles im Leben mißglückt ist – sogar der Selbstmord.

Der alte Mann sitzt eine Weile in einem gutbeleuchteten Café, ehe er wieder in die Nacht hinausgeht. In einer Parodie des Vaterunser zieht der Erzähler schließlich die Summe des Lebens des alten Mannes: »Nada [Spanisch für »nichts«] unser, der du bist im nada, nada sei dein Name ...«

Samuel Beckett zeigt uns das Absurde in *Warten auf Godot.* Da fragt der eine Landstreicher den anderen: »Glaubst du an ein Leben nach dem Tode?« Und der antwortet: »Mein Leben ist immer so gewesen.« In Paddy Chayevskys *Marty* findet sich eine unvergeßliche kleine Szene, in der sich zwei junge Männer, die am Samstagabend »herumlungern«, weil sie nichts mit sich anzufangen wissen, immer wieder gegenseitig fragen:

> Was möchtest du jetzt machen, Marty?
> Ich weiß nicht. Und du, Angie?
> Ich weiß nicht, Marty. Und du?

Langeweile läßt sich besonders schwer diagnostizieren und behandeln, weil es sich um eine Krankheit handelt, die im Verborgenen bleibt. Wir schämen uns ihrer. Wie Schuld oder Scham, so verstecken wir auch die Langeweile hinter einem Vorhang aus Schweigen und Leugnen. Während der Vorgespräche zu diesem Buch stellte ich fest, daß die meisten Menschen allzu lebhaft protestieren und behaupten: »Ich langweile mich *nie*!« Als ich eine hübsche junge Mutter fragte, ob sie sich je langweile, erwiderte sie: »Niemals. Ich mache immer irgend etwas. Dafür habe ich keine Zeit.« Eine Woche darauf rief sie mich an und bat mich um ein weiteres Gespräch. »Als Sie mich fragten, ob ich mich langweile, habe ich das bestritten«, sagte sie. »Aber als ich darüber nachdachte, wurde mir klar, daß ich mich ständig langweile, nur habe ich mich geniert, es zuzugeben. Ich habe ein schlechtes Gewissen deswegen. Was für ein Recht habe ich, mich zu langweilen? Ich habe doch alles: ein schönes Zuhause, ein Kind, das ich liebe. Ich mache Urlaub in exotischen Ländern. Wenn ich wollte, könnte ich eine Arbeit annehmen, sogar eine Affäre beginnen. Ich habe keine Ausrede für mein Gefühl der Langeweile, niemand hindert mich daran, etwas dagegen zu tun. Trotzdem habe ich nicht wirklich Spaß am Leben. Ich schäme mich dafür. Das Leben bietet mir soviel Schönes und Wertvolles und dennoch kann ich mich nicht daran freuen. Ich komme mir leblos vor, ich kann mich einfach für nichts begeistern.«

Amerikaner sind ganz besonders ängstlich und scheuen das Eingeständnis, daß sie sich langweilen. Sie sehen sich als Erfolgsmenschen. Das Recht auf das Streben nach Glück ist ja auch in der Verfassung ihres Heimatlandes verankert. Durch Fleiß und Phantasie haben wir ein Gemeinwesen erschaffen, das mehr materiellen Reichtum angehäuft hat als irgendeine Gesellschaft zuvor. Die meisten Menschen leben in einem materiellen Luxus, um den die Könige des Mittelalters sie beneidet hätten. In Wirklichkeit aber haben wir die Krankheit der Könige demokratisiert. Heute kann sich jeder ein Leben im Überdruß leisten.

Um uns ein richtiges Bild darüber zu machen, in welchem Ausmaß unser Leben von der Langeweile geprägt ist, müssen wir die Nebenwirkungen betrachten – die Mittel, durch die wir unsere Substanz vergeuden, wenn wir diesem Ungeheuer zu entfliehen suchen, das uns gar nicht verfolgt. Unsere rasende Flucht (wie auch die Strategien, um die Leere zu vermeiden) zeigt uns treffend, wie sehr wir das fürchten, was die Mönche im frühen Christentum den »Dämon des Mittags« nannten. Welchen Preis zahlen wir nun, um das falsche Selbstbild aufrechterhalten zu können, das uns einredet, wir seien widerstandsfähige, keinen-Tag-in-der-Woche-gelangweilte Extrovertierte, die alles im Griff haben? Was sind die versteckten Kosten, die auftreten, wenn wir bestreiten, daß wir uns langweilen? Im folgenden seien einige Ersatzhandlungen genannt, mit denen wir besonders gern der Langeweile ausweichen.

Immer beschäftigt sein. (Müßiggang ist aller Laster Anfang). Immer dran bleiben. Wer rastet, der rostet. Arbeite und schaffe. Wir sind, was wir tun. Bist du in Rente oder hast du viel Freizeit, lege dir ein »Hobby« zu.

Geschwindigkeit. Wir sind ständig in Bewegung. Unsere Lieblingsdrogen sind Koffein und Zucker. Lasse niemals zu, daß dein Körper, deine Seele oder die Volkswirtschaft zur Ruhe kommt. Stimuliere dich und andere. Wir sind süchtig nach dem eigenen Adrenalin. Geschwindigkeitsfanatiker.

Konsumiere. Iß. Füll die Leere. Entsteht ein Bedürfnis, dann befriedige es durch sofortiges Essen, schnellen Sex oder den Kauf des neuesten Gerätes der Unterhaltungselektronik. Geh einkaufen.

Unterhalte dich. Fülle die Zeit. Stöpsel dein Nervensystem in ein Radio oder einen Fernsehapparat.

Worin bestehen nun die Auswirkungen unserer Flucht vor der Langeweile? Was ist der Preis, wenn wir unsere Krankheit leugnen?

Müdigkeit. Immer sind wir abgespannt. Unsere Nerven ebenso wie unsere Volkswirtschaften werden durch die Zufuhr künstlicher Stimulanzien stark strapaziert. Geschwindigkeitsfanatiker altern schnell. Wir leiden unter einer massiven Energiekrise. Auf der psychologischen Ebene bezeichnet man sie als Depression, in wirtschaftlich-politischer Hinsicht als Rezession oder Stagnation. Doch wie man das Phänomen auch nennt, es bleibt eine Depression. Das suchtartige Verlangen nach ständigen Reizen kettet uns an Drogen und macht uns blind für die Freuden eines langsameren, »stetigen« Lebens. Alle unsere Ängste richten sich darauf, unsere »Energie«-Quellen auszubeuten. Der manisch-depressive Kreislauf, das ist der *way of life.* Psychische, spirituelle und wirtschaftliche Erschöpfung bilden die Kehrseite des Drangs nach unablässigem, intensivem Erleben, Fortschritt und »Wachstum«. So folgen wir also Satchel Paiges Rat: »Schaue nie zurück – es könnte sein, daß dir jemand im Nacken sitzt.«

Gewalt. Unsere Liebe zur Gewalt entspringt dem verzweifelten Bedürfnis, unsere erschöpften Körper etwas empfinden zu lassen. Lieber üben wir Gewalt gegen Sachen und Menschen, als uns mutig der inneren Leere stellen.

Die Gewalttätigkeit hat viele Gesichter:

1. Ehescheidung. Wir reißen Familien auseinander. Fast die Hälfte von uns haben sich vom Partner getrennt und sind geflüchtet, statt den Boden einer brachliegenden Ehe zu düngen. Uns ist der Glaube

verlorengegangen, daß man den unfruchtbaren Winter überstehen muß, ehe wieder neues Leben wachsen kann. Wir fordern, unsere Beziehungen müßten immer »interessant« und »aufregend« sein und »wachsen«.

2. Drogen stimulieren die abgestorbene Psyche und die steril gewordene Phantasie. Es ist das »Gras«, das die Felder der Einbildungskraft wieder grün werden lassen soll, die »Erziehung« und Arbeit versengt haben. Amphetamine und »Depressionslöser« sollen die Stimmung all jener aufhellen, die keine tiefen Gefühle ertragen können. Alkohol betäubt den Schmerz über den Verlust der Leidenschaft und bringt unser Gewissen – wenn auch nicht ganz – zum Schweigen.

3. Über jugendliche Straftäter erregen wir uns deshalb, weil sie praktizieren, was die Medien predigen – nämlich, daß sich Gewalt auszahlt. Warum wundert es uns eigentlich, daß unsere Jugend von der Gewalt nicht loskommt, nachdem 25000 Morde und die gleiche Anzahl der unterschiedlichsten Verbrechen über den Bildschirm geflimmert sind? Hierzu schreibt der Dramatiker Arthur Miller in seinem Artikel: »Die Gelangweilten und die Gewalttätigen«:

> Niemand weiß, was Straffälligkeit »verursacht«. Doch nachdem ich einige Monate mit den Mitgliedern einer Jugendbande auf der Straße verbracht habe, kam ich zur ... folgenden Überzeugung: daß nämlich das zugrundeliegende Problem die Langeweile ist ... Die Menschen scheinen nicht mehr zu wissen, warum sie leben. Die Existenz ist zu einer Folge von Beinahe-Erfahrungen geworden, unterbrochen nur von Phasen betäubender spiritueller und psychologischer Stagnation, und ein gutes Leben ist im Grunde eine Frage des Amüsements ...

Der Straffällige ist von seiner Langeweile gefangen, er sitzt in ihr fest, ist an sie gekettet, bis er zwei, drei Minuten lang »lebt«; er begeht einen Überfall in der unmittelbaren Nachbarschaft und findet es aufregend, wenn er eine mit Benzin gefüllte Flasche einem anderen Jungen auf den Schädel knallt. In gewisser Weise ersetzt das seinen Trip nach Miami. So hat er was vom Tag. Das ist seine Einkaufs-Tour. So hat er etwas, dessen er sich eine Woche lang brüsten kann. Es ist das Leben. Herumzulungern und nicht zu wissen, was man tun soll – näher kann man dem Tod im Leben kaum kommen. Nur wenn man die Kraft der Langeweile begreift, die Bedrohung, die davon für das eigene Dasein ausgeht, kann man den jugendlichen Straftäter in die menschliche Gemeinschaft zurückführen, ihn »resozialisieren«.

Gleichwohl verbirgt sich in Straftaten wie Einbrüchen oder Ladendiebstählen eine eher geringfügige Gewalt. Die wahrhaft großen Gewalttaten sind Selbstmord und Krieg.

4. Der Selbstmord ist die Gewalttat des Introvertierten – Krieg die Gewalttat für Extrovertierte. Die Selbstmordrate unter Jugendlichen, Arbeitslosen und Rentnern steigt derzeit dramatisch. Weil wir unser ungelebtes Leben verabscheuen, töten wir unser Selbst. Wenn unsere Fähigkeit zu hoffen erschöpft ist, ziehen es einige vor, ein für allemal zu sterben, statt Schritt für Schritt. Ohne Arbeit oder Wcrtc ist das Leben leer. Lieber den einzigen »Ausweg« wählen, als sich dieser Leere stellen. Immer wieder tauchen in Briefen von Selbstmördern Sätze auf wie: »Ich bin müde.« / »Ich kann nicht mehr.« / »Mir fehlt aller Lebensmut.« / »Es gibt nichts mehr, wofür sich zu leben lohnte.« / »Mehr

kann ich jetzt nicht mehr tun.« / »Ich möchte meine Ruhe haben.« / »Meine Seele ist tot.« / »Ich spüre, wie mir alles entgleitet.«

5. Der Krieg ist die größte vorstellbare Ablenkung. In regelmäßigen Abständen opfern Nationen das Blut ihrer Soldaten, um eines Abenteuers willen, das sich als Ehre ausgibt. Durch Gewalttätigkeiten meinen wir lebendig zu werden. Kriege ermöglichen es, heroisch zu handeln und intensive »Erlebnisse« zu haben. Wenn uns das Leben allzu komfortabel erscheint, schleicht sich die Langeweile ein; dann sehnen wir uns nach der Erregung, die der Krieg uns bietet. (In Kriegszeiten sind die Selbstmordzahlen rückläufig.) Der Krieg entlastet uns vom Lebensüberdruß. Anläßlich des Jubels der Wiener Volksmassen im August 1914 schrieb Leo Trotzki: »Es gibt viele Menschen, deren Leben tagaus, tagein in monotoner Hoffnungslosigkeit verläuft; diese Menschen sind die Stützen der heutigen Gesellschaft. Die Erregung der mobilisierten Massen bricht in ihr Leben ein wie ein Versprechen; das Vertraute und seit langem Verhaßte wird gestürzt, und an ihrer Stelle herrscht nun das Neue und Ungewöhnliche.

Die Zukunft hält noch unglaublichere Veränderungen für sie bereit. Zum Besseren oder zum Schlechteren? Zum Besseren natürlich, denn was ist schlimmer – als der Normalzustand.«[2]

6. Krankheit. Wie oft wollen wir vor etwas flüchten, wenn wir krank werden? Jeder Hypochonder weiß, es ist besser zu leiden, als der inneren Leere standzuhalten. Eine Figur bei Faulkner sagt: »Habe ich die Wahl zwischen dem Nichts und dem Kummer, dann wähle ich den Kummer.« Jede Erkrankung durchbricht unseren Alltag.

Manche Fachleute auf dem Gebiet der psychosomatischen Medizin verweisen darauf, daß Krebs und andere lebensbedrohliche Krankheiten mitunter den Versuch darstellen, in ein erstarrtes Leben ein Moment des Neuen zu bringen. Die Krankheit löst dann eine krisenhafte Entwicklung aus: Verändere dich oder stirb!

Sicher erkennen wir alle, in welch großem Umfang wir uns täglich Gewalt antun. Wir sorgen uns und leben in ständiger Angst. Man muß schon ein ungewöhnlicher Mensch sein, um länger als drei Tage hintereinander Glück ertragen zu können.

Warum aber unterhalten wir diese Liebesbeziehung mit dem Leiden? Was ist denn schlimmer als seelischer Schmerz? Vielleicht das Nichts. Eher machen wir dem Streß und der Krankheit den Hof, als daß wir innere Zufriedenheit anstreben. Warum aber empfinden wir die psychologische, spirituelle und körperliche Gesundheit als so bedrohlich?

Registrieren wir langsam die Kosten unserer »normalen« Bemühungen, das Sinn-Vakuum in unserem Leben zu füllen, wird es Zeit, unsere Krankheit aus dem Geheimen hervorzulocken. Hierzu bemerkt Bertrand Russell: »Die Langeweile ist für den Moralisten ein hochwichtiges Problem, da mindestens die Hälfte aller Sünden der Menschheit der Furcht vor ihr entspringt.«[3] Wenn wir es wagen, diesem Dämon ins Gesicht zu blicken, sind wir vielleicht in der Lage ihn zu zähmen, statt uns mit aussichtslosen Fluchtversuchen zugrunde zu richten. Aber wenn wir ruhig dasitzen und über die Leere meditieren, auf der unser manisches Streben und unsere Zerstreuungen beruhen, läßt sich das Ungeheuer, das wir zeitlebens gefürchtet haben, als verkleideter Engel durchschauen. Indem wir den

Weg durch das Labyrinth unserer Krankheit suchen, stoßen wir möglicherweise auf den Pfad der Gesundheit.

Im vorigen Jahrhundert kursierte unter Ärzten folgendes Sprichwort: »Wer die Syphilis kennt, kennt sich aus in der gesamten Medizin.« (Weil die Syphilis sich in einer Vielzahl von Symptomen zeigte). Dasselbe ließe sich über die Langeweile sagen: Sie ist Bestandteil aller Krankheiten. Eine neurotische Störung langweilt uns, und eine psychotische Erkrankung jagt uns enorme Angst ein. Erkenne deine Langeweile, dann erkennst du dich selbst.

Auf unserem Weg ins Nacht-Land, das heißt, ins Herz der Langeweile werden uns alle wesentlichen Themen der Psychologie begegnen: Schuld und Scham, Freiheit und Zwang, Wille, Phantasie, Gefühl, Empfindung. Wenn Sie untersuchen, was Sie langweilt, verstehen Sie vielleicht, was Sie antreibt, was für Werte Sie haben und welche Risiken Sie eingehen müssen, damit Sie bis ans Ende Ihrer Tage wahrhaft lebendig bleiben.

Die grundlegende Strategie, die ich zum erfolgreichen Umgang mit der Langeweile und der »Traurigkeit« vorschlage, heißt: Nehmen Sie sie an. Versuchen Sie es nicht mit positivem Denken. Denn eine Grundregel der menschlichen Psyche besagt: *Was man abwehrt, bleibt bestehen.* Wer vor Langeweileerfahrungen und Depressionen flüchtet, wird sein Leben lang davonlaufen. Geben Sie sich diesen Gefühlen hin. Versenken Sie sich in ihnen. Studieren Sie Ihre Krankheit, und Sie werden gesunden. Rufen Sie sich Ihre neurotischen Zyklen in Erinnerung, dann können Sie sie in Minuten statt in Wochen durchlaufen. Der Umgang mit einem

»negativen« Gefühl gleicht einer Wildwasserfahrt im Grand Canyon: Die größte Gefahr, die von den schäumenden Stromschnellen des Colorado Rivers ausgeht, besteht darin, aus dem Boot geschleudert zu werden und in einen Strudel oder eine Rollwelle zu geraten, die uns in die Tiefe reißt. Wenn man sich zu früh bemüht, wieder aufzutauchen, ist die Wahrscheinlichkeit, daß man ertrinkt, am größten. Doch wenn man tief hinabtaucht, wird einen die Strömung sieben Meter weiter stromab an die Oberfläche spülen.

Die philosophische und psychologische Sicht, auf der die hier vorgestellten Diagnosen und Anregungen beruhen, besagt: Langeweile und Depression sind Krankheiten, mit denen sich die Psyche selbst zu heilen sucht. Es sind Einladungen, sich auf eine Abenteuerfahrt ins eigene Innere zu begeben, in die eigenen Tiefen hinabzusteigen und neu geboren zu werden. Das Bewußtsein der Langeweile ist das Tor zur Helden-Fahrt. Wenn Sie dies im Sinn behalten, tauchen Sie am Ende womöglich gestärkt und voller Staunen wieder auf. Grau ist der Grundton der Melancholie und der Ewigkeit. Steigen Sie tief hinab und begeben Sie sich auf die Suche danach.

2. Kapitel

Eine kurze Geschichte der Traurigkeit und des Dämons des Mittags

Worin zeigt sich nun diese schweigende Krankheit? Was sind ihre Ursachen? Läßt sie sich heilen? Gibt es einen Ausweg aus trüben Montagen, grauer Langeweile und düsterer Depression?

Ehe wir Rezepte anbieten, müssen wir das Phänomen beschreiben. Wir müssen darauf achten, was für Wörter und Begriffe wir verwenden, sonst greifen wir möglicherweise zur falschen Behandlungsmethode. Betrachten wir zum Beispiel die Langeweile als Sünde – wie es das frühe Christentum tat –, müssen wir womöglich einen Weg suchen, um durch göttliche Vergebung Heilung zu erlangen; wenn es sich um unreines Blut handelt, müßten wir uns Blutegel setzen, die uns das schlechte Blut aussaugen; wenn es ein böser Geist ist, bedürften wir eines Exorzisten; wenn es die reine Monotonie ist, müßten wir auf Hawaii Urlaub machen; wenn es ein chemisches Ungleichgewicht im Körper ist, ließe es sich durch Tabletten heilen.

Am besten beginnt man, indem man sich ein wenig von seiner aktuellen Geistesverfassung distanziert. Es gibt zahlreiche Vorläufer der gegenwärtigen Erfahrung von Depression und Langeweile: »Die niedergedrückte« Seele der Psalme, die schwarze Galle bei Aristoteles, den »Dämon des Mittags« der Mönche der Wüste, die *Acedia* und *Tristitia* (die Thomas von Aquin als den Kummer und den Abscheu definiert, die wir empfinden, wenn wir gegen das eigene spirituelle Gute handeln) der mittelalterlichen Kirche, die Melancholie des Hamlet, den Ennui bei Pascal, den romantischen Weltschmerz und die Langeweile im neunzehnten Jahrhundert, den Spleen der Engländer, die Angst bei Kierkegaard, den Ekel bei Sartre. Anhand einiger kurzer Streifzüge durch die Geschichte werden wir das Phänomen näher bestimmen können. Wie erlebten andere Völker, zu anderen Zeiten und an anderen Orten das, was wir hier als Langeweile bezeichnen? Auf welche Weise verschafften sie sich Heilung?

Versuchen wir, uns in die Lage der »primitiven« Frauen und Männer zu versetzen. Herr und Frau Feuerstein hocken vor dem Eingang ihrer Höhle. Beide sind schon sehr alt und haben nicht mehr lange zu leben. Er ist jetzt fünfunddreißig, sie zweiunddreißig. Sie hat sieben Kinder zur Welt gebracht (bei jeder Geburt hat Frau Feuerstein so viel körpereigenes Kalzium verbraucht, daß sie einen Zahn verlor). Nur zwei Kinder überlebten das Säuglingsalter. Wegen der kalten Witterung haben die Eltern Arthritis, und wegen des Mangels an ausreichender Ernährung leiden alle jeden Winter aufs neue Qualen. Qualen, die die anderen Kinder nicht überstanden. Von den beiden überlebenden Kindern wurde eines von einem Bären so schwer verletzt, daß es ein Bein stark nachzieht. Trotzdem hatten die Feuersteins noch Glück, besser gesagt: Die Götter haben es gut mit ihnen gemeint. Zu ihren Lebzeiten gab es fast immer ausreichend jagdbares Wild, und die Winter waren kurz. In diesem Herbst aber machen sie sich große Sorgen: Die Wildgänse sind schon früh nach Süden gezogen, und eines schrecklichen

Abends verschwand der Mond (es herrschte Mondfinsternis) vom wolkenlosen Himmel. Das sind sonderbare Omen.

Soweit wir dies wissen können, hat sich das Paar nie gelangweilt, ja es lebte so nahe am Abgrund des Schreckens – umherziehende und plündernde Nachbarn und unvorhersehbare, nicht der Jahreszeit entsprechende Unwetter –, daß es jede Form von Ordnung, Regelmäßigkeit und Monotonie begrüßte. Da ihr Leben so kurz und schwer war, hatten sie aber auch keine Zeit, in eine Krise der mittleren Jahre zu geraten. (In einigen Ländern der Dritten Welt beträgt noch heute die Lebenserwartung zwischen vierzig und fünfundvierzig Jahren.) Es war ein kurzes, ereignisreiches und unsicheres Dasein.

Überlegen wir, auf welche Weise sich die erhöhte Lebenserwartung auf den Menschen im zwanzigsten Jahrhundert auswirkt. Im mittleren Lebensalter, das heißt im Alter zwischen fünfunddreißig und vierzig Jahren, hat sich der Kreis des Lebens geschlossen. Wir sind Kind, Jugendlicher, vollwertiges Mitglied unseres Stammes gewesen, haben geheiratet und Kinder gezeugt. Der biologische Imperativ ist erfüllt. Man hat »alles gesehen«. Aber nun müssen wir ein zweites Leben beginnen, und zu diesem Zweck haben wir mit Gewohnheiten, Rollen, Selbstbildern, Berufen zu brechen, in denen wir uns während der ersten Lebenshälfte geborgen fühlten. Und sechzig plus zehn Jahre sind ein langer Zeitraum, in dem man immer wieder geboren wird oder aber sich langweilt.

Doch zurück zu den Feuersteins. Es ist Frühling, bald herrscht die Tagundnachtgleiche, und eines Abends kommen sie mit den Nachbarn zusammen, um ein Fest zu feiern; es ist Gottesdienst, Tanzveranstaltung, Vergnügen, Unterhaltung und Kunstveranstaltung in einem. Jeder Stamm kannte irgendeinen Jahreszyklus, in dem er rituelle Tänze aufführte, um dem Kreislauf der Natur ihre Ehre zu erweisen. (Der Begriff »Natur« wurde erst spät in der Geschichte der Menschheit erfunden –, nachdem Maschinen allmählich den Garten Eden verändert und verschmutzt hatten.) Gesänge wurden nun endlos wiederholt, Zauberformeln aufgesagt, genauso, wie man es in den vorigen Generationen getan hatte, die alten Mythen wurden von neuem erzählt, die Trommeln schlugen in einem fast hypnotisierenden Rhythmus. Durch endlose Wiederholungen hofften die primitiven Völker, der Welt eine stabile Ordnung aufzuzwingen, auf daß ihnen das überlebenswichtige Wild und Getreide geschenkt werde. Die Monotonie bedeutete einen Triumph, keinen Schrecken. Initiationsriten feierten die Ordnung des Lebens.

Im Rahmen der gefährdeten Ordnung, die das Geflecht der mythisch-rituellen Geschichte geschaffen hatte und die über die unbeherrschbare, wilde Natur gesponnen war, überlebten jene Männer und Frauen, die am besten improvisieren und die auf Gefahren und günstige Gelegenheiten spontan zu reagieren vermochten. Sprang ein Tiger in den Kreis um das Lagerfeuer, teilte das die Stammesmitglieder in die Schnellen und die Toten. Menschen, die nicht auf ihre Träume und ihre Intuition achteten, waren ganz ohne Leitung. Das Überleben war abhängig von Mut, Ausdauer, dem Vermögen, die harschen Wintermonate zu überstehen, den Hunger zu bezwingen und den körperlichen Schmerz langer Wanderungen zu überwinden.

Demgegenüber hängt das Überleben in der modernen Welt davon ab, ob wir uns der monotonen, von den Maschinen erzeugten (andere Bezeichnungen wären: »effizienten«, »geordneten«, »standardisierten«) Welt anpassen können. Eine Maschine begeht keine Fehler, setzt niemanden in Erstaunen, wiederholt sich *ad infinitum* und *ad nauseam*. Die Tugenden, die wir hervorbringen, sind Pünktlichkeit, Vorhersehbarkeit und das Einhalten von Gesetz und Ordnung.

Wiederholung, Regelmäßigkeit und Ordnung, mit denen der Mensch in früheren Zeiten über die Natur triumphierte, sind zum Schrecken der Moderne geworden.

In der Blütezeit der griechischen Antike scheint die Langeweile kein gravierendes Problem dargestellt zu haben. Nicht einmal ein Wort für »Langeweile« gab es bei den Griechen. Zwar kannten sie die Erfüllung – den Zustand der Wunschlosigkeit, der aus einem Übermaß einer guten Sache resultierte –, doch wußten sie nichts vom allumfassenden Zustand der Depression und Verzweiflung, der einen Menschen überkommt, der mit dem Leben abschließen will.

In zwei Gestalten der griechischen Mythologie kommt dennoch diese Erfahrung der Vergeblichkeit zum Ausdruck. Die eine Gestalt ist Sisyphus. Diesen hatten die Götter – aus nicht ganz deutlichen Gründen – zu ewigem Leben verdammt, und er mußte immer wieder einen Felsen bergauf wälzen, der aber immer wieder – kurz bevor der griechische Held den Gipfel erreichte – hinunterrollte. Sisyphus könnte durchaus das Vorbild abgeben für den Fließbandarbeiter unserer Zeit. Dieser schraubt den ganzen Tag die hintere Stoßstange an einen Pkw, der dann nach einigen Jahren verschrottet wird. Die andere Gestalt ist Tantalus. Dieser steht bis zum Hals im Wasser, das immer wieder zurückweicht, wenn er sich vorbeugt, um davon zu trinken. Gleichzeitig locken ihn Trauben, die über seinem Kopf hängen, sich ihm jedoch immer wieder entziehen, sobald er die Hand nach ihnen ausstreckt.

Auch Aristoteles spricht von der »Melancholie«. Seine Formulierungen ähneln den Begriffen, mit denen wir die gegenwärtigen Depressionserfahrungen umschreiben. Vier Körpersäfte: Blut, Phlegma, gelbe Galle und schwarze Galle, so heißt es, mischen sich in unterschiedlichen Anteilen und erzeugen unterschiedliche Menschentypen. Wenn die schwarze Galle vorherrscht, neigt der Mensch zu Sorgen, Unrast und einer namenlosen Traurigkeit, vielleicht sogar zum Selbstmord. So beunruhigend dieses Temperament auch ist – es bildet die Grundlage des Genies. Schwarze Galle kann auf eine »heilige Krankheit« hindeuten, die in einem Menschen die Anlage zur Kreativität weckt. Melancholie kann ein verbrämter Segen sein.

Das heute vorherrschende Gefühl der Langeweile fand sich in der Antike noch am ehesten bei den Angehörigen der römischen Oberschicht. So schreibt der Dichter Horaz einem mißgestimmten Sklaven, der seine Ländereien beaufsichtigt, einen Brief und erinnert ihn daran, daß er – der Sklave – sich nach dem Land sehne, wenn er sich in der Stadt aufhalte, und nun, da er sich auf dem Land aufhalte, wolle er in der Stadt sein. Gegen diese innere Unruhe gebe es nur ein Heilmittel: harte körperliche Arbeit. Und der Philosoph Seneca klagt, er leide unter »taedium vitae«, dem Ekel vor dem Leben, »bei dem die Seele inmitten der Ruinen ihrer Begierden gelähmt [ist]«. (Dieser Satz deckt sich nahezu mit unseren Erfahrungen – auch heute entspringt Langeweile aus Apathie, innerer Lähmung und dem Nicht-Vorhandensein von Begierden). Als Lösung schlägt Seneca vor, Einsamkeit und soziales Leben in ein Gleichgewicht zu bringen und sich in die Belange der *res publica* einzumischen.

Sicherlich empfand man auch in der Antike hin und wieder Lebensekel. Doch wurde er nie zum ernsthaften individuellen oder sozialen Problem. Die alten Griechen und die Römer der Frühzeit trieb ein überschwengliches und unbeschwertes Lebensgefühl an. Das Experiment »Zivilisation« stand erst am Anfang. Der Vernunft entsprangen die Naturwissenschaften und die Philosophie. Die Demokratie erlebte eine erste Blüte. Als die Männer und Frauen dieser Jugendzeit der Kultur um sich blickten, erkannten sie die (göttliche) Ordnung in der Bewegung der Sterne, und sie hofften, diese Gesetzmäßigkeiten in die Sphäre der Menschen übertragen zu können. Sie waren befangen in dem Traum, die Städte so rational zu gestalten, wie es der Kosmos war, und setzten alles daran, Kosmopoliten zu werden: die Bürger einer von Naturgesetzen regierten Welt. In ihrem jugendlichen Eifer konnten ihnen menschliche Tragödien, menschliches Scheitern, ja selbst der Tod nichts anhaben. Aus ihrer Sicht betrachtet, bildete die Welt noch die Arena für ein rationales, von Gott geordnetes Schauspiel, das sich vor ihnen entfaltete. Wenn »Traurigkeit« sie überkam, blickten sie empor zu den Sternen und riefen sich in Erinnerung, daß ihr unbedeutendes Leben in einem Kosmos geborgen war, der allem Sinn und Ziel verlieh. Die Kontemplation des »bestirnten Himmels über mir und des moralischen Gesetzes in mir« (Kant) genügte, um diese Menschen von tiefer Verzweiflung zu heilen.

Doch irgend etwas geschah mit der überschwenglichen Lebensfreude der Griechen und Römer. Manche sagen, es habe sich um »Mutlosigkeit« gehandelt. Die Gründe dafür sind vielschichtig, interessieren uns hier aber nicht. Wichtig für unseren kurzen historischen Überblick ist, daß sich am Beginn des christlichen Zeitalters das Lebensgefühl grundlegend wandelte. Es änderte sich von Hell zu Dunkel, von einer optimistischen Grundhaltung zu einer pessimistischen Einstellung, von Hoffnung zu Verzweiflung, vom Vertrauen in den Traum vom irdischen Glück hin zur Überzeugung, das menschliche Leben sei »gefallen«, voller Sünde, und der Mensch fände nur Erlösung, wenn er die gegenwärtige Lust der künftigen Erlösung opfere. Der Gnostizismus und das Christentum führten zur ersten schweren kollektiven Depression in der abendländischen Kultur und zur Vorstellung von der *Acedia* – dem psychologischen und spirituellen Zustand, den Gleichgültigkeit, Widerwillen, emotionale Ödnis und Apathie kennzeichnen. Begeben wir uns nun also in diese Wüste, in der die ersten Mönche (die Psychonauten und Seelenforscher der damaligen Zeit) ihre Experimente in Sachen Meditation, Askese und Mystizismus durchführten.

Nichts konnte Evagrius von Pontus (geb. 345 nach Chr.) wirklich Befriedigung verschaffen – bis auf das Leben eines einsamen Kontemplativen und Mönches. Bereits als junger Mann zum Erzbischof von Konstantinopel ernannt, sehnte er sich nach einem Leben in der Wüste. Vor allem aber wollte er den schweren Weg des »Athleten Gottes« beschreiten. Im Alter von 31 Jahren ließ er das geschäftige, glanzvolle Leben im Mittelpunkt der östlichen Welt (das spätere Istanbul) hinter sich und begab sich auf die Suche nach der mystischen Vereinigung mit Gott. Nach jahrelangem Ringen mit Gott und dem Teufel verfaßte er ein Werk über die acht Todsünden, in dem er von der *Acedia* spricht. (Das Wort kommt aus dem Griechischen und bedeutet soviel wie »Mangel an Sorge«). Aus diesem Werk lassen sich seine Erfahrungen ungefähr rekonstruieren.

Lauschen wir seinen Gedanken, die er in der Wüste hatte: »Gebete und Fasten sind der einzige Weg. Ich muß jeden Impuls, zu sündigen, ausbrennen. Hier in der Wüste ist die Sonne sowohl Freund als auch Feind. Sie ist meine Uhr und mein Verfolger. In der Kühle der Dämmerung stehe ich auf, und mein Geist und mein Willen neigen sich zu Gott. Ich bete und warte. Böse Gedanken schleichen sich in meinen Geist. Manchmal kann ich nicht umhin, an die saftigen Gurken und Orangen zu denken, die ich täglich verzehrte, als ich noch in der Stadt lebte. Oder das Sklavenmädchen, an dem ich eines Tages auf dem Markt vorbeiging – sie war nackt bis zur Hüfte, schwitzte, roch nach Frau – kommt mir in den Sinn, verfolgt und quält mich. Oder Stolz überfällt mich, bläst mich auf und redet mir ein, ich wäre dem HERRN gleich, weil ich so viele Leiden auf mich nehme. Wenn mir diese bösen Gedanken kommen, züchtige ich mich. Kein Frühstück an diesem Morgen, und wenn ich die Bilder, wie ich im kühlen Wasser des Mittelmeeres bade, nicht vertreiben kann, versage ich mir die morgendliche Wasserration. Das Fleisch kasteien: das ist der einzige Weg zu Gott. Die Freuden dieses Lebens sind eitel und flüchtig.

In den Morgenstunden bleibt mein Wille gleich, mein Geist hebt sich. Es gibt Zeiten, da die Seligkeit zu groß ist, als daß sie in meiner Brust verbleibt. Gott selbst schenkt mir Gnade und verbindet sich mit meiner Seele, so wie ein Bräutigam zur Braut kommt.

Endlose Stunden verliere ich mich in ewiger Vereinigung. Seligkeit.

Doch in den Mittagsstunden überkommt mich der ›Dämon des Mittags‹, von dem die Psalmen sprechen. Ich falle so tief in die Acedia, wie ich zum Himmel emporgestiegen bin. Gott scheint mich zu verlassen, und ich frage mich, warum ich an diesem Ort bin. Meine Seele ist öde, mein Glaube verschwindet, mein Wille ist so schwach wie ein Falke mit gebrochenem Rücken. Mein Geist wirft Zweifel auf – war meine Verzückung am Morgen wirklich oder nur ein Traum, den ein Teufel verursachte, der mich an diesen öden Ort vertrieb? Warum bin ich nicht in Konstantinopel? Traurigkeit überkommt mich. Ich kann nichts dagegen tun.

Von allen Lastern ist die Acedia das schlimmste. Ich kann meinen Stolz kasteien, meine Habgier durch Großmut ersetzen, sogar meine sinnliche Begierde mit dem Gedanken an mein wahres Verlangen nach Gott beruhigen. Aber die Acedia saugt meine Seele aus, bis sie austrocknet und mir die Kraft raubt, mich zur Wehr zu setzen. Es ist die dunkle Nacht der Seele. Nur eines weiß ich: Wenn ich sie erdulde, so wird irgendeine Tiefe in meiner Seele ausgehöhlt, die danach von Gott gefüllt wird. Ich werde in diesen Zustand der Sünde hinabgedrückt, um von der Gnade Gottes wieder erhoben zu werden. Er muß uns zuerst zu Nichts machen, bevor er uns zu sich holen kann. Ich bleibe also allein in dieser Wüste und warte auf den Einen, der mich allein zu sich holen kann. Wenn ich schließlich nichts bin, wird Gott zu mir kommen.« Der alte Dämon des Mittags zerstörte den Glauben an die Existenz Gottes. In der gegenwärtigen Sonnenfinsternis liegen alle geheiligten Dinge im Dunkeln.

Überspringen wir das Mittelalter (als Acedia und Faulheit als Zeichen der Sünde galten, die nur durch gute Taten und die Gnade Gottes getilgt werden konnten), und wir landen im England des Elisabethanischen Zeitalters.

Shakespeare, der mit seinen Bühnenfiguren eine wahre Enzyklopädie menschlicher Tugenden und Laster schuf, porträtiert in der Gestalt des Hamlet die fleischgewordene Langeweile. Hemmungslos gibt sich der melancholische Dänenprinz seiner Trauer, Unentschlossenheit und Weltmüdigkeit hin: »Wie ekel, schal und flach und unersprießlich / Scheint mir das ganze Treiben dieser Welt.«

Hören wir, wie er die Innenwelt des Melancholikers beschreibt:

> Ich habe seit kurzem – ich weiß nicht, wodurch – alle meine Munterkeit eingebüßt, meine gewohnten Übungen aufgegeben, und es steht in der Tat so übel um meine Gemütslage, daß die Erde, dieser treffliche Bau, mir nur ein kahles Vorgebirge scheint, seht ihr, dieser herrliche Baldachin, die Luft, dies prächtige umwölbende Firmament, dies majestätische Dach mit goldnem Feuer ausgelegt: kommt es mir doch nicht anders vor, als ein fauler, verpesteter Haufe von Dünsten. Welch ein Meisterwerk ist der Mensch! Wie edel durch Vernunft! Wie unbegrenzt an Fähigkeiten! In Gestalt und Bewegung wie bedeutend und wunderwürdig! Im Handeln wie ähnlich einem Engel! Im Begreifen wie ähnlich einem Gott! Die Zierde der Welt! Das Vorbild der Lebendigen. Und doch, was ist mir diese Quintessenz von Staube! Ich habe keine Lust am Manne und am Weibe auch nicht …

Da liegt die Welt schön und schimmernd vor Hamlet, doch er ist daraus vertrieben. Freude hat sich in Ekel verwandelt. Hamlet hat seinen Adel und seinen Lebenssinn verloren, und deshalb kann er nicht handeln. Er ist gefangen in der ohnmächtigen Kontemplation des Selbstmordes – »Sein oder Nichtsein, das ist hier die Frage«. Und wie so mancher Anti-Held unserer Tage, ist auch er nur zu einem fähig – in blinder Gewalt zu töten, was er nicht lieben kann.

Der französische Philosoph Blaise Pascal (1623-1662) sieht in dem Gefühl, aus einem potentiell freudigen Leben vertrieben zu sein, ein Kennzeichen der menschlichen Existenz. Er wird zum bedeutendsten Philosophen des Ennui. In seinem Werk zeigen sich ansatzweise moderne, existentialistische Auffassungen, wonach der Mensch in einem Zustand zwischen Langeweile und Schrecken gefangen ist.

Pascal war ein genialer, aber psychisch labiler Mann. Als Zwölfjähriger hatte er für sich die mathematischen Sätze des Euklid überprüft; im Alter von neunzehn Jahren erfand er eine Rechenmaschine; mit zweiundzwanzig Jahren formulierte er eine bedeutende wissenschaftliche Theorie über das Vakuum. Schon früh bewegte er sich in den Kreisen der französischen Intelligenz. Das alles gab er auf, um ein von freiwilliger Armut und strenger Askese bestimmtes Leben zu führen, ehe er im Alter von neununddreißig Jahren starb.

Pascal zufolge setzt sich das Wesen des Menschen aus Extremen zusammen: Der Mensch ist Tier und »gefallener« Engel in einem. Einerseits plagt uns die Erinnerung an den schönen Garten Eden, aus dem man uns vertrieben hat, und zum anderen ängstigt uns die furchterregende Weite des Alls. Das folgende Zitat ist aus seinem Werk *Über die Religion*:

> Bedenke ich die kurze Dauer meines Lebens, aufgezehrt von der Ewigkeit vorher und nachher; bedenke ich das bißchen Raum, den ich einnehme, und selbst den, den ich sehe, verschlungen von der unendlichen Weite der Räume, von denen ich nichts weiß und die nichts von mir wissen, dann erschaudere ich und staune, daß ich hier bin und nicht dort; keinen Grund gibt es, weshalb ich grade hier bin und nicht dort bin, weshalb jetzt und nicht dann. Wer hat mich hier eingesetzt? Durch wessen Anordnung und Verfügung ist mir dieser Ort und diese Stunde bestimmt worden?

Um dem Grauen und den Enttäuschungen des Daseins zu entfliehen, laufen die Menschen in alle nur erdenklichen Richtungen. Wir flüchten vor dem Gespenst des Todes und der Hoffnungslosigkeit eines Lebens ohne Gott. Dem durchschnittlichen Menschen gerät das Leben zur unablässigen Suche nach Unterhaltung und Zerstreuung. Es ist eine vergebliche Flucht vor dem Ennui, und der Grund dafür »liegt in dem natürlichen Unglück unserer schwachen, sterblichen und so elenden Seinslage, daß uns nichts zu trösten vermag, sobald wir nur genauer darüber nachdenken.« (*Über die Religion*, Fragment 139).

Glücksspiel, die Gesellschaft schöner Frauen, hohe politische Ämter, Theater, Hunderennen – mit diesen Vergnügungen wollen wir uns von den Gedanken an unser Unglück ablenken. Wenn wir zufällig Erfolg haben und die Verhältnisse für uns herstellen können, in denen wir ein sicheres, zufriedenes Leben führen können, droht uns eine doppelte Gefahr, da wir dann unserem Schrecken ins Gesicht blicken müssen. Solange wir uns der erregenden Jagd nach Ruhm und Ehre verschreiben, können wir uns selbst vergessen. Das Streben nach Erfolg ist in letzter Konsequenz besser, als erfolgreich zu sein.

> 131. Nichts ist dem Menschen unerträglicher als völlige Untätigkeit, als ohne Leidenschaften, ohne Geschäfte, ohne Zerstreuungen, ohne Aufgabe zu sein. Dann spürt er seine Nichtigkeit, seine Verlassenheit, sein Ungenügen, seine Abhängigkeit, seine Unmacht, seine Leere. Allsogleich wird dem Grunde seiner Seele die Langeweile entsteigen und die Düsternis, die Trauer, der Verdruß, die Verzweiflung.

Zwar entstamme »alles Unglück der Menschen [...] einem, nämlich daß sie unfähig sind, in Ruhe allein in ihrem Zimmer bleiben zu können«, doch Ruhe und Meditation sind keine Lösung für die drohende Langeweile. Die Introspektion bzw. innere Suche dürfte ebensowenig zum Glück führen wie die blinde Jagd nach Vergnügungen. Der Mensch ist ein Geschöpf der Langeweile, dazu verdammt, sich zu langweilen, oder-schlimmer noch –, zeit seines Lebens davonzulaufen.

Wie die meisten Mystiker findet auch Pascal die Heilung in der Krankheit. Die Langeweile ist ein verkappter Segen – eine Brücke, die über die Leere dieser Welt zu Gott führt. »Die Größe des Menschen ist groß, weil er sich als elend erkennt.«

Um das Glück zu entdecken, das unser Geburtsrecht ist und aus dem wir vertrieben wurden, müssen wir uns zunächst aller Ausflüchte und eitler Ambitionen entledigen. Wir müssen uns der Tatsache unserer Sterblichkeit stellen.

Wenn Pascal ein Leben, das voller Zerstreuungen ist, als Chance sieht, der Langeweile auszuweichen, so klingt das ausgesprochen modern. Doch was er zur Lösung des Problems vorschlägt – darauf zu warten, bis sich die Leere durch die Gnade Gottes füllt –, macht deutlich, daß er noch in einer Welt des Glaubens lebte. Gott war noch nicht tot. Deshalb konnte er im letzten Augenblick – gleichsam als deus ex machina – erscheinen und uns vor dem Schlimmsten bewahren. Und eben dieser Verlust des Glaubens, daß ein transzendenter Gott einschreiten werde, um uns vor dem Tod und vor dem Nichts zu retten, macht die Langeweile unserer Zeit so viel verzweifelter, als alles, was Pascal oder die Mystiker des Mittelalters erlebt haben.

Die moderne Form der Langeweile entstand im neunzehnten Jahrhundert. In den vorangegangenen Jahrhunderten hatten Männer wie Frauen unter zuviel schwarzer Galle, Acedia und Melancholie gelitten, doch nicht unter dem Gefühl der Langeweile. Die Ehefrauen waren es satt, das Korn zu mahlen, hinter den Kindern hinterherzulaufen und jeden Morgen neben demselben Gesicht aufzuwachen. Aber sie waren nicht gelangweilt. Der ägyptische Sklave, der in einer Arbeitskolonne arbeitete und die Pyramiden miterbaute, spürte die Sinnlosigkeit, Steinblöcke umherzuschleppen und riesige Kegel in der Wüste zu erschaffen. Aber er langweilte sich nicht. Diese Annahme ist zulässig, weil Erfahrung eng mit der Sprache zusammenhängt und das englische Wort »boredom« (dt.:

Langeweile) erst vor etwas mehr als hundert Jahren allgemeine Verbreitung fand.

Wenn man genau auf die Bilder und Nebenbedeutungen, die das Wort in sich birgt, hört, hält man den Schlüssel zur Erfahrung des modernen Menschen in Händen:

bore: bohren, durchbohren, insbesondere mit einem rotierenden Werkzeug, etwa einer Drillmaschine oder einem Handbohrer
bore: langweilen; sich langweilen

Der Begriff »boredom« tauchte ganz plötzlich in der englischen Sprache auf. Soweit die Sprachwissenschaft dies erklären kann, wies er ursprünglich keinerlei Verbindung mit irgendeinem der anderen Wörter auf, die herkömmlicherweise ähnliche menschliche Erfahrungen beschrieben. Das Bild stammt aus der Welt der Maschinen: Etwas dreht und dreht sich und frißt sich immer tiefer in eine Substanz, bis sich ein Loch darin bildet.

Die Langeweile unserer Zeit läßt sich nicht mit Wasser vergleichen, das auf einen Felsen tropft. Vielmehr ähnelt dieser Zustand einer Maschine, die uns niederdrückt.

Eine der Hauptursachen, vielleicht der entscheidende Grund für die Langeweile liegt darin, daß heute Maschinen unser Leben beherrschen. Genauso wie die Technik die Außenwelt formt, hat sie uns auch die Metaphern geliefert, mit deren Hilfe wir unser Dasein zu verstehen trachten. Der moderne Mythos heißt *Frankenstein*. Wir haben ein Ungeheuer erschaffen, das uns zu zerstören droht. Das bedeutet zwar eine grobe Vereinfachung, die Geschichte der Moderne läßt sich aber dennoch in drei Aussagen skizzieren:

> Die Maschine wurde erfunden.
> (Der Mensch übernahm die Führung.)
> Gott starb. (Die Natur wurde entweiht.)
> Die Menschen langweilten sich. (Zu Tode? Vielleicht!)

Folgen wir der Logik der Ereignisse, die das moderne Problem der Langeweile hervorgerufen hat.

Die Maschine wurde erfunden. Mit Hilfe von Dampfmaschinen, Verbrennungsmotoren sowie der Massenproduktion von Personenkraftwagen, Raupenfahrzeugen und Flugzeugen übernahm der Mensch die Herrschaft über unseren Planeten und brachte die Richtung der Evolution unter seine Kontrolle. Mittels der Maschinen schrumpften zeitliche Abläufe und Entfernungen, Macht und Bevölkerungen konzentrierten sich an bestimmten Orten. Die Menschen strömten in die Städte, kündigten die Verbindung mit dem Rhythmus der Jahreszeiten und der Gewohnheit, zu-pflanzen-zu-warten-zu-hoffen-zu-ernten. Die Natur wurde zur »Sache«, zum Rohmaterial, das zu Gegenständen geformt wurde, die Glück und Reichtum verhießen. Der Wert eines Menschen wurde bemessen nach abstrakten Symbolen – nach Geld –, nicht mehr nach dem Landbesitz, der Anzahl an Vieh, der Größe der Familie, persönlicher Macht oder dem Reichtum an Erfahrungen. Je weiter wir uns vom bäuerlichen Leben, dem Jagen und Sammeln entfernt haben, desto schneller ist das Leben geworden. Die Kadenz des modernen Lebens wird gebildet von der ungebrochenen Vorherrschaft der Maschinen. Bertrand Russell bringt es treffend zum Ausdruck:

> Was wir auch denken und glauben mögen, wir sind Geschöpfe der Erde ... Der Rhythmus der Erde ist langsam; Herbst und Winter sind darin so wichtig wie Frühling und Sommer, Ruhe so wichtig wie Bewegung ... ist es nötig ..., den Zusammenhang mit der Ebbe und Flut des irdischen Lebens nicht ganz zu verlieren ... Aus all diesen Gründen wird eine Generation, die keine Langeweile ertragen kann, eine Generation von kleinen Leuten sein, von Leuten, die sich törichterweise von dem schrittweisen Vorgehen der Natur losgesagt haben, in denen jeder Lebensimpuls langsam verkümmert, als wären sie wurzellose Blumen in einem Glase Wasser.[1]

»Wie wurzellose Blumen in einem Glase Wasser«. Wovon aber sind wir abgeschnitten? Sicherlich von der Natur. Mehr noch: vom Kosmos als einer festen Ordnung, in dem ein Gottes-Schauspiel zur Aufführung kommt.

In seinem glänzenden Werk über die Geschichte des Ennui: *The Demon of Noontide*, behandelt Reinhard Kuhn die Frage, wie sich die antike Erlebniswelt von der modernen Erfahrung der Langeweile unterscheidet.

> Früher war es so, daß bestimmte Werte schon immer existierten, und der Ennui ergab sich aus dem Unvermögen, diesen allgemein akzeptierten Werten zu entsprechen. Der Glaube an diese unerreichbaren, aber dennoch real gegebenen Wahrheiten ermöglichte es sogar Pessimisten, von einem Heiligen

Leben zu träumen. Diese Möglichkeit ist nun verschlossen, übriggeblieben ist nur die Angst, die daraus folgt, daß man keine Werte mehr zu finden vermag.[2]

Bis zum Beginn der Moderne hatten die Menschen immer in einem alles überwölbenden Sinngefüge gelebt: von Gott bzw. Göttern erlebte man, daß sie ihre Werke innerhalb der natürlichen Ordnung der Dinge verrichteten. Die alljährliche Ernte stellte den sichtbaren Beweis für die reiche Fülle dar, mit der uns die Götter beschenkten. Mit dem Maschinenzeitalter änderte sich das alles. Wir wurden zu Fremden in unserer eigenen Welt. Die großen Wälder und die unberührte Natur erlebten wir als erschreckend und bedrohlich zugleich. (Auf in den Wald, auf in den Wald, sagte der Schurke. Nein, nein – überallhin, nur nicht in den Wald, antwortete die Heldin.) Die Maschine hat den einzigen uns nahestehenden Gott, den wir je kannten, getötet: die Heiligkeit, die sich mit der Welt verband.

Kein anderer hat diese Erfahrung des Todes des Natur-Gottes besser eingefangen als Sartre. In seinem Roman *Der Ekel* schildert der Antiheld Antoine Roquentin, als er einen Park betrachtet, wie er sich die Natur als klebrige Marmelade vorstellt.

Habe ich sie geträumt, diese ungeheure Gegenwart? Sie war da, lag auf diesem Park, war in diese Bäume gepurzelt, ganz wabbelig, alles verschmierend, ganz dickflüssig, eine Konfitüre. Und ich war darin, ich, mit dem ganzen Park? Ich hatte Angst, aber ich war vor allem wütend, ich fand das so dumm, so fehl am Platz, ich haßte diese widerliche Marmelade … Ich war nicht überrascht, ich wußte wohl, daß das die

> Welt war, die nackte Welt, die sich auf einmal zeigte, und ich erstickte vor Wut auf dieses dicke, absurde Sein. Man konnte sich nicht einmal fragen, wo das herauskam, das alles, noch wie es kam, daß eine Welt existierte als vielmehr nichts ... Ich schrie, »was für eine Sauerei, was für eine Sauerei!«, und ich schüttelte mich, um diese schmierige Sauerei loszuwerden, aber sie hielt, und es gab soviel davon, Tonnen um Tonnen von Existenz, unbegrenzt: ich erstickte mitten in diesem unermeßlichen Überdruß ...

Angesichts einer entheiligten Natur (die ihn nun ekelt und die keinen Sinn mehr birgt) versucht der Mensch der Moderne, sich zum fehlenden Gott zu machen. Gibt es keine Werte, keinen Sinn in unserer Welt, dann muß man eben beides künstlich erschaffen. Die Helden in Sartres Romanen sind typische Beispiele dafür. Sie beginnen ihr Leben in Verzweiflung, weil sie keine Werte mehr darin erkennen. Ihre einzige Rettung besteht darin, etwas zu erschaffen: Der Langeweile kann man nur entfliehen, indem man sich dem Nichts und dem Schrecken des Lebens stellt und angesichts der Leere dem eigenen Leben einen Sinn verleiht. Doch leider leitet sich unsere Vorstellung vom schöpferischen Prozeß aus der Art ab, wie Maschinen etwas produzieren, und nicht aus der Art, wie das Getreide wächst. Um dem Leben einen Sinn zu verleihen, richten wir unser Leben nach den Maschinen aus.

Die Langeweile unserer Zeit ist damit zum Sinnbild unseres erfolgreichen Scheiterns geworden. Wir haben die Maschine verinnerlicht. Wir sind dazu gekommen, von uns dieselbe Regelmäßigkeit, Effizienz, Auswechselbarkeit und Gefühllosigkeit zu erwarten wie von den Maschinen. Zwänge beherrschen unser Leben, wir bewegen uns nach der abstrakten Uhr-Zeit, statt nach unserem inneren Zeitempfinden. (Die Griechen kannten zwei Wörter für Zeit: *chronos* bezeichnete die formale Uhr-Zeit, *kairos* die erfüllte Zeit.) Wir stellen an uns die Forderung, acht Stunden am Tag und vierzig Stunden in der Woche zu arbeiten, bis wir im Alter von fünfundsechzig Jahren überflüssig geworden sind, soll heißen: »in den Ruhestand treten«.

Unseren Wert bemessen wir dabei nach unserer Produktivität, dem »Output«. Die Phantasie und die Gefühle müssen einem strengen Regiment unterworfen werden. Nur keine Tagträume am Arbeitsplatz! Am Ende des Arbeitstages gehen wir dann »nach Hause«, kehren zurück in unsere winzigen Wohnungen oder Reihenhäuser in sauberen Vororten. In jüngster Zeit ist sogar der intimste Teil unseres Wesens der Maschine zum Opfer gefallen. Die moderne Medizin hat das Herz zu einer bloßen Pumpe degradiert, die durch einen künstlichen Apparat ersetzt werden kann; die jüngsten Gehirnforschungen vergleichen den menschlichen Geist mit einer Großrechenanlage.

Die Science-fiction-Geschichten, in denen die Maschinen den Aufstand proben und die Macht übernehmen – sind keine Spiegel der Zukunft, sondern der Gegenwart. Der Imperativ der Maschine zwingt uns, nach ihrer Pfeife zu tanzen. Die Produktion darf nicht stillstehen, die Maschinen wollen beschäftigt werden, sonst kommt die Wirtschaft nicht in Schwung. Ob dabei das krebsartige Wuchern des industriellen Wachstums die Erde so weit verschmutzt, bis unsere Existenz verlöscht und die geheiligte Erde vernichtet wird, ist anscheinend gleichgültig. In dem Film *Moderne Zeiten* zeigt uns Charlie Chaplin, wie weit wir der Maschine verfallen sind. Wir drehen uns im Kreise. Und dieser

Vorgang setzt sich fort, bis sich ein Loch in unsere Seele gebohrt hat, aus dem unsere Begeisterungsfähigkeit abfließt, und wir uns leer und deprimiert fühlen.

Eine vollständige Analyse der modernen Langeweile zeigt ein wahres Knäuel von Ursachen. Mit ihrer Hilfe lassen sich einige der zahlreichen aufeinanderliegenden Schichten freilegen, während wir immer tiefer in den Bereich der Diagnose und der Heilungsmöglichkeiten vordringen. In unserer von der Technik beherrschten Welt werden Familien in regelmäßigen Abständen auseinandergerissen (im Durchschnitt ziehen Amerikaner alle fünf Jahre um), und die traditionelle Nachbarschaft verliert immer mehr an Bedeutung. Mit dem Verlust der sozialen Wurzeln geht die Anomie – die Unfähigkeit zur Gesellschaft – einher. Seichte Formen der Unterhaltung, die Suche nach erregenden Erlebnissen ist an die Stelle tiefer Befriedigung getreten. Wir kaufen und konsumieren, um unsere innere Leere zu füllen und unserem Leben einen Sinn zu verleihen. Hinter diesen vielschichtigen Ursachen verbirgt sich die Herrschaft der Maschine und der Maschinen-Werte. Von ihnen müssen wir uns befreien, damit in das Leben wieder eine Geschwindigkeit einkehrt, die zuläßt, daß wir unsere Gefühle genießen und unseren Träumen lauschen.

Ich kann mich noch gut an den Sommer des Jahres 1958 erinnern. Ich arbeitete in der Electric Hose and Rubber Company in Wilmington im Staat Delaware, in der Spätschicht. Es war furchtbar! Heiß, laut und langweilig. Acht Stunden lang wiederholte ich die immergleichen Bewegungen. Meine Arbeit bestand darin, Gartenschläuche aus Kunststoff aufzurollen – mit präzise 17 1/2 Drehungen pro Schlauch – die Endstükke anzubringen, zusammenzubinden und das fertige Produkt zu verpacken. Das inoffizielle Tages-pensum betrug 200 Schläuche. Wenn ich mich anstrengte, ließ sich diese Anzahl leicht in fünf Stunden erzielen, aber das traute ich mich nicht. »Übererfülle nicht dein Soll«, lautete die Vorschrift. Für eine Erhöhung der Produktivität gab es keine finanziellen Anreize. Ich probierte alles mögliche aus, um die Arbeit interessant zu gestalten. Ich versuchte, mich Tagträumen hinzugeben, aber nach ein paar Stunden konnte ich keinen klaren Gedanken mehr fassen. Die Arbeit erforderte gerade genug Aufmerksamkeit, daß jegliches schöpferische Denken verhindert wurde. Schließlich kam mir eine Idee. Ich riß einige Seiten aus meinem Lehrbuch für Deutsch und begann, Vokabeln und Verbformen auswendig zu lernen. Doch eines Tages ertappte mich der Vorarbeiter, wie ich laut mit mir sprach, und teilte mir mit, daß das Lesen während der Arbeitszeit untersagt sei. Die Stunden vergingen quälend langsam. Ich merkte, wie ich mich auf die Mittagspause freute. Ich gewöhnte mir an zu rauchen, weil man den Rauchern am frühen Abend eine fünfzehnminütige Pause einräumte. Dieser Sommer schien mir endlos lang.

Jeden Freitagabend um elf Uhr wurde ich in die Freiheit entlassen. Meine Frau holte mich am Fabriktor ab, und wir fuhren die 100 Meilen nach Bethany Beach. Dort schlugen wir in den Dünen unser kleines Zelt auf. In den ersten Morgenstunden lief ich zum Strand, stürzte mich ins tintenschwarze Meer und ließ die Wellen über mich hereinbrechen, bis ich mich von der Arbeit erholt und vom Gummigeruch gereinigt hatte. Schließlich, kurz vor Sonnenaufgang, schliefen wir dann miteinander und schlummerten, bis uns die Sonne aus dem Zelt vertrieb Anschließend lagen wir stundenlang am weißen Sandstrand, badeten in dem jadegrünen Wasser und sogen mit unseren Blicken den endlosen blauen Himmel ein. Erst da erwachte mein Geist wieder zu neuem Leben, und meine Kräfte kehrten zurück.

In nur einer Generation vollzog sich die Entwicklung von einfachen zu komplexen Maschinen, gleichzeitig vollzog sich der Übergang vom Optimismus zur Depression. Diese Erfahrung spiegelt sich in unserer Sprache und in unseren populären Liedern. Der Blues entwickelte sich, und damit ging ein Wandel in der Eigenart und der Bedeutung einher, wie man in Amerika die Melancholie erlebte.

In den dreißiger Jahren sangen amerikanische Sänger den Blues (»I got the weary, lonesome, homesick blues«). Es gab den Blues der Nacht und den Blues des Liebeskranken. In jenen Tagen bedeutete »blues« Sehnsucht und Nostalgie, das Gefühl, daß das Leben häufig einsam sei und uns manchmal anödete und uns nach mehr verlangen ließ. Damals lebten wir nicht im Überfluß. Alle waren arm und hatten oft einen leeren Magen. Es ging in Ordnung, »blue«, d. h., traurig gestimmt zu sein, da man sich auf dem Weg nach Irgendwo befand – vielleicht nach Kalifornien. Die Zukunft erschien uns noch verheißungsvoll.

Als der Zweite Weltkrieg kam, zog sich dieses Gefühl eine Zeitlang zurück. Amerikaner opferten sich, damit überall auf der Welt demokratische Verhältnisse einkehrten. Außerdem kam es zu keinen individuellen und volkswirtschaftlichen Depressionen mehr. Doch im Jahre 1945 begannen wir unter der atomaren Pilzwolke zu leben. Ein dauerhafter Schatten der Verzweiflung hing über uns. In der Zeit zwischen dem

Korea- und dem Vietnamkrieg verloren wir unsere Unschuld und entwickelte sich unser Überfluß. Wir waren angekommen: Was Einfluß und Produktionszahlen betraf, waren wir zur Weltmacht Nummer eins aufgestiegen, und wir waren stolz darauf. Es war nur eine Frage der Zeit, ehe der »Krieg gegen die Armut« auch die letzten Gefahrenherde auf unserem Planeten beseitigen würde.

Währenddessen verkündete die Kreditkarten-Gesellschaft feierlich, mit dem Bedürfnisaufschub habe es nun ein Ende. Kein Warten mehr, kein Planen oder Arbeiten für ferne Belohnungen. *Paradise Now!* Als wir das neue Recht auf sofortige Bedürfnisbefriedigung einforderten, merkten wir kaum, daß wir unsere Fähigkeit zu träumen, zu hoffen, etwas zu opfern und Vorfreude zu empfinden, eingebüßt hatten.

Die Werbung und die Konsumindustrie sorgten dafür, daß es einem Verbrechen gleichkam, hungrig zu sein und sich leer zu fühlen. Man versprach uns, jedes Verlangen könne durch ein bestimmtes Produkt gestillt werden. Natürlich stimmte das nicht. Nach und ach schämten wir uns unserer inneren Leere und kosmischen Nostalgie. Die Traurigkeit war auf einmal keine sanfte Melancholie mehr, kein nachdenkliches, zartes Klagen über die unausweichliche Unvollständigkeit des Lebens. Die Blues-Traurigkeit entwickelte sich zur häßlichen, schandbaren Rastlosigkeit, zum psychologischen Problem, zum Zeichen der Neurose und der mangelnden Anpassung an die Verhältnisse, zu einer Krankheit namens »Depression«.

3. Kapitel

Lebensstile: Flüchten, kämpfen oder sich verstecken

Um zu begreifen, warum manche Menschen zeitlebens vor der Langeweile davonlaufen und andere sich mit diesem Zustand abfinden, müssen wir davon ausgehen, daß das Leben im Urzustand beängstigend und erregend zugleich ist. Unter der Fassade des normalen Gangs der Dinge und des »Natürlich treffen wir uns morgen zum Lunch« lauert die Leere der Unvorhersehbarkeit. Unser Leben ist stets bedroht.

In der Tierwelt finden sich ganz unterschiedliche Umgangsweisen mit der Gefahr: Es gibt Tiere, die flüchten, die kämpfen oder die sich verstecken: Rehe, Gorillas und Beutelratten. Wenn ein Reh einen Puma entdeckt, ist der Körper sofort bereit, alles Nötige zum Überleben in Gang zu setzen: der Blutdruck steigt, das Herz schlägt schneller, der Darm entleert sich. Das Reh flieht vor der Gefahr. Wenn ein Gorilla sieht, daß ein potentieller Feind in sein Territorium eindringt, bläht er den Brustkorb, er trommelt mit den Fäusten auf seine Brust, schneidet wüste Grimassen, macht wilde Gesten und stellt sich gegebenenfalls zum Kampf. Und wenn eine Beutelratte Gefahr wittert, bleibt sie wie angewurzelt stehen, stellt sich tot und hofft, die Gefahr möge vorübergehen.

In der Sphäre des Menschen lassen sich die gleichen Reaktionsmuster erkennen. Menschen, die davonlaufen oder kämpfen (Friedman und Rosenman bezeichnen sie in ihrem Buch *Type A Behavior and Your Heart* als Typus-A-Persönlichkeiten), sind stets bereit, sich der Gefahr zu stellen. Ihr vegetatives Nervensystem ist ständig übermäßig aktiviert und befindet sich im Zustand der höchsten Alarmstufe. Diese Menschen sind gleichsam immer in Bewegung und suchen den Horizont nach Feinden ab.

In diese Kategorie lassen sich auch die meisten Amerikaner einordnen. Aufgrund unseres Nationalcharakters und unseres Ausbildungssystems lieben wir es, mit anderen zu konkurrieren. Wir streben danach, die Größten und Besten, die Sieger zu sein. Wir sind ein Volk von »Machern«, stets süchtig nach Intensität, und immer soll etwas passieren. Etwas zu tun haben, das ist die vorherrschende Art, mit dem Leben umzugehen. Vor allem der amerikanische Mann hat es immer eilig. Den vorherrschenden Persönlichkeitsstil verkörpert der extrovertierte, immer aktive Mensch.

Menschen, die sich »verstecken«, d h. Typus-B-Persönlichkeiten, versuchen sich der Umwelt anzupassen, wie es Tiere durch ihre Tarnfarbe vermögen: Sie verhalten sich ruhig und gehen Gefahren aus dem Wege. Sie reagieren auf eine gefährliche Situation in erster Linie durch die Aktivierung des parasympathischen Nervensystems. Bei Gefahr fällt ihr Blutdruck, der Puls verlangsamt sich. sie versuchen sich zu verbergen, rühren sich nicht von der Stelle und bleiben passiv. In der amerikanischen Gesellschaft ist dieses Reaktionsmuster unter Frauen verbreiteter als unter Männern. Traditionell wurde von Frauen erwartet, daß sie sich im Hintergrund hielten und nachgiebig, still, unaufdringlich, auf einnehmende Weise hilflos waren. Aggressive Frauen galten als »kastrierend«, oder man sagte ihnen nach, sie würden sich »wie ein Kerl benehmen«. In traditionellen Gesellschaften, etwa den der Hopi- oder der Navajo-Indianer, ist dieser sanftere Typus-B die Norm. Außerdem genießt er eine höhere Achtung als die aggressive Lebenseinstellung.

Typus-A-Personen flüchten vor der Langeweile – oder bemühen sich doch wenigstens, ihrer Herr zu werden. Fragt man sie, ob sie sich je gelangweilt hätten, streiten sie das ab. Wenn wir die Antwort nur oberflächlich betrachten, nehmen wir sie ihnen möglicherweise ab. Sieht man aber den Preis, den sie für das Ständig-in-Bewegung-sein zahlen, erkennt man, ihr Leben ist von der fast zwanghaften Bemühung beherrscht, der Langeweile zu entfliehen. Der aus unablässiger Intensität und Konkurrenz resultierende Streß ist der wichtigste Faktor bei der Entstehung von Herzinfarkten und möglicherweise auch von Krebserkrankungen. Der Preis, sich und andere unablässig anzutreiben, besteht im Erschöpfungszustand bzw. dem Leiden, das man früher einmal als »Nervenzusammenbruch« bezeichnete.

Typus-A-Personen laufen vor der Langeweile davon und stürzen dadurch in den Sumpf der Müdigkeit – wenn nicht noch Schlimmeres passiert. Sie entfliehen der geringfügigeren Krankheit der Langeweile, verdrängen und verbannen sie ins Unbewußte und erkranken dann erst recht schwer, nämlich an Depressionen oder existentieller Verzweiflung. Und da der in den USA verbreitetste Persönlichkeitsstil der manische Typus ist, ist die verbreitetste psychische Störung die Depression.

Lance ist ein »ganzer Kerl«. Er gehörte zu dem Typus Mann, der den Playboy liest. Er ist Besitzer eines mittleren Industrieunternehmens, lebt in finanziell gesicherten Verhältnissen (wozu ihm auch das geliehene Kapital verhilft) und hat immer was zu tun. Selbst im Alter von fünfzig Jahren ist er noch schlank und attraktiv, mit einem fast jugendlichen Aussehen. Er fährt einen Sportwagen, immer ein wenig über der zugelassenen Höchstgeschwindigkeit, und steuert sein eigenes Flugzeug. Wenn er nicht arbeitet, spielt er mit der gleichen Intensität, die ihm einst seine beruflichen Erfolge bescherte. Am Wochenende fährt er zum Drachenfliegen, zum Tauchen an die Küste von New Jersey, oder er fliegt mit seiner neuen Freundin auf die Bermudas.

Ich kenne Lance seit vielen Jahren, aber ich habe ihn noch nie gelangweilt gesehen. Oberflächlich betrachtet scheint er dem Ennui entkommen zu sein. Blicken wir aber einmal tiefer: Wenn man ihn eine Woche lang in seinem Alltag begleitet, stellt man fest, daß er keine Viertelstunde ruhig auf seinem Stuhl sitzen kann. Ständig muß er an etwas denken, unentwegt scheint er gleichzeitig an zwei Orten zu sein. Bei den seltenen Gelegenheiten, da seine Kinder (sie stammen aus einer Ehe, die vor zwei Jahren geschieden wurde) ihn ein paar Tage besuchen, macht er einen zerstreuten Eindruck. Die Kinder benehmen sich wie kleine Erwachsene: kein Herumtollen, kein Lärm, kein übermütiges Kichern und Lachen. Alle paar Monate geht Lance die Kraft aus, sie läuft ab wie Wasser in der Badewanne, und sein Gesicht wirkt grau. Zwei, drei Wochen lang handelt er wie ein Roboter. Kein Gefühl, keine Begeisterungsfähigkeit, kein Grund, am Leben zu sein. In dieser Zeit verdoppelt er seine Arbeitsanstrengungen. Er spricht in kurzen, knappen Sätzen und sorgt sich um die Ertragslage der Firma und das wirtschaftliche Klima. Selbst in den besten Zeiten kommt er kaum einmal zur Ruhe. Noch nie habe ich ihn herzhaft lachen hören.

Typus-B-Personen neigen eher zur Langeweile, als daß sie ihr entfliehen. Sie begegnen der Langeweile eher bewußt als unbewußt. In der Regel räumen sie zwar ein, daß sie sich hin und wieder langweilen, aber sie fühlen sich nur selten depressiv. Langeweile können sie weitaus leichter ertragen als den Zustand von Angst und Aggressivität, und Inaktivität oder mangelnde Intensität stellen für ihre Psyche keine Bedrohung dar.

Ellen ist um die Vierzig. Sie hat pechschwarzes, glänzendes Haar; sie ist eine lebhafte Frau, eine Spätentwicklerin. Nachdem sie im Wochenmagazin *Time* in der Dokumentation gejobbt und ein halbes Jahr im *Peace Corps* Dienst getan hatte, faßte sie den Entschluß, Psychotherapeutin zu werden. Die Ausbildung beendete sie in Rekordzeit. Etwas an Ellen erinnert an ein Waisenkind – es liegt ein Anflug von Traurigkeit in ihren Augen, eine Andeutung von Heimatlosigkeit und Angst vor dem Verlassenwerden; es sind Überbleibsel aus den langen Jahren, die sie in Heimen verbrachte. Dennoch hellt sich ihre Miene manchmal plötzlich auf, so unvermittelt wie Blitze eine Gewitterfront in Südflorida.

Als ich Ellen kennenlernte, versuchte sie gerade, das traumatische Scheitern einer dreijährigen Beziehung zu überwinden. Ellen war stark abgemagert. Ich fragte, ob sie sich je langweile: »Eigentlich nicht«, antwortete sie, »ich habe auch keine Angst davor. Wenn ich traurig werde, lege ich mich ins Bett und schlafe. Ich könnte das ganze Wochenende allein verbringen und einfach schlafen. Wahrscheinlich, weil ich ein introvertierter Typ bin. Ist man eher introvertiert, ist man weniger von der Außenwelt abhängig. Man trägt immer seinen Reichtum, seine Phantasien und seine Vorstellungskraft in sich. Da ich nachts viel träume, fürchte ich mich auch nicht vor der dunklen Seite des Lebens. Vermutlich langweile ich mich manchmal. Aber das macht nichts. Es gibt Zeiten in meinem Leben, da passiert kaum etwas, was mich aber eigentlich nicht stört. Ich brauche diese Phasen der Untätigkeit sogar, um zur Ruhe zu kommen und mich wiederzufinden. Ich brauche die Entlastung von intensiven Erlebnissen. Das Alleinleben macht mich eher einsam, als daß es mich langweilt.«

Es gibt also im wesentlichen zwei Umgangsweisen mit der Langeweile:

Flüchtende und Krieger	***Menschen, die sich verstecken***
Persönlichkeiten des Typus A	*Persönlichkeiten des Typus B*
Leben mit einem hohen Maß an Aggressivität, Angst, Aktivität und Streß. Tolerieren Langeweile in nur geringem Maß.	Führen ein eher passives oder empfängliches Leben, haben wenig Streß oder intensive Erlebnisse und verfügen über eine höhere Langeweile-Toleranz
Neigung zu manischen Zuständen	Neigung zu depressiven Zuständen

Extrovertierte	*Introvertierte*
Haben die Neigung, Grenzen zu überschreiten, treffen Entscheidungen, unternehmen etwas, laden Schuld auf sich. Die Krankheit entspringt dem ständigen Tun.	Neigen dazu, innerhalb bequemer Grenzen zu leben, und vermeiden es, herauszuragen. Leiden lieber unter Schamgefühlen wegen ihres Versagens, anstatt aktiv zu werden. Ihre Krankheit basiert auf einem Vakuum – dem, was sie nicht getan haben.
Versuchen stets, optimistisch zu sein, auf der Sonnenseite des Leben zu stehen, positiv zu denken.	Sind eher an die seelischen Hochs und Tiefs gewöhnt, sind vertraut mit der leichten nächtlichen Melancholie und der Finsternis in ihrer Seele.

Ganz gleich, welcher Verhaltensstil Sie kennzeichnet, Sie müssen einen Weg finden, mit Gefahren und Langeweileerfahrungen fertigzuwerden. Sonst drängt das Vermeiden der dunklen Seite unserer Erfahrungen die Langeweile in den Untergrund, wo sie dann in Form von Gewalttätigkeit, Depressionen oder Krankheiten zum Ausbruch kommt.

Diesen Erfahrungen kann man nicht ausweichen. Daher wollen wir nun etwas weiter vordringen, bis wir uns im Bereich der trüben Montage und der düsteren Stimmungen ein wenig besser auskennen.

4. Kapitel

Eine Landkarte für Psychonauten

Langweilen Sie sich? Oder sind Sie nur müde? Oder einsam? Oder niedergeschlagen?

Wie nahe sind Sie der Verzweiflung? Sind Sie eher zornig oder apathisch?

Was genau empfinden Sie?

Überraschenderweise kann die Mehrheit der Bevölkerung keine genaue Antwort auf diese Fragen geben. Die meisten von uns kennen sich weder darin aus, ihre Gefühlsregungen näher zu charakterisieren, noch werden sie mit ihnen fertig. Häufig verdrängen wir unsere intimsten Reaktionen vor anderen Menschen oder bei sozialen Anlässen; manchmal deuten wir sie auch falsch. Wir können wütend, gelangweilt oder niedergeschlagen sein, ohne es zu wissen. Aber der Körper registriert immer, was Sie fühlen. Wenn Sie Groll empfinden, ihn aber nicht anerkennen, können Magengeschwüre oder andere psychosomatische Symptome die Folge sein. Es sind Ersatzformen, weil Sie Ihrem Zorn nicht Luft machen. Ist Ihnen schon einmal aufgefallen, wie oft Sie insgeheim böse auf Ihren Ehemann waren oder tagelang niedergeschlagen waren, weil die Arbeit so unbefriedigend war, bis Sie dann eine Erkältung bekamen?

Besonders schwer lassen sich die »negativen« Gefühle, von Langeweile bis hin zur Verzweiflung, ausmachen. Je tiefer wir ins Nacht-Land vordringen, desto dunkler wird es ringsum. Bei der einfachen Langeweile werden wir lethargisch und gelangweilt, und die monotone Situation wiegt uns in den Schlaf. Bei der chronischen Langeweile und der Depression steigen wir hinab, reagieren erregt und verwirrt und mit der weitgehenden Lähmung unseres Bewußtseins und unseres Willens. Irgend etwas stimmt nicht mit uns. Aber was?

Stürzen wir schließlich in den Abgrund der Verzweiflung und nähern uns dem Gedanken an Selbstmord, haben wir uns allen neuen Erfahrungen verschlossen. Wir können uns gar nicht mehr daran erinnern, was uns glücklich stimmte, wie wir überhaupt den Mut aufbrachten, Entscheidungen zu fällen oder wofür es sich zu leben lohnte. Dunkelheit, Verwirrung, Einkapselung, die allmähliche Verengung unseres Lebenshorizonts – dies sind die Hauptmerkmale des »Abstiegs in die Hölle«. Wir werden gleichsam wie die »Grube und das Pendel« [Anspielung auf eine gleichnamige Geschichte von E. A. Poe], die Mauern rücken vor.

Um sich von dieser Krankheit fernzuhalten, muß man zunächst herausfinden, wer man eigentlich ist. Der Heilungsprozeß setzt ein, sobald man das Gefühl des Unbehagens identifiziert hat und der Krankheit einen Namen verleihen kann. In vielen primitiven Völkern begibt sich der Schamane (eine Art früher Psychotherapeut, den wir aber heutzutage abschätzig als Hexenmeister bezeichnen), der eine erkrankte Person heilen soll, in Trance. Er reist in die Unterwelt und findet den Namen des bösen Geistes oder Dämons, der das leidende Stammesmitglied quält. Daß die Schamanen die Dämonen mit Namen kannten, verlieh ihnen große Macht über sie. Das moderne Gegenstück ist die Reise ins eigene Innere. Auf ihr stürzen wir uns ins chaotische Unbewußte, werden uns klar darüber, was wir fühlen, und erlangen Einsicht in uns selbst. Indem wir mit dem Licht des Bewußtseins in unsere Innenwelt leuchten – der Fachbegriff lautet Introspektion –, tauchen wir das Nacht-Land in einen hellen Schein. Auf diese Weise kann man ohne übermäßige Angst darin reisen. Wir befreien uns von der ermüdenden Anstrengung, ein künstliches Intensitätsniveau aufrechtzuerhalten. Nur so können wir nicht nur der Langeweile, sondern auch der Drohung entfliehen, wir könnten in tiefe Depressionen fallen und ihnen schließlich erliegen.

Ehe wir diese Elemente genauer betrachten, aus denen sich die Langeweileerfahrungen zusammensetzen, müssen wir sie in Beziehung setzen zu unseren anderen dunklen Gefühlen: Müdigkeit, Verzweiflung, Apathie und Selbstmordneigung. Wir brauchen eine Landkarte der »negativen«, passiven Emotionen, die uns immer tiefer in finstere Gefangenschaft führen.

Stellen wir uns vor, der Weg ins Nacht-Land nähme seinen Ausgang in einem weiten Kreis und führe dann schrittweise in einer spiralförmigen Bewegung in die Tiefe. An jeder Biegung geraten wir eine Stufe tiefer in die Grube der Verzweiflung. Und dort steht uns offenbar nur noch ein Ausweg offen: der Selbstmord. Der Kreis schließt sich, unser Horizont verengt sich, und unser Denken und Fühlen wird immer eingeschränkter und zwanghafter. Die Phantasie, die Gefühle, das Denken, das Empfinden und der Wille, das heißt, die Fähigkeiten des Ichs, werden schwächer und begrenzter. Wer in diesen Abwärtskreisel geraten ist, kapselt sich allmählich immer mehr ab: Er erstarrt, wird sich fremd und besessen vom eigenen Ich. Dann gleichen wir dem mythischen Suicircle-Vogel, von dem es heißt, er sei mit immer höherer Geschwindigkeit, in ewigen Kreisen, in die Lüfte gestiegen, bis er schließlich ins eigene Gesäß flog und starb.

Führen wir den Vergleich der Gefühls-Landkarte noch einen Schritt weiter. Wenn wir die »negativen« Gefühle vermessen und eine Landkarte des Nacht-Landes zu erstellen vermögen, dann müßten wir auch die Umrisse der »positiven« Emotionen nachzeichnen können.

Landkarten sind nur dann von Nutzen, wenn man sich auf eine Reise begeben will. Sowohl die großen philosophischen Lehren als auch die Weltreligionen schildern das Leben als heldenhafte Reise in die Tiefen und Höhen, als den Abstieg in die Hölle und als den Aufstieg zum heiligen Berg. In früheren Zeiten, als jeder Volksstamm über eine Offenbarungsreligion, maßgebliche Schriften und Priester verfügte, erhielt jedes Kind eine Landkarte für das rechte Leben – ob es sich nun um die Zehn Gebote und die Mosaischen Gesetze, die Bergpredigt oder den Achtfachen Weg im Buddhismus handelte. Im 20. Jahrhundert haben wir diese überlieferten Landkarten der Religionen in Frage gestellt. Heute herrschen überall Zweifel und Unsicherheit, doch ohne eine solche Landkarte verlieren wir das Vertrauen, daß das Leben eine Reise mit Sinn, Zweck und Ziel darstellt. Ziellos wandern wir umher, verloren in der Wildnis verwirrender Erfahrungen. Neue Gurus und politische Heilsprediger treten auf und geben den Verzweifelten etwas, woran sie glauben können. Marx, Hitler, Castro, Jim Jones, Saddam Hussein, Reverend Moon – sie alle bieten uns offizielle Landkarten an. Welcher Karte aber können wir vertrauen?

Warum fangen wir eigentlich nicht bei uns selbst an? Mit den eigenen Gefühlen, Gedanken, Intuitionen, Empfindungen? Was ist Sinn und Ziel unseres Lebens? Was sollen wir tun?

Die Natur, Gott, das Leben beabsichtigt etwas durch uns. wir sind Teil eines fortschreitenden kosmischen Abenteuers. Der unmittelbarste und zuverlässigste Ort, an dem man feststellen kann, wie man selbst in den Gesamtplan der Dinge paßt, ist die eigene Erfahrung. Die Gefühle können Ihr Kompaß sein, der Sie auf dieser Reise führt. Wenn Sie den Weg suchen, der Sie zu einem sinnvollen, erfüllten Leben führt, ähnelt das einem Spiel, das wir als Kinder spielten: Ein Spielkamerad versteckte etwas, und während man selbst danach suchte, gaben die anderen Hinweise – »Warm, sehr warm – kalt, kälter«. Auf ähnliche Weise bleibt uns der alles überwölbende Sinn des Lebens rätselhaft. Und er wird uns auch immer verborgen bleiben. Aber wir können erkennen, ob wir auf unserem individuellen Weg dem Rätsel näherkommen, wenn wir unsere Gefühle und Träume befragen.

Haben wir erst einmal diese Landkarte der Gefühle in Händen, können uns alle Emotionen als Kompaß dienen, mit dem sich unser Standort bestimmen läßt. Wir wollen uns auf die Langeweile konzentrieren. Sie ist ein biologisches Warnsignal, eine unmittelbare Rückmeldung aus dem Kosmos und dem inneren Leitsystem, das uns mitteilt, etwas an unseren Handlungen ist irregeleitet. Wenn man gähnt und eine bleierne Müdigkeit verspürt, ist das der unmittelbare Beweis, daß man an einer Sache nicht wirklich interessiert, nicht innerlich daran beteiligt ist. Unsere Möglichkeiten liegen brach. Wir haben das Versprechen des Lebens gebrochen.

Langeweile ist ein leises Signal. Wir schenken der Natur Beachtung, wenn wir eine schmerzliche Erregung verspüren. Reagiert man nicht auf diese Frühsignale, werden stärkere folgen – Depressionen, Trauer, leichte Erkrankungen, Verzweiflung, lebensbedrohliche Krankheiten und (wenn Sie nicht gut zuhören können) vielleicht ein frühzeitiger Tod. Doch ist man zum Experten im Erkennen und Umgang mit der Langeweile geworden, so kann man den Lebensweg umleiten, ehe man allzu weit vom Pfad abgewichen ist. Stellen Sie sich die Langeweile als biokosmisches Rufsignal vor: Es teilt Ihnen mit, daß etwas Faszinierendes Sie erwartet, wenn Sie nur den Mut aufbringen, sich aus dem Sumpf zu ziehen, in dem Ihre Reise stekkengeblieben ist.

Um die Langeweile und ihre direkten psychischen Nachbarn zu untersuchen, müssen wir zunächst eine grobe Skizze anfertigen. Und zwar sowohl von der Straße, die spiralförmig hinab ins Nacht-Land führt, als auch von der ansteigenden Spirale ins Licht. Vergessen wir nicht: Landkarten und Metaphern können uns in die Irre führen. Die flüchtige und stets rätselhafte Psyche muß nicht gerade Strecken zurücklegen. So kann, von einem Augenblick zum anderen, Verzweiflung schnell ins Gefühl der Freude umschlagen. Die Landkarte verzeichnet diese Regungen an weit auseinanderliegenden Orten. Mit entsprechenden Vorkehrungen ausgestattet, biete ich Ihnen diese Lebens-Landkarte an. Aber Achtung! Jede Landkarte und jede Metapher, die man wörtlich nimmt, schadet der spirituellen Gesundheit.

Staunen – Freude

Zusammenkommen, Mitleid, Dienst am anderen

Risiken eingehen und handeln

Erneuerung des Verlangens

Phantasie und Träume

Erneuerung der Gefühle – Schmerz und Lust

Nachdenklichkeit – Nichtstun

Schuld und die Schamschwelle

Der Weg nach oben – in Richtung Gesundheit, soziales Engagement, Bewußtheit, Zusammen-kommen, Lebendigkeit, persönliche Freiheit, Fähigkeit, auf andere zuzugehen – in ein offenes Universum.

Der Weg nach unten – in Richtung Krankheit und Unbehagen, Isolation, Anomie, emotionale Starre, Sinnverlust, innere Unruhe – in einen geschlossenen Horizont

Zwänge – Getriebensein

Müdigkeit

Monotonie

Chronische Langeweile

Depression

Verzweiflung

Apathie

Opferhaltung

Krankheit

Selbstmord

5. KAPITEL

Müdigkeit: Die Energiekrise des Individuums

Auf einmal ist die »Energiekrise« da: Ständig sind Sie erschöpft und gereizt. Nichts klappt mehr so richtig. Früher hatten Sie viel mehr Energie, häufig fühlen Sie sich ohne erkennbaren Grund abgespannt. Vielleicht werden Sie einfach nur alt. Mitunter sind Sie erschöpfter, wenn Sie am Morgen aufstehen, als am Abend, als Sie schlafen gingen. Schon der Gedanke an die Arbeit ruft in Ihnen ein flaues Gefühl in der Magengegend hervor. (Sie denken: *Soll ich mich vielleicht krankmelden?* Sogar die Wochenenden und der Jahresurlaub erfrischen Sie auf einer tieferen Ebene nicht mehr. Zwar gelingt es Ihnen, sich »so durchzuschlagen«, aber mit der Freude an der Familie, der Arbeit, ja selbst mit den Hobbys ist es nicht weit her. Ein Tag ist wie der andere, alles ist derart langweilig.

Wenn Sie müde, abgespannt, ausgebrannt sind und auch keine Tabletten Sie wieder in blendende Verfassung bringen, wenn die Zukunft Ihnen so aufregend erscheint wie Hafergrütze ohne Sahne oder braunen Zucker, dann willkommen in unserem Club! Sie leiden an dem verbreitetsten aller Leiden – an chronischer Erschöpfung. Und Ihr Hausarzt hat bestimmt auch kein Mittel dagegen.

Warum eigentlich? Was stimmt nicht mit Ihnen? Was hat diesen Zustand der Ermüdung verursacht?

Wir wollen mit der Ursache Nummer eins beginnen: Der Großteil der Müdigkeit auf der Welt beruht auf falscher bzw. mangelhafter Ernährung. Vierhundertfünfzig Millionen Menschen auf der Erde leiden unter Unterernährung oder drohen zu verhungern, weil sie nicht genug zu essen haben. Allein im Jahre 1990 starben nach Angaben des World Food Council 16 Millionen Kinder im Alter unter fünf Jahren an Unterernährung oder an Krankheiten, für die sie aufgrund der Mangelernährung anfällig waren. In vielen unterprivilegierten Ländern leiden infolge der mangelhaften Versorgung mit Nahrungsmitteln weite Teile der Bevölkerung unter irreversiblen Hirnschäden und ständiger Erschöpfung. Zählt man zu den sozial Schwachen in Amerika, die unter der Armutsgrenze leben, führt das allerdings nicht zu denselben Erscheinungen. Dennoch ist es sinnvoll, das Problem der Müdigkeit in den USA und anderen reichen Nationen mit zu berücksichtigen.

Da wir schon von unangenehmen Themen sprechen, so können wir auch die zweite entscheidende Ursache der Müdigkeit benennen – eine ernste Erkrankung. Nach einigen Monaten, in denen sie sich ganz matt und abgespannt fühlen, rechnen die meisten von uns mit dem schlimmsten. Müdigkeit kann das erste Symptom einer nicht diagnostizierten Krankheit sein – Pfeiffersches Drüsenfieber, Gelbsucht, koronare Gefäßverengung, Diabetes oder – wenn man sich das Schlimmste vorstellen will – Krebs. Die Symptome können tatsächlich auf eine schwere Erkrankung hindeuten. Die Müdigkeit ist tatsächlich in vielen Fällen das Hauptelement einer schweren Erkrankung. Auch darf man nicht die schlimmsten Möglichkeiten ohne eine ärztliche Untersuchung ausschließen. Lassen Sie sich also gründlich untersuchen.

Man braucht aber vor einer solchen Untersuchung keine große Angst haben. Vier von fünf Ärzten dürften nichts an Ihrem Gesundheitszustand auszusetzen haben. Dr. F. N. Allen, der 300 Fälle untersuchte, bei denen die Hauptbeschwerden Müdigkeit oder allgemeine Abgespanntheit waren, berichtet, daß lediglich in 20 Prozent der Fälle eine körperliche Erkrankung vorlag. Die übrigen Fälle führte er auf »Nervenleiden« zurück.[1]

Müdigkeit ist ein derart beharrliches, zugleich aber schwierig zu identifizierendes Phänomen, daß Ärzte zu allen Zeiten über Lieblingsdiagnosen und -rezepte verfügten: Bei dunklen Flüssigkeiten und schlechtem Blut verwende man Molchaugen und Blutegel. Wird die Person vom Müßiggang beherrscht – des Teufels wichtigster Stellvertreter auf Erden –, bete man zu Gott, auf daß er unseren Willen stärke und wir fleißig werden. Im neunzehnten Jahrhundert, als die Medizin voller Begeisterung die neuen naturwissenschaftlichen Methoden entdeckte und man sich den menschlichen Körper als komplizierte Maschine vorstellte, diagnostizierte man Müdigkeit als Neurasthenie: als nervlich bedingte Erschöpfung. Manchmal führte diese Diagnose zu radikalen chirurgischen Eingriffen, mit denen man die Müdigkeit heilen wollte. So entfernte noch im Jahre 1932 ein gewisser Dr. G. Crile die Nerven aus den Nebennierendrüsen von Patienten mit Hilfe von »neurozirkulatorischer Asthenie«. Die Operation beruhte auf der Annahme, daß man bei Patienten, deren geistiger und psychischer Mechanismus normal funktionierte, deren vegetatives Nervensystem aber an chronischer Überreizung litt, einen chirurgischen Eingriff vornehmen müsse, um die Stimulation des Nervensystems herabzusetzen.

Auch heute beteiligen sich Ärzte und Psychologen an der Debatte über das Leib/Seele-Problem, um die Hauptursache für Müdigkeit zu erhellen. Jene, die den körperlichen Ursachen den Vorrang geben, suchen den Schuldigen in den körpereigenen Zellen oder Drüsen. Psychologen hingegen vertreten meist die Auffassung, das Problem wurzele in Gefühlskonflikten und einer mangelnden seelischen Harmonie. In jüngster Zeit haben unter anderem Heilpraktiker unsere Eßgewohnheiten und unsere bewegungsarme Lebensweise angeklagt.

Selbstverständlich haben alle Teilnehmer an dieser Diskussion recht. Geist, Körper, Gefühle, die Umwelt – sie alle tragen zu unserer Müdigkeit bei. Der Mensch ist eine geistig-körperliche Einheit. Alles, was wir tun, wirkt sich auf alles andere aus. Wenn wir uns schlecht ernähren, ist es mit unserem biochemischen Haushalt nicht zum besten bestellt, und das wirkt sich auf unsere Gemütsverfassung aus. Diese beeinflußt wiederum unsere Handlungen, die wiederum Rückwirkungen auf unser Befinden haben, das sich dann erneut auf unsere emotionale Verfassung auswirkt, ad infinitum. In Wirklichkeit ist freilich niemand so vorschnell, eine präzise Prozentzahl hinsichtlich der verursachenden Kraft der unterschiedlichen Faktoren anzugeben, die zur Müdigkeit beitragen. Zudem unterscheiden sich diese Ursachen von Person zu Person.

Um das Problem wenigstens ansatzweise lösen zu können, kann man sich eine Statistik ausdenken. Angenommen, Ihre Müdigkeit (vorausgesetzt, Sie gehören zu den 80 Prozent, die unter keiner schweren Erkrankung leiden) lasse sich zu 21 Prozent auf mangelhafte Ernährung zurückführen. Verallgemeinernd läßt sich sagen, daß Nordamerikaner geradezu süchtig nach Zucker und fettreichen Speisen sind – was uns zwar tendenziell aufputscht, zugleich aber auch behäbig und träge macht. Unser vordringliches Ernährungsproblem ist, daß wir zuviel essen. Wir wären gesünder und hätten mehr Energie, wenn wir mehr frisches Obst und Gemüse und komplexe Kohlenhydrate äßen und den Genuß von Zucker und Fett einschränkten.

Weitere 29 Prozent der chronischen Müdigkeit sind vermutlich auf mangelnde körperliche Bewegung zurückzuführen. Zwanzig Millionen Jogger haben in den letzten Jahren festgestellt, daß das Laufen Angstzustände verringert, unsere Energie stärkt, Depressionen verscheucht und ganz allgemein die Entschlußkraft und das Befinden bessert. Wenn Männer im mittleren Lebensalter mit einem Jogging-Programm anfangen, werden sie emotional stabiler, ruhiger, selbständiger und phantasievoller.

Bewegung tut uns gut, und zwar so sehr, daß Dr. Paavo Airola, ein anerkannter Befürworter der Naturkost, meint: »Wenn man die Wahl hat, *junkfood* zu essen und viel Sport zu treiben oder gesunde Kost zu essen und sich gar keine Bewegung zu verschaffen, dann ist es besser, *junkfood* zu sich zu nehmen und Sport zu treiben.« Durch eine bewußte Ernährung und sportliche Betätigung kann man seine Kräfte viel leichter mobilisieren als durch Aufputschtabletten. Koffein, Amphetamine und Zucker stimulieren den Organismus zwar ganz direkt, doch letztlich erschöpft man damit sein Nervensystem.

Dennoch erhöhen eine gesunde Ernährung und Sport unseren Energie-Quotienten nur um 50 Prozent. Die wichtigste Bestimmungsgröße der individuellen Energie ist die grundlegende Einstellung zum Leben, das Selbstbild sowie das Bewußtsein, daß man selbst und seine Arbeit wertvoll sind. Unter Extrembedingungen, etwa in einem Konzentrationslager, bewahrten einige Menschen die Kraft und den Willen zu leben, weil sie an etwas glaubten. Wer hochmotiviert ist, kann außergewöhnliche Kräfte freisetzen, ohne zu ermüden. Einige Formen von Streß geben mehr Energie frei, als sie verbrauchen. Künstler, die einen Kreativitätsschub haben, können tagelang malen oder schreiben, ohne zu schlafen oder zu essen.

Die beiden wirksamsten Mittel gegen schleichende Müdigkeit sind Zielstrebigkeit und die Fähigkeit, sich von etwas faszinieren zu lassen. Ein hohes Energieniveau bedarf eines hohen Maßes an freier Wahl, Konzentration und Freude an der Arbeit Langfristig gesehen wird die beständige Stimulation, ob durch Drogen, bestimmte Formen der Freizeitunterhaltung oder erregende Erlebnisse, ohne Interesse daran zu haben oder davon fasziniert zu sein, die Erschöpfung nicht vermindern, sondern erhöhen. Nur selten sind wir zu abgespannt, um das tun zu können, was wir wirklich wollen.

In den letzten Jahren hat man zur Erklärung aller möglichen Krankheiten ein medizinisches Schlagwort eingeführt: Streß. Das Konzept, wonach Streß für ganz verschiedene Erkrankungen verantwortlich sei, hat als erster Hans Seyle entwickelt und populär gemacht. Wittert ein Tier Gefahr, aktiviert das seine Flucht-Kampf-Instinkte. Doch in der Moderne sind die Gefahren, die den Menschen bedrohen, derart nebulös und allgegenwärtig geworden – wirtschaftliche Zusammenbrüche, Atomkriege, Umweltzerstörung, Verlust des sozialen Status –, daß viele Menschen den Notschalter fast ständig in der »An«-Position haben. Die unablässige Stimulierung des vegetativen Nervensystems erzeugt psychische und körperliche Müdigkeit. Schenkt man ihr keine Beachtung, erkrankt man.

Das Streß-Konzept ist elegant ersonnen und nützlich, weil es viele falsche Probleme untergräbt. Streßreaktionen können aus einer Vielzahl von Quellen stammen – von mangelhafter Ernährung über familiäre Konflikte, Zorn, den man über lange Zeit hegt, Lärm, Monotonie bis hin zu übermäßiger Aufregung. Wie Müdigkeit und bestimmte psychosomatische Erkrankungen, so liegt auch dem Streß stets ein Zusammenspiel von Körper, Bewußtsein, Geist und Umwelt zugrunde.

Der vielfach veröffentlichte Social Readjustment Rating Scale von Holmes-Rahe[2] (aus: *Journal of Psychosomatic Research*, No. 11, 1967. Copyright Pergamon Press) eröffnet einen Blickwinkel, aus dem sich der Zusammenhang von Streß und Müdigkeit besser verstehen läßt:

The Social Readjustment Rating Scale
(Skala zur Einschätzung sozialer Streßreize)

So wenden Sie diese Skala auf sich an: Bestimmen Sie zunächst die einschneidenden Ereignisse in Ihrem Leben während der letzten zwölf Monate. Kreuzen Sie dazu auf der linken Seite die betreffenden Vorkommnisse an und tragen Sie danach auf der rechten Seite die entsprechende Punktzahl ein. Addieren Sie schließlich diese »Streßpunkte«.

Anhand dieser sogenannten Holmes-Rahe-Social Readjustment Scale ließ sich feststellen, daß bei einer Gesamtpunktzahl von über 150 eine Wahrscheinlichkeit von 50 zu 50 besteht, daß Sie erkranken. Bei einem Ergebnis von 300+ steigt die Wahrscheinlichkeit auf 80 %.

	Lebensereignis	*Streß-punkt*	*Ihre Punkt-zahl*
____	Tod eines Ehepartners	100	____
____	Scheidung	73	____
____	Trennung vom Ehepartner	65	____
____	Gefängnisstrafe	63	____
____	Tod eines Familienangehörigen	63	____
____	Eigene Verletzung oder Krankheit	53	____
____	Heirat	50	____
____	Verlust des Arbeitsplatzes	47	____
____	Eheliche Aussöhnung	45	____
____	Pensionierung	45	____
____	Krankheit in der Familie	44	____
____	Schwangerschaft	40	____
____	Sexuelle Schwierigkeiten	39	____
____	Familienzuwachs	39	____
____	Arbeitsplatzwechsel	39	____
____	Erhebliche Einkommensveränderung	38	____
____	Tod eines Freundes	37	____
____	Berufswechsel	36	____
____	Streit in der Ehe	35	____
____	Aufnahme eines größeren Kredits	31	____
____	Kündigung eines Darlehens	30	____
____	Neuer Verantwortungsbereich im Beruf	29	____
____	Kinder verlassen das Elternhaus	29	____
____	Ärger mit der angeheirateten Verwandtschaft	29	____

____	Großer persönlicher Erfolg	28	____
____	Anfang oder Ende der Berufstätigkeit der Frau	26	____
____	Schulbeginn oder -abschluß	26	____
____	Änderung des Lebensstandards	25	____
____	Änderung persönlicher Gewohnheiten	24	____
____	Ärger mit dem Chef	23	____
____	Änderung von Arbeitszeit und Bedingungen	20	____
____	Wohnungswechsel	20	____
____	Schulwechsel	20	____
____	Änderung der Freizeitgewohnheiten	19	____
____	Änderung der kirchlichen Gewohnheiten	19	____
____	Änderung der gesellschaftlichen Gewohnheiten	18	____
____	Änderung der Schlafgewohnheiten	16	____
____	Änderung der Häufigkeit familiärer Kontakte	15	____
____	Änderung der Eßgewohnheiten	15	____
____	Urlaub	13	____
____	Weihnachten	12	____
____	Geringfügige Gesetzesübertretungen	11	____
		Ihre Gesamtzahl	____

Diese Punktskala zeigt ganz deutlich: Man kann auf unangenehme *und* angenehme Ereignisse, auf Mißerfolge und Erfolge mit Streß reagieren. Sogar auf den Urlaub! Oft entsteht Müdigkeit auch, wenn man des Guten zuviel tut – zuviel ißt, trinkt, reist, sich vergnügt, arbeitet. Es erschöpft unsere Nebennierendrüsen, wenn sie zu lange auf »Hochtouren« laufen.

Die Holmes-Rahe-Punktskala ist allerdings trügerisch, weil sie bestimmte Ereignisse nicht verzeichnet. Streß und Müdigkeit resultieren auch daraus, daß man *zuwenig* unternimmt. Ein ungelebtes Leben wirkt ungemein ermüdend. Die Leere saugt das Leben aus dem einzelnen. Nicht verwirklichte Möglichkeiten erzeugen psychologische »Schadstoffe«. Und nichts wirkt ermüdender, als wenn man nicht man selbst ist.

Oft ist dauernde Müdigkeit auch kaschierte Langeweile oder Scham. Ein Mann, Mitte Vierzig, erfolgreich, erklärte mir: »Ich bin oft müde. Ein Großteil meiner Zeit schleppe ich mich so dahin und verfüge nur etwa über die Hälfte meiner ›echten‹ Energie. Ich esse gut, schlafe ausreichend und achte im allgemeinen auch auf meine Gesundheit. Ich arbeite nicht einmal zuviel, obwohl ich mich häufig darüber beklage, wieviel ich zu tun habe und wie schwer mir alles fällt. Aber wenn ich wirklich ehrlich mit mir bin – was selten genug vorkommt –, muß ich zugeben: ich langweile mich. Ich kann mir viele interessante und aufregende Sachen vorstellen, die ich gern täte. Trotzdem lasse ich alles beim alten. Vielleicht habe ich ja nicht den Mut, Risiken einzugehen, mich zu ändern, neue Dinge auszuprobieren. Deshalb ist meine Mattigkeit vermutlich eine Ausrede. Meiner Meinung nach rührt Müdigkeit wahrscheinlich von ›ranzigem‹ Mut her – von den Risiken, die man nicht eingegangen ist, den Dingen, die man leidenschaftlich gern tut, aber nicht weiterverfolgt hat, den Träumen, die man sich nicht erfüllt hat.«

Wir müssen also den Quellen der Müdigkeit bei verschiedenen Persönlichkeits-Typen nachspüren. Halten wir uns – vorläufig – an folgendes, grobes Schema:

Wenn Flüchtende und Kämpfer, d h. Typus-A-Persönlichkeiten, unter Müdigkeit leiden, liegt das daran, daß sie ständig großen Reizen und Belastungen ausgesetzt sind und deshalb über Erschöpfungszustände klagen. Diese Überreizung kann aus (1) der Suche nach Erregung, (2) Arbeitssucht, (3) übermäßigem Konkurrenzstreben, (4) Konflikten mit Freunden, Familienangehörigen, den Kindern, dem Ehepartner oder dem Chef und (5) dem ständigen Beschäftigtsein entstehen. Diese Erschöpfung ist mit einer schwachen Form der Kampfmüdigkeit vergleichbar, unter der Soldaten leiden, die sich zu lange im Kampfgebiet aufgehalten haben. Für Typus-A-Personen ist das Leben ein Kampf. Worum es geht, ist der Sieg. Aber ein Leben auf dem Schlachtfeld ist auch sehr anstrengend.

Typus-B-Personen sind meist zurückhaltend und introvertiert. Bisweilen fühlen sie sich erschöpft, weil sie nur wenig im Leben erreicht haben. Sie sehen eher zu, als daß sie selbst aktiv werden. Sie neigen eher zur Müdigkeit, die aus Langeweile herrührt (über die wir im nächsten Kapitel sprechen wollen), als zu der Mattigkeit, die aus einem Übermaß an Erregung stammt. Die Erschöpfung des B-Typus speist sich aus (1) Passivität, (2) Opfer-Haltung, (3) inneren Konflikten, (4) Angst, sich in der Gesellschaft zu verwirklichen, (5) psychologischem »Rost«, das heißt, den während der ungelebten Jahre angehäuften Giftstoffen. Es ist ermüdend, in einer von Angst geprägten Welt zu leben, in der wir es nicht wagen, Farbe zu bekennen.

Schleichende Ermüdung bildet dabei nur den ersten Schritt ins Nacht-Land. Wenn Sie Ihren Müdigkeits-Stil erkannt haben – die Art, wie Sie mit den Ursachen für die Müdigkeit umgehen –, können Sie beginnen, bewußt damit umzugehen. Wenn man sie bereits im Anfangsstadium wahrnimmt, ist der Prozeß umkehrbar. Wer die Zeichen der Zeit erkennt und schon früh geeignete Gegenmaßnahmen ergreift, kann es vermeiden, immer tiefer auf der Spirale ins Nacht-Land hinabzugleiten.

Anhand des folgenden Fragebogens läßt sich zeigen, worin die Ursachen Ihrer Müdigkeit (und damit am Ende auch einige Heilungsmöglichkeiten) bestehen können.

Fragebogen zur Müdigkeit

1. Sind Sie im Augenblick öfter und für längere Zeit müde als noch vor einem Jahr? Vor fünf Jahren?

2. Erleben Sie mehr oder weniger Streß? Was sind die Hauptursachen, die bei Ihnen Streß hervorrufen? An perfektionistischen Maßstäben ausgerichtete und unrealistische Forderungen, die Sie an sich stellen? Die Ansprüche Ihres Ehepartners? Ihrer Kinder? Ihres Berufs? Der Umwelt? Eine Krankheit? Wie können Sie diese verringern?

3. Zu welchen Tageszeiten ist Ihre Energie am größten? Am geringsten? Zeichnen Sie Ihre Biorhythmen (emotionale, geistige, körperliche Hochs und Tiefs) auf für einen durchschnittlichen Tag, eine Woche, einen Monat, ein Jahr.

4. Welche Speisen spenden Ihnen am meisten Kraft? Welche Speisen tragen zu Müdigkeit und depressiven Verstimmungen bei?

5. Wieviel Schlaf brauchen Sie? Wieviel Stunden sind zu wenig? Legen Sie sich häufig schlafen, um schwierigen Entscheidungen auszuweichen?

6. Was für Situationen führen bei Ihnen eigentlich zu Müdigkeit?

7. Welche Aktivitäten können Sie einem Zustand der Müdigkeit entreißen? Wie können Sie sich am besten entspannen? Welche Arten der Freizeitgestaltung brauchen Sie jeden Tag, jede Woche, jedes Jahr, alle zehn Jahre?

8. Was sind bei Ihnen die ersten Anzeichen von Müdigkeit? Reizbarkeit? Ist es das Verlangen, zu essen oder eine Zigarette zu rauchen – etwas Orales? Gähnen Sie? Der Verlust der Konzentrationsfähigkeit? Wie erkennen Sie, daß es sich dabei um ernstzunehmende Müdigkeitsreaktionen handelt? (Wenn Sie es noch nie getan haben – es lohnt sich, einmal ein, zwei Nächte nicht zu schlafen und zu beobachten, was mit der Einheit von Geist und Körper geschieht. Sie werden erkennen, daß ein Großteil dessen, was Sie Mißstimmung, Traurigkeit oder Depression genannt haben, nichts weiter als Langeweile ist.)

9. Wo verspüren Sie Müdigkeit? Seien Sie genau! Welche Muskelpartien ermüden am schnellsten? Sacken Sie in sich zusammen oder nehmen Sie eine steife Körperhaltung ein? Verspannt sich Ihre Nackenmuskulatur, oder bekommen Sie »müde« Augen? Was geschieht mit Ihrer Atmung?

10. Stellen Sie sich den Tag im letzten Jahr vor, an dem sie kaum ermüdeten. Beschreiben Sie ihn. Warum hatten Sie soviel Energie?

11. Wie oft schützen Sie Müdigkeit vor, um etwas nicht zu tun, das Sie eigentlich wollen? Um nicht mit dem Partner zu schlafen? Nicht zur Arbeit zu gehen? Einem Konflikt auszuweichen? Keine Entscheidung zu treffen?

12. Was für Gefühle liegen Ihrer Müdigkeit zugrunde? Enttäuschung? Zorn? Groll? Resignation? Überdruß? Verachtung? Eifersucht? Neid? Angst? Langeweile? Feindseligkeit?

13. Wird Ihre Müdigkeit überwiegend durch ein Übermaß (es passiert zuviel) verursacht? Oder durch Langeweile (es geschieht zuwenig)? Sind Sie jemand, der flüchtet, der kämpft oder der sich versteckt? Leben Sie auf einem »Schlachtfeld« oder in einem depressiv gestimmten Terrain?

6. KAPITEL

Einfache Langeweile: Monotonie

Hinweisschild an einer unbefestigten Straße im Bundesstaat Tennessee: Wählen Sie die Wagenspur mit Bedacht: Die nächsten zehn Meilen werden Sie darin fahren müssen.

In jedem Leben muß es auch ein wenig Langeweile geben. Graue Tage. Ebbe. Sie wissen, was ich meine. Sie stehen auf und machen das, was Sie schon immer getan haben, und alles kommt Ihnen langweilig und sinnlos vor. Sie gehen durch den Tag, aber ohne Begeisterung. Die Monotonie drückt auf die Seele. Der alte Trott kommt Ihnen vor wie ein Gefängnis. Sie sehen keinen Ausweg mehr.

An einem solchen Tag kann man durchaus glauben, daß Henry David Thoreau (1817-1862) recht hatte mit dem Satz: »Die meisten Menschen leben in stiller Verzweiflung.« Oder der Prediger Salomo, der vom Leben als eitel sprach und von den Qualen der Seele, da sich immer alles wiederhole: »Was geschehen ist, eben das wird hernach sein. Was man getan hat, eben das tut man hernach wieder ...«

Langeweile ist eine »demokratische« Krankheit – sie schlägt zu ohne Ansehen des Alters, des Geschlechts, der Rassenzugehörigkeit, des Intelligenzquotienten oder des sozialen Status. Schulkinder und

Rentner, arm und reich, Hausfrauen und die Schönen und die Reichen, Manager und Bauern – sie alle können daran erkranken. Vor der Langeweile sind alle gleich.

Eine Kollektion der Langeweile

Die Langeweile kommt in ganz verschiedenen Gewändern daher.

In Druid Hills, einem wohlhabenden Vorort von Louisville, im Bundesstaat Kentucky, kleidet sie sich in Designer-Anzüge und Designer-Möbel, ist außerordentlich höflich und nimmt an Sonntagen in der calvinistisch-presbyterianischen Kirche Platz.

Mr. und Mrs. Bowden lernten sich im College kennen. Stets haben sie ein Leben geführt, wie es der amerikanische Traum verspricht. Sie sind Klischees, die es aber wirklich gibt. Mrs. Bowden ist schüchtern und fleißig und immer noch entschlossen, der schmutzigen und provinziellen Bergarbeiterstadt im östlichen Kentucky und der gewalttätigen Erziehung ihres alkoholkranken Vaters zu entfliehen. Mr. Bowden hat Charme, er könnte einem auch die Zeitung von gestern verkaufen. Er will Erfolg haben im Beruf und ist immer gut gekleidet. Seit neunzehn Jahren sind sie verheiratet, sie haben zwei Kinder. Gary ist Geschäftsführer eines großen Druckereibetriebes, und inzwischen kann er sich alles vom Feinsten leisten. Jane hält das Haus blitzblank und schrubbt fast zwanghaft die Fußböden und die Toiletten. Sie ist immer beschäftigt. Die Ehe der Bowdens ist zu einer langweiligen Gewohnheit geworden, voller Gezänk und wechselseitigen Ressentiments. Keiner wagt, den anderen zu verlassen. Gary weigert sich, darüber zu sprechen. Wie die meisten Männer bringt er seine Enttäuschung durch Schweigen und Rückzug zum Ausdruck. Er trinkt zuviel: zwei Manhattan-Cocktails zum Lunch mit Kunden und noch drei, vier Drinks auf dem Nachhauseweg vom Büro – wenn er überhaupt nach Hause kommt. In letzter Zeit ist er an mehreren Abenden in der Woche nicht zum Abendessen erschienen und erst kurz vor Mitternacht nach Hause gekommen – betrunken. Alle paar Monate rührt er eine Woche lang keinen Tropfen Alkohol an, nur um sich zu beweisen, daß er das Trinken immer noch im Griff hat.

Jane ist oft depressiv. Ganz offen spricht sie über das Scheitern ihrer Ehe. Sie erzählt mir: »Ja, unser Zusammenleben ist unerträglich, aber ich weiß nicht, was ich dagegen tun soll. uns verbinden nur noch zwei Dinge: was früher einmal war und die Kinder. Wir unterhalten uns nie mehr richtig. Hin und wieder schlafen wir noch miteinander – wenn er nicht zu betrunken ist. Aber der Sex stößt mich immer mehr ab, weil wir uns sonst überhaupt nicht mehr zärtlich berühren. Ich mußte mir sogar schon einmal vorstellen, mit einem anderen Mann zu schlafen, sonst hätte ich es nicht gekonnt.

Ich fühle mich in der Ehe gefangen und möchte mich trennen. Aber wohin soll ich gehen, und was kann ich tun? Und was wird aus den Kindern? Ich sehe vor mir nichts als ein Mehr des Immergleichen. Am meisten Angst habe ich davor, daß das in mir, was mich am Leben hält, absterben könnte. Langsam verliere ich meinen Lebenswillen. Ich will mehr vom Leben haben. Diese Ehe, dieses Haus und das ganze Getue töten meine Seele.«

Im County-Jail in Okanogan, im Osten des Bundesstaates Washington, bedeutet Langeweile, eine lange Haftstrafe abzusitzen und ein wenig »verdreht im Kopf« zu werden. Das ist Teil der Strafe.

Lenny, einunddreißig Jahre, »sitzt« nicht zum erstenmal. Als er aus Los Angeles fortzog, war er entschlossen, allen Schwierigkeiten aus dem Wege zu gehen und ein ehrbares Leben auf dem Lande zu führen. Im ländlichen Staat Washington wollte er fischen und jagen und seine Kinder großziehen. Aus Geld hatte er sich noch nie viel gemacht, und nach einer Weile ist ihm jede geregelte Arbeit immer auf die Nerven gegangen. Lenny war aber immer großzügig und hilfsbereit und brachte Tage damit zu, einem Nachbarn beim Bau einer Berghütte zu helfen oder verirrte Kühe zu suchen. Weil er wiederholt Rotwild wilderte, damit die vielen alten Leute im Winter genügend Fleisch hatten, bekam er immer wieder Ärger mit der Obrigkeit (Robin Hood und der Sheriff von Nottingham lassen grüßen). Eines Abends schoß er ein Loch in die Haustür des Wildhüters, was ihm eine Haftstraße im County-Jail einbrachte. Und so äußert sich Lenny über seinen Umgang mit der Langeweile im Gefängnis:

»Wenn man eingesperrt ist, und man kann nicht weglaufen, dann steigt als erstes unbändige Wut in einem auf. Ich saß zusammen mit sieben anderen Männern in einer Zelle, und wenigstens einmal am Tag gab es Streit. Das begann dann beim Kartenspiel oder irgendeiner blöden Sache, die einem ›draußen‹ überhaupt nichts ausmachen würde. Langeweile wirkt sich bei verschiedenen Menschen ganz unterschiedlich aus. Am schwersten ist das Leben hier für Männer, die Familie haben, weil die sich um sehr viel mehr Dinge Sorgen machen müssen.

Als erstes legt man sich einen festen Ablauf für jeden Tag zu, sonst würde man irre werden. Damit alles problemlos läuft, müssen alle Häftlinge im selben Block dem gleichen Trott folgen. Man steht auf, duscht und frühstückt; dann geht's zurück in die Zelle, wo man sich wieder auf die Pritsche legt; man steht wieder auf und starrt die Suppe an, die man normalerweise wegschüttet, und fängt an zu meckern; danach versucht man, mit seinen Angehörigen zu telefonieren; schließlich hört man Radio oder liest ein Buch.

Dabei werden alle Häftlinge ein bißchen wunderlich – sie sehen Dinge, die gar nicht da sind, und werden ein bißchen verschroben. Nach einer gewissen Zeit meint man, die Wände würden atmen. Wenn man nicht genug Bewegung hat, geschieht irgend etwas mit dem Gleichgewichtsorgan, und der Boden fängt an zu schwanken wie ein Schiffsdeck. Also fängt man an, den Gang auf und ab zu gehen. Einmal haben wir alle nach einer Fliege gesucht, weil einer meinte, er hätte eine gesehen. Und das bei erwachsenen Männern das muß man sich einmal vorstellen!

Und jeder erzählt seine Lebensgeschichte. Da ist ein Typ aus Mexiko, den wir ›Laber-Tino‹ nennen, weil er immerzu plappert. Wenn man dem zuhört, ist das, als würde man einen billigen Roman lesen. Er hatte auf der Straße Frauen und Betrunkene ausgeraubt. Aber er war ehrlich, das merkte man daran, daß er seine Geschichten immer auf dieselbe Art erzählte.

Besonders hat mich genervt, wenn ich mir anhören mußte, wie irgendein Typ über seinen ›Fall‹ sprach – über die Gründe, warum er im Gefängnis war, und zwar monatelang. Immer wieder hörte ich dieselbe Leier, bis ich ihm auf den Kopf zusagen konnte, was er als nächstes sagen würde.

Und dann fängt man an zu phantasieren. Meine Lieblingstageszeit – wenn es das im Gefängnis überhaupt geben kann –, war nachts, wenn alles ruhig war und alle still da lagen, sich an die Vergangenheit erinnerten und an die Zukunft dachten. Dann stellt man sich vor, was man nach der Entlassung machen will und denkt an die guten Zeiten – den Sex, die Kinder, die Freunde. Und dann erinnert man sich an die schlechten Zeiten. Man durchlebt sozusagen sein Leben noch einmal.

Jeder leistet seine Strafe auf eine andere Weise ab. Es gibt aber Tage, da hält man das alles nicht mehr aus. Wenn es jemandem schlecht geht, merkt man es an den Schwingungen, die er aussendet. Dann sagt einer: ›Skipper sitzt eben 'ne ziemlich lange Strafe ab.‹ Im Gefängnis zeigt man nicht, wenn es einem schlecht geht. Entweder man läßt seine Wut raus oder man hält den Mund.

Indianer leisten ihre Strafe anders ab als Weiße. Die haben mehr Geduld. Sie sind nicht so aufgedreht und scheinen auch nicht so viel zu haben, wofür es sich lohnt, wieder rauszukommen. Außerdem jammern die nicht darüber, daß sie eine lange Haftstrafe absitzen müssen. Ich würde lieber lange mit einem Indianer einsitzen, weiße Männer reden mir zuviel – zuviel Stuß, an dem nichts stimmt. Es ärgert mich, wenn jemand sagt, was für ein toller Krimineller er war, wie viele Frauen er vergewaltigt und wie viele Einbrüche er gemacht hat. Oder was für gute Verbindungen er hat. Ich meine, wir sind hier im Okanogan County-Jail – wem will der denn 'nen Bären aufbinden? Indianer sind da ehrlicher. Aber ein gewisses Maß an Wahnsinn kommt doch zum Ausbruch, ganz egal, was man macht. Man versucht, sich eine Routine zurechtzulegen und bestimmte Abwehrwälle gegen die Langeweile zu errichten, aber es erwischt einen trotzdem. In diesem Gefängnis kann man nichts tun – es gibt kein Arbeitsprogramm. Die Langeweile gehört zur Bestrafung. Aber wenn man sie nicht bekämpft, kriegt man einen Nervenzusammenbruch.«

In St. Petersburg, im Bundesstaat Florida, heißt Langeweile, daß man sich aus dem Leben zurückgezogen hat und einem nichts mehr übrig bleibt, als Shuffleboard zu spielen.

Jerry Nodman und seine Frau Sarah sind aus New York weggezogen, um den strengen Wintern dort zu entfliehen. Wir sitzen im Wohnzimmer ihrer kleinen Wohnung, trinken Tee und unterhalten uns.

»Eigentlich habe ich mich immer aufs Alter gefreut«, sagt Jerry. »Ich habe gedacht, ich könnte dann all das tun, wozu ich in meinem Berufsleben keine Zeit hatte. Als ich hierher zog, wollte ich angeln, Golf lernen und vielleicht einen kleinen Garten anlegen. Aber jetzt bin ich hier, erst siebenundsechzig, und bin so unruhig und gelangweilt, daß ich nicht weiß, was ich machen soll. Wahrscheinlich bin ich zu sehr ans Arbeiten gewöhnt. Der Beruf fehlt mir sehr. Hier in Florida komme ich mir nutzlos vor, ich habe nichts zu tun. Niemand braucht mich.

Also nehme ich mir jeden Tag etwas vor. Ungefähr eine Stunde am Tag lese ich Zeitung. Dann gehe ich aus dem Haus und setze mich im Park auf eine Bank, laß mich von der Sonne bescheinen und unterhalte mich mit den anderen ›alten Leuten‹. Allmählich halte ich mich schon selber für alt, auch wenn ich eigentlich nur meine, daß mir nur eine Aufgabe fehlt.«

Sarah unterbricht ihn: »Für mich ist es nicht ganz so schwer. Ich war nie berufstätig, und als die Kinder aus dem Haus gegangen waren, habe ich mich daran gewöhnt, jeden Tagesablauf zu planen. Es macht mir großen Spaß, mich in sozialen Organisationen zu engagieren. Am schwersten an der jetzigen Situation ist, daß Jerry tagsüber im Haus ist. Ich habe gern jeden Tag eine bestimmte Zeit für mich allein. Im Augenblick überlegen wir, ob wir zurück in die Stadt [New York] ziehen sollen, vielleicht auch in eine Kleinstadt, wo man sich mehr am sozialen Leben beteiligen kann. Es muß doch einen Ort geben, an dem alte Leute noch gebraucht werden.«

In der Tamalpais Highschool, in Mill Valley in Kalifornien, ist Langeweile cool, reich und frühreif.

Jennifer ist hübsch – wenn man die Spannung um die Augen und die etwas ungesunde, graugrüne Gesichtsfarbe übersieht. Jennifer ist siebzehn und geht, wie man so sagt, auf die Fünfzig zu. In der Abschlußklasse zählt sie zu den beliebtesten Schülerinnen; sie stammt aus zerrütteten Familienverhältnissen. Wenn sie über ihre schmerzlichen Erfahrungen und ihr verworrenes Leben spricht, hält sie sich ganz grade und lacht zu viel. Wir sitzen in einem Café; sie sagt mir: »Ich hab' alles getan, was man sich nur vorstellen kann. Nenn' mir irgendwas, ich hab's gemacht. Genauso wie die andern an der Schule. Ich war vierzehn, als sich meine Eltern trennten, und seitdem bin ich ziemlich auf mich allein gestellt. Heute wohne ich mit einigen Freundinnen zusammen. Wie alle anderen auch, habe ich jede Menge Drogen genommen und ganz verrückte Sachen angestellt. Viel Sex gehört auch dazu. Mit dreizehn bin ich entjungfert worden, aber ich kann mich nicht mehr erinnern, mit wie vielen Jungen ich geschlafen habe. Inzwischen habe ich einen festen Freund. Alles andere wäre mir zu stressig. Mein Freund und ich werden wohl nicht heiraten oder so, aber wir sind ganz gern zusammen.

Die Schule? Die ist langweilig – im Ernst. Warum, weiß ich nicht. Die Lehrer bemühen sich ja, die meisten jedenfalls, aber zwischen dem, was wir lernen sollen, und unserem Leben gibt es irgendwie keinen Zusammenhang. Was immer das heißt. Was ich nach der Schule machen werde – keine Ahnung. Die Gesellschaft ist ziemlich blöd. Ich hab' kein Vertrauen in unsere Regierung, und ich finde, die Wirtschaft bescheißt die Leute. Die Erwachsenen sind reichlich kaputt, wenn man mich fragt. Ich traue denen nicht über den Weg. Mir fällt eigentlich nichts ein, was ich mein ganzes Leben lang gern machen würde. Nach dem Schulabschluß will ich herumreisen und mir Amerika ansehen. Später kaufe ich mir vielleicht etwas Land, baue Gemüse an und leb' mit ein paar Leuten zusammen. Im Augenblick schlage ich mich mehr recht als schlecht durchs Leben.«

Mag sein, daß Schulen den Nährboden für Langeweile bilden. Chris Livesay, siebzehn Jahre alt, drückt die Desillusionierung vieler Schüler aus: »Von der ersten Minute an, als ich die Edgemore Elementary School betrat, habe ich gelernt, wie man sich langweilt. Die Schule bereitet uns auf eintönige Jobs vor und engt unser Leben in jeder Hinsicht ein. Die Lehrer setzen uns falsche Ziele und locken mit lächerlichen Belohnungen. Denken Sie mal, was man alles in der Schule gelernt hatte, als man schließlich abging. Aber um das ganze Zeug zu lernen, muß man doch nicht zwölf Jahre zur Schule gehen!

Die Schule will uns zeigen, daß man lange braucht, um etwas zu erreichen. Sie bereitet uns auf ein langweiliges Leben vor. Wenn man in der Schule nicht darauf gedrillt würde, diese Langeweile zu ertragen, könnte die Wirtschaft doch gar nicht existieren: welcher Typ, der noch ganz richtig im Kopf ist, will schon den ganzen Tag in 'nem winzigen Büro sitzen – vor einem Schreibtisch, auf dem sich die Papiere stapeln, und in diesem kalten Neonlicht. Aber bis man so 'nen Mist über sich ergehen läßt, dauert es eine Weile.«

Auf der McFarland Creek-Farm, wenn im Februar fast ein Meter Schnee liegt, bedeutet Langeweile Hüttenkoller.

John Edwards sitzt am Kamin und spricht über seine Erfahrungen: »Hier draußen auf dem Land hat man im Winter wenig Abwechslung. Man kann nirgends hingehen, und auf der Farm ist ja auch nicht viel zu tun. Wir machen die Hausarbeit und hacken das Holz, das wir für den jeweiligen Tag brauchen, aber damit sind wir um zehn Uhr fertig. Also lesen wir viel. Trotzdem: Wenn man einen Monat lang eingeschneit ist, wird man träge. Es fällt einem gar nichts mehr ein, was man noch machen könnte. Man wünscht sich, es würde mal was passieren – irgend etwas: Man will mit jemandem sprechen, aber man hat dieselben Gesichter dermaßen satt, daß einem alle Menschen auf die Nerven gehen.

Das Schlimmste am Winter ist: Ständig ist man mit sich allein, und es gehen einem immer dieselben Gedanken durch den Kopf, bis sie schließlich jeden Reiz verloren haben. Man ist auf sich gestellt. Als ich in Alaska lebte, hat mir mal ein alter Trapper erzählt: ›Ich fühle mich gar nicht so einsam, ich kann wenigstens mit den Bäumen sprechen. Aber wenn sie mir antworten, dann weiß ich, es ist Zeit, mich in die Stadt aufzumachen.‹ Wenn ein Trapper oder ein Goldwäscher völlig erschöpft war und Ärger machte, brachten ihn die Mounties in die Stadt und spendierten ihm was zu trinken. Die sagten immer: ›Der muß mal wieder einen samtenen Handschuh im Nacken spüren.‹ Damit ließ sich der Hüttenkoller meistens kurieren.«

In Detroit ist Langeweile ein Massenprodukt und so vorhersehbar wie der Lauf eines Fließbands.

Seit neun Jahren arbeitet Steven Blandic schon am Band. »Ob die Arbeit langweilig ist? Natürlich! Wer das bestreitet, ist doch nicht ganz richtig im Kopf. Wenn man alle neunzig Sekunden, acht Stunden am Tag, fünf Tage in der Woche, fünfzig Wochen im Jahr zwei Schrauben in die Karosserie eines Fords dreht – wie soll einen das nicht langweilen! Ständig stellt man Untersuchungen und Überlegungen an, wie man dieses oder jenes interessanter machen kann, etwa daß wir reihum verschiedene Arbeiten ausführen oder daß man mehr für unsere Lebensverhältnisse tun will, damit wir uns mit dem Produkt identifizieren können und stolz auf die Autos sind; außerdem bekommen wir längere Arbeitspausen und mehr Urlaub. Aber seien wir mal ganz ehrlich: den Job hier kann man nicht aufregend machen. Ich mach' jeden Tag dasselbe, verdammt noch mal. Was soll daran kreativ sein?

Zuerst gibt man sich bei der Arbeit seinen Tagträumen hin, aber nach einer Weile hört auch das auf. Man reißt nur seine Arbeit runter und lebt am Wochenende. Wenn man zuviel darüber nachdenkt, bekommt man Depressionen. Dann denkt man: Will ich wirklich mein ganzes Leben damit verplempern, Schrauben in

Autokarosserien zu drehen? Aber wenigstens hat man Arbeit. Und viele Leute, mich eingeschlossen, haben nicht viel andere Möglichkeiten. Die Bezahlung ist ganz gut und gesichert, und man wird wohl auch immer Auto fahren, das Ganze ist also ziemlich krisenfest. Manchmal überlege ich, zu kündigen und mich selbständig zu machen, aber wahrscheinlich bleibe ich hier, bis ich in Rente gehe.«

Man könnte die Liste der Langeweile noch endlos weiterführen: Da ist die »Set-Set«-Langeweile der »Schönen und Reichen«, die einen flotten Lebenswandel führen und ihr Leben nach den medienproduzierten Bildern ausrichten. Dann die »Sonntagsneurose« der Arbeitssüchtigen, die nichts mit ihrer Freizeit anzufangen wissen und denken, Gott erschuf die Ferien, um den Menschen zu bestrafen. Die Langeweile der Kinder, die »nichts vorhaben«. Die endlosen, öden Nachmittage der Kranken, die sich auf nichts mehr freuen können und nur noch weitere Schmerzen vor sich haben. Und schließlich die quälende Mutlosigkeit der Armen und Arbeitslosen.

Wollen wir Gegenmittel gegen die Langeweile ersinnen, müssen wir zunächst zum Wesen der Krankheit vordringen.

Die Elemente der einfachen Langeweile

Aus welchen Elementen setzt sich nun die einfache Langeweile zusammen?

Eintönigkeit. Langeweile resultiert aus einer Ordnung, die außer Kontrolle geraten ist: Alles ist geordnet und geregelt. Es gibt keine Überraschungen mehr, der Trott regiert unser Leben. Um acht Uhr aufstehen. Zähne putzen und rasieren. Ein Ei, Kaffee und Toast, um 8 Uhr 35 den Bus nehmen, um zwölf Mittagspause usw. Zweite Strophe, so wie die erste: Es könnte alles besser sein, aber es wird schlimmer. Unsere fast sklavische Einstellung zu Uhren und unsere effiziente Technik haben dazu geführt, daß nicht nur Züge, sondern auch unser Leben nach Plan »fährt«. Doch keine Uhr kann Ihnen sagen, welche Stunde in *Ihrem* Leben geschlagen hat.

Monotonieerfahrungen lassen sich gar nicht vermeiden. Der Mensch kann nur eine begrenzte Menge an Chaos und Neuheit ertragen. Unser Bedürfnis nach Ordnung und einem gewissen Maß an Kontrolle führt zum Wiederholungszwang. Wir streben danach, eine Umwelt zu erschaffen, die nicht allzu viele Überraschungen bereithält. Dadurch fühlen wir uns dann etwas sicherer. Wenn wir am erfolgreichsten sind, schaffen wir uns Routinen und pflegen Gewohnheiten, die so geregelt sind, daß sie eintönig werden. Die Monotonie bietet uns Schutz. Ohne diesen Schutz kann es keine Zivilisation geben. Es mag uns langweilen, fünf Tage in der Woche die Stechuhr zu betätigen, aber möglicherweise ist dies der Angst vorzuziehen, die entstünde, müßte man jeden Tag und von Augenblick zu Augenblick aufs neue entscheiden, was man mit sich anfangen soll.

Die Hotelkette Holiday Inn weiß, daß der Durchschnittsbürger eine sichere Existenz dem aufregenden Leben vorzieht. Prahlerisch heißt es in den Anzeigen: »In Holiday-Inn-Hotels erleben Sie keine Überraschungen.« Überall findet der Gast die gleichen, sauberen, vertrauten Zimmer vor.

Die normale Person kennt genügend Abwehrmaßnahmen, um gefährliche, unbekannte Reize ausschließen zu können, und besitzt eine ausreichende Zahl von »Fenstern«, um hin und wieder einen fahrenden Sänger hereinzulassen. Neurotische Identitätskrisen entstehen, wenn unsere Abwehrmaßnahmen allzu »erfolgreich« waren und wir in der selbsterrichteten Festung festsitzen, wobei uns nichts aus der Einzelhaft zu befreien vermag. So spielen sich im Inneren abermals die alten Filme mit den abgestandenen Ängsten und unrealistischen Hoffnungen ab, bis wir uns derart langweilen, daß wir das Risiko der Abrüstung und des Engagements eingehen. (Bei psychotischen Störungen haben die Abwehrmaßnahmen versagt und zu viele fremde Gedanken die Zitadelle des Selbst erstürmt. Das Leben wird dann zu faszinierend, zu roh und zu furchterregend.)

Gefangenschaft. Langeweile ist ein Gefängnis. Der Käfig kann vergoldet sein, versüßt durch einen trügerischen Wohlstand, oder so düster und karg wie eine Gemeinschaftszelle im County-Jail von Okanogan. Unsere Ketten können geschmiedet sein aus wirtschaftlicher Not oder aus dem zwanghaften Streben nach Erfolg oder sozialer Anerkennung. Wenn wir uns langweilen, fühlen wir uns abgeschnitten von jeglicher persönlicher Freiheit. Wir sind an eine Situation – eine Ehe, einen Arbeitsplatz, ein Temperament, eine Krankheit – gekettet, aus der es anscheinend keinen Ausweg gibt. Die Angst vor Ablehnung schmiedet uns an die gesellschaftlichen Normen.

Sogar – oder gerade deswegen – können die Meinungen der Nachbarn oder Freunde die Mauern errichten, die uns gefangenhalten. Aber der Status quo wird nach einer Weile immer uninteressant. Es gibt nichts Anstrengenderes, als zu leben, um anderen Menschen zu Gefallen zu sein. Ein Leben voll Ergebung ist kein richtiges Leben: Man ist nur dann lebendig, wenn man sich in den Augen eines anderen Menschen gespiegelt sieht. Sonst bleibt man in die falsche Welt der Erscheinungen eingesperrt und aus dem empfindungsreichen Kern der eigenen Erfahrungen ausgesperrt.

Nehmen wir die einfachste Form der Langeweile: Sie nehmen an einem Dinnerbankett teil. Der Gastgeber bittet Senator XY, eine kurze Rede zu halten. Senator XY besteht darauf, die so wichtige Gesetzesvorlage zu erläutern (wobei er prahlt und offenbar glaubt, er befände sich im Wahlkampf), die aufgrund seiner Initiative während der letzten Sitzung im Kongreß zur Lesung kam. Den Text kennen Sie bereits. (Außerdem haben Sie das alles bereits in seinem »Bericht aus Washington« gelesen.) Und während er endlos weiterredet, schweifen Ihre Gedanken ab.

Zunächst stellen Sie sich vor, wie Sie ihm den Mund mit Kartoffelbrei stopfen und mit Klebeband verschließen. Dann denken Sie daran, wie Sie mit Ihrem/Ihrer Geliebten im azurblauen Wasser der Virgin Islands herumtollen. Aber Sie sitzen fest, denn Sie können ja nicht aufstehen und dem Senator XY sagen, er sei ein Heuchler und Langweiler. Er verläßt sich auf Ihre guten Manieren, und der Druck der gesellschaftlichen Normen bewirkt, daß Sie den Mund halten. Doch Sie sind frustriert und wütend. Sie wären lieber anderswo, aber die Situation hält Sie gefangen. Freiheit zerstört die Monotonie.

Situative Langeweile. Einfache Langeweile ist vorübergehend und situationsabhängig. Kaum ist die Rede zu Ende, stehen Sie auf, verlassen das Bankett und gehen tanzen. Wenn die Sirene das Ende der Elf-Uhr-Schicht verkündet, sind Sie aus der Tyrannei des Fließbands entlassen und treten wieder ins Leben ein. Im Fall der einfachen Langeweile ist die Apathie noch nicht bis zum Kern Ihrer Persönlichkeit vorgedrungen. Sie wissen immer noch, was Sie tun wollen oder wo Sie sein möchten, aber im Augenblick hält Sie etwas davon ab, sich diese Wünsche zu erfüllen.

Bilokation. Langeweile spaltet uns und hält unser Leben in einem Schwebezustand. Wenn wir uns gleichzeitig an zwei Orten befinden, sind wir in Wirklichkeit nirgendwo.

Über eine halbe Stunde warten Sie nun schon, daß Ihr/e Freund/in endlich eintrifft. Er/sie verspätet sich. Das ärgert Sie. Sie wären jetzt lieber auf der Vernissage in der 45. Straße, statt dessen sitzen Sie »wie auf Kohlen«. Weder können Sie das Hier und Jetzt genießen noch an dem Ort sein, den Sie sich im Geist vorstellen.

Fritz Perls, der Begründer der Gestalttherapie, sagt, Langeweile sei ein selektives Nicht-Bewußtsein. Es entspringe der Spaltung, »wenn man etwas Uninteressantem Aufmerksamkeit schenkt, und diese von dem fernhält, was das eigene Interesse befördern würde«. Man konzentriert sich auf die frustrierende Erfahrung und auf das Warten, statt auf die Freude, sie/ihn zu sehen, wenn sein/ihr Gesicht in der Menge auftaucht.

Die Zeit wirft Falten. In diesem Schwebezustand geraten Zeit und Raum aus den Fugen. Das deutsche Wort Langeweile unterstreicht die verzerrte Zeit-Vorstellung, die alle Langeweileerfahrungen kennzeichnet. Die Zeit dehnt sich, sie ist leer und lastet auf uns. Empfinden wir Vorfreude, fließt die Zeit und vergeht im Nu, doch merken wir es nicht. Bei besonders intensiven Erfahrungen vergessen wir völlig die Zeit. Wie lange dauert eine solche erhebende Erfahrung: Zuzuschauen, wie der hellrote Sonnenball in einem jadegrünen Meer versinkt? Ein Orgasmus? Wenn man sich langweilt, ist die Zeit eine Hydra: man muß jede Minute töten, eine nach der anderen. Henry David Thoreau (1817-1862) schrieb einmal: »Man kann die Zeit nicht totschlagen, ohne die Ewigkeit zu verletzen.«

Sichlösen. Langweilige Situationen schneiden uns vom Gefühl ab, selbst aktiv werden zu können. Sie rauben unserem Willen und unseren Gefühlen die Kraft. Dazu noch einmal Lenny: »Im Gefängnis entwickelt man die Haltung, daß man sich gar nichts mehr wünscht – sogar der Ausgang wird einem zu anstrengend.« Langeweile macht uns zu Beobachtern. Wir möchten, daß etwas passiert – irgend etwas, das uns ein wenig in Erregung versetzt. Aber wir fühlen uns weder verantwortlich noch stark genug, an der Situation etwas zu ändern.

Kurz gesagt: Langeweile ist gleichsam das Frühstadium der Krankheit der Hilflosigkeit. Wenn man sie nicht behandelt, kann sie zu einer regelrechten Depression oder sogar zum Selbstmord führen. Das »Warten auf Godot« – Gott, den Chef, die Regierung, den Märchenprinzen, die nächste Anschaffung –, um Erregung und Sinn ins Leben zu holen, muß uns enttäuschen. Eine von Passivität bestimmte Lebenseinstellung führt zweifellos zu einem Zustand chronischer Langeweile. Die Einstellung: »Ich kann nicht«, er-

hatten allmählich den Eindruck, die Testleiter würden ein Komplott gegen sie schmieden. Nach langer Isolation begannen etliche Testpersonen zu halluzinieren und Stimmen zu hören. Hebb zog aus den Experimenten den Schluß, daß die längere Einwirkung einer monotonen Umgebung schädliche Auswirkungen habe und daß »ein Wandel in der sinnlich wahrnehmbaren Umwelt offenbar für den Menschen von größter Bedeutung ist. Ohne diesen Wandel hört das Gehirn auf, angemessen zu funktionieren, woraus sich dann abnorme Verhaltensweisen ergeben. Demnach trifft zu, was Christopher Burney in seinem bemerkenswerten Bericht über seine Einzelhaft bemerkte: Abwechslung gibt dem Leben die Würze; sie ist der Stoff, aus dem das Leben ist.«[1]

Diese und ähnliche Experimente mit dem Entzug von Sinneswahrnehmungen bekräftigen die laienhafte Ansicht, wonach Langeweile im Grunde auf Reizarmut beruhe. Das ist jedoch bestenfalls die halbe Wahrheit. (Reizarmut kann uns auch schaden, wie wir noch sehen werden. Dann wollen wir die Rezepte analysieren, mit denen sich die Langeweile angeblich beheben läßt.) Sogar einfache Langeweile ist komplexer, als uns diese Experimente nahelegen. (Eine gute Faustregel könnte lauten: Sei auf der Hut vor Schlußfolgerungen aus Experimenten, die in kontrollierten Settings an Collegestudenten durchgeführt werden – meistens treffen sie Aussagen darüber, wie Collegestudenten in kontrollierten Settings reagieren.) Tatsächlich dürfte Langeweile durch ein *Übermaß* an Reizen verursacht werden, das ein Vakuum im Strom der eingehenden Sinneswahrnehmungen hervorruft.

Vielleicht resultiert über die Hälfte der Langeweileempfindungen in den USA mehr aus Reizübersättigung, als aus Reizhunger. Die Psyche der Nordamerikaner wird überschwemmt mit massenproduzierten Reizen von minderer Qualität. Wir nehmen Erregung schneller auf, als wir verarbeiten können. Doch übermäßiges Konsumieren führt zu schlechter Verdauung. Der Sieg des Kapitalismus besteht darin, daß er Übergewicht und zugleich Unterernährung erzeugt. Wir stopfen uns mit Trivialitäten voll und leiden dennoch unter geistiger Mangelernährung. Wenn es Junk-food gibt, gibt es auch »Junk-Werte«. Um den Vergleich fortzuführen: So wie eine aus Junk-food bestehende Ernährung uns des Gespürs beraubt, was für den Körper nahrhaft ist, so zerstören »JunkWerte« den Sinn dafür, was den ganzen Menschen befriedigt. Erich Fromm schreibt, bei einem gelangweilten Menschen finde sich »ein Mangel an Lebenshunger, ein Mangel an irgendeinem tiefergehenden Interesse an Sachen und Menschen, ein Gefühl der Machtlosigkeit und Resignation. Die persönlichen Beziehungen – einschließlich der sexuellen – werden dünn und flach, so daß man weder Freude noch Zufriedenheit zu empfinden vermag.«

Die Extreme. Baker Roshi, der ehemalige leitende Priester des Zen-Zentrums von San Francisco, sagt: »Zu Langeweile kommt es in zwei Extremsituationen: wenn alles im Leben reglementiert und ausgefüllt ist, und am entgegengesetzten Ende: wenn mir nichts geschenkt wird, und ich alles entscheiden muß.« Das Leben »von der Stange« langweilt uns, weil uns kaum noch eine Entscheidung offensteht. Wenn uns die Eltern, der Staat, die Firma oder die Moralvorstellungen der Gemeinschaft in »Backformen« pressen, erleben wir keine Abenteuer mehr. Wir folgen dem Weg, den man für uns abgesteckt hat. Doch zuviel Freiheit ist genauso problematisch. Wenn es keine Leitlinien, Normen und Routinen gibt, wird man gewissermaßen gewichtslos, wie ein Astronaut in der Schwerelosigkeit, und es gibt nichts mehr, dem man Widerstand leisten muß. Viele Menschen, die sich nach einer langen Ehe scheiden lassen oder arbeitslos werden, nachdem sie ihr Leben lang gearbeitet haben, erleben diese Leere als langweilig. Zwar können sie jetzt alles tun und lassen, aber sie wissen nicht, was sie tun sollen.

Damit wir uns wirklich lebendig fühlen und uns etwas begeistert, bedürfen wir eines ausgewogenen Verhältnisses von Freiheit und Herausforderung. Wie Untersuchungen über Langeweile bei Schulkindern zeigen, sind es die überdurchschnittlich Begabten und die unterdurchschnittlich begabten Schüler, die stark unter Langeweile leiden. Schüler mit einem hohen Intelligenzquotienten erhalten in der Schule nicht genügend Anregungen. Sie lernen den Stoff ohne Mühe und sehen darin keine Herausforderung. Und an Schüler, deren IQ am unteren Ende der Skala liegt, werden Erwartungen gestellt, die sie nicht erfüllen können. Die Herausforderungen überwältigen sie, wodurch sie sich unfähig und minderwertig fühlen. In einem auf Leistung beruhenden System, in dem die Noten immer wieder an die erbrachte Leistung erinnern, wird der schlechte Schüler zum »Versager«. Um sich gegen den Verlust der Selbstachtung zu schützen, behaupten die Kinder dann, sie langweilten sich, was in Wahrheit heißt, sie ängstigen sich und sind mutlos geworden. Deshalb auch versuchen heute viele Firmen, den IQ und die Berufsanforderungen aufeinander abzustimmen, um die Langeweileerfahrungen bei den Mitarbeitern zu verringern. So lehnen es manche Speditionen ab, Fahrer einzustellen, die beim Intelligenztest zu gut oder zu schlecht abgeschnitten haben. In beiden Fällen ist die Unfallrate recht hoch. Ist der Fahrer allzu intelligent, schweifen seine Gedanken zu oft ab auf den langen, einsamen Abschnitten der Landstraße, so daß es passieren kann, daß er mit den Kunststoffröhren durch die kleine Ortschaft fährt, ohne auf die rote Ampel auf der Hauptkreuzung zu achten. Und ist er zu dumm, fällt ihm keine kreative Lösung ein, wenn auf einer steilen Paßstraße plötzlich die Bremsen blockieren.

Frustration. Bei der einfachen Langeweile ist unser Verlangen noch lebendig, und wir entfalten eine reiche Phantasie. Spürt man die Kluft zwischen der aktuell vorherrschenden Monotonie und der Wunschvorstellung, etwas Aufregendes zu erleben, und man ist frustriert oder sogar wütend wegen dieser Bilokation, handelt es sich um einen leichten und umkehrbaren Fall von Langeweile. Man steht dann erst am Rande des Nacht-Landes. Nur wenn unser Verlangen abstirbt und unsere Phantasie und unsere Gefühle allmählich sich verdüstern, steigen wir immer tiefer die Spiraltreppe der chronischen Langeweile hinab.

Fragebogen zur einfachen Langeweile

1. Wie oft finden Sie sich in langweiligen Situationen wieder?

2. Was können Sie nicht mehr ausstehen? Welche Städte, Menschen, Speisen, Gewohnheiten finden Sie langweilig?

3. Wie erzeugen Sie für sich Monotonie?

4. Was hält Sie gefangen, schränkt oder zwängt Sie ein?

5. Welche Aufführungen erleben Sie im Theater Ihres Geistes am liebsten?

6. Stellen Sie sich vor, Sie gelten als vermißt, und ein Detektiv sucht nach Ihnen. Welche Gewohnheiten würden Sie verraten (etwa: daß Sie jeden Donnerstag Bowling spielen, Malt-Whisky kaufen oder Ihren Tabak vom Fachgeschäft per Bote kommen lassen)?

7. Welche Gewohnheiten und Routinen »nähren« Sie, und welche langweilen Sie?

7. Kapitel

Chronische Langeweile

Einfache Langeweile kann leicht chronisch werden. Eine monotone Arbeit oder eine schlechte Ehe bedrückt uns, färbt die Seele grau und raubt uns allmählich unsere Lebendigkeit. Wenn es uns mißlingt, aus einer erstarrten Situation auszubrechen, wird die Langeweile zu einer Lebensweise, oder zumindest zu einem gefürchteten Besucher, der immer wieder zurückkehrt. Die Malaise, die sich einst außer uns befand, rückt ins Zentrum der Seele.

Die Grenze zwischen einfacher und chronischer Langeweile ist schwer zu ziehen, weil die chronisch Gelangweilten für den Mangel an aufregenden Erlebnissen meistens ihre Lebenslage oder die Menschen in ihrer Umgebung verantwortlich machen. Schuldzuweisungen und Projektionen zählen zu den wichtigsten psychischen Abwehrmechanismen. Manchmal halten uns äußere Umstände in tödlichen Situationen gefangen. Politische Tyrannei, Armut, Krankheit, Leben in Institutionen, die Armee, der Konzern, das Gefängnis, die Schule – sie alle können den Menschen eine monotone Routine auferlegen. Doch oft rationalisieren wir unser Gefühl der Machtlosigkeit und suchen Ausflüchte, um nicht handeln zu müssen, und reden uns ein, etwas anderes (oder jemand anderer) habe unsere Langeweile verursacht. Was auch die *Ursache* der Langeweile sein mag – man bringt es am weitesten, wenn man die Verantwortung übernimmt, sich und seine Lebensumstände zu ändern, und statt einer passiven eine aktive Einstellung entwickelt.

Angenommen, Sie leiden an ständigem Lebensüberdruß, und das Problem liegt *nicht* in der Welt, sondern in Ihnen selbst. (Dies ist eine Halbwahrheit, die wir im 15. Kapitel: Depression und Hoffnung näher untersuchen.) Aus Gründen, die Sie wahrscheinlich nicht durchschauen, langweilen Sie sich. Warum?

Das Gebäude der Langeweile

Chronische Langeweile ist ein Zustand der Selbsteinkerkerung; dies zeigt unser kleines Bild.

Der eine sperrt sich vielleicht ein, indem er sich immer wieder ängstigt, ein anderer, indem er danach strebt, Tausenden von unerfüllbaren »Du-sollst-Vorschriften« zu entsprechen, ein weiterer durch übertriebene Schüchternheit und ein vierter durch übermäßiges Erfolgsstreben. Nur in der Art und Weise unserer Selbst-Einkerkerung unterscheiden wir uns.

Philosophen und Psychologen haben sich durch die Jahrhunderte hindurch immer wieder die Frage gestellt: Warum liegen Männer und Frauen, die frei geboren sind, überall in Ketten? Warum und auf welche Weise errichten wir Gefängnisse für uns, statt in Freiheit zu leben? Warum Langeweile, statt Staunen und Freude?

Damit man die Freiheit wiedererlangt, muß man sich das selbsterrichtete Gefängnis näher ansehen.

Bei der chronischen Langeweile haben wir die Stäbe des Käfigs durch Kampfhandlungen geschmiedet. In diesem Bürgerkrieg kämpfen zwei Armeen in unserer Brust. Der kontinuierliche innere Kampf entkräftet und erschöpft uns, so daß wir uns am Ende nur langweilen. Die Extreme dieser Haltung lassen sich wie folgt umschreiben:

Ich möchte etwas.	Ich weiß nicht, was ich möchte. Ich kann das Problem weder klären noch handhaben.
Verlangen	Innere Lähmung
Bedürfnis	Apathie
Reizhunger	Unzufriedenheit mit allem

Sehnsucht nach Erregung	Unfähigkeit, Erregung zu fühlen
Leere	Passive Erwartung, daß die Welt – andere Menschen-, herausfindet, was ich möchte, und es mir gibt.

Die meisten Psychologen stimmen mit der Auffassung Otto Fenichels, einem freudschen Psychoanalytiker, überein, wonach chronische Langeweile ein Zustand der »tonischen Bindung« ist. Diese wird als unangenehme Spannung erlebt und rührt von gehemmten triebhaften Bedürfnissen her. In der klassischen psychoanalytischen Terminologie entspringt die Langeweile dem Konflikt zwischen:

Libido	und	*Überich-Ich*
Der triebhafte, kindische, infantile Aspekt der Persönlichkeit		Der »erwachsene« oder »sozialisierte« Teil der Persönlichkeit

In seinem klassischen Aufsatz »Zur Psychologie der Langeweile« schreibt Fenichel:

> Den Sinn dieser Langeweile kann man also schematisch ungefähr folgendermaßen formulieren: »Ich bin erregt. Lasse ich die Erregung weiter zu, so bekomme ich Angst. Deshalb sage ich mir: ich bin gar nicht erregt, ich will gar nichts tun. Gleichzeitig spüre ich aber, daß ich dennoch etwas tun will; da ich aber mein ursprüngliches Ziel vergessen habe,

weiß ich nicht, was. Die Außenwelt muß etwas tun, was mich aus meiner Spannung befreit und mir doch nicht Angst macht. Sie muß machen, daß ich handle, dann bin ich der Verantwortung enthoben. Sie muß mich ›ablenken‹, ›zerstreuen‹, damit das, was ich tue, von meinem ursprünglichen Ziele weit genug entfernt ist. Sie soll das Unmögliche möglich machen: mir Entspannung ohne Triebhandlung verschaffen.«[1]

Bis zu einem gewissen Grad gehört der innere Konflikt zur menschlichen Existenz. Uns alle haben Eltern erzogen, denen wir gehorchen mußten, um zu überleben. Die früheste Lektion hieß: Passe dich an oder stirb! (Für das Kind gilt die Gleichung: Ablehnung = Drohung, verlassen zu werden = Tod.) Zunächst gehorchen wir, weil wir überleben wollen. Deshalb sind wir alle im häuslichen Gefängnis der Wertvorstellungen unserer Eltern gefangen. Wir sind nicht frei geboren. Stellen Sie sich vor, Ihr ursprünglicher Zustand ähnele dem des kleinen Mannes in dem Kasten. Die Werte unserer Eltern bilden den Kasten, und Schuld und Scham sind die beiden Stangen des Käfigs. Damit wir uns daraus befreien können, müssen wir Tabus brechen.

In der Bibel heißt es, Adam und Eva hätten unschuldig und glücklich im Garten Eden gelebt, solange sie die Gebote ihres Herrn – Gottes eben – nicht in Frage gestellt hätten. Doch als sie dann selbst den Unterschied zwischen recht und unrecht erkennen wollten (d h. die Frucht vom Baum der Erkenntnis essen), wurden sie aus dem Garten-Gefängnis geworfen und mußten fortan ein eigenverantwortliches Leben führen. Gehorchen wir den Eltern und der Gesellschaft, ohne je zu wagen, auszubrechen, werden uns die Werte aus zweiter Hand früher oder später langweilen. Wir entwickeln dann eine angepaßte, infantile und allzu häusliche Persönlichkeit und unterdrücken unsere Fragen, unsere Neugier und unseren Wunsch nach Abenteuern. Will man weiter in diesem sicheren, kindlichen Zustand verweilen, muß man das Abenteuer der Suche opfern. Die chronisch Gelangweilten sind Menschen, die sich nie von Schuld und Scham befreit haben und in einem von infantilen Bedürfnissen errichteten Gefängnis leben – beherrscht von dem, was Karen Horney als »die Tyrannei des Sollens« bezeichnet hat.

Wir wollen nun den Vorgang nachzeichnen, durch den die Langeweile chronisch wird. Auf welche Weise werden wir zum Gefangenen unserer Psyche, verwikkeln wir uns unablässig in einen Kampf mit uns selbst, bei dem es keinen Sieger gibt?

»Zu meinen frühesten Erinnerungen zählt, daß mich meine Mutter einmal erwischte, wie ich mit meinem Glied spielte. Ich sollte auf der Seitenveranda meinen Mittagsschlaf halten. Ich war aber gar nicht müde und hatte nichts zu tun. Also fing ich an, zu masturbieren. Es fühlte sich gut an – so gut, daß ich nicht hörte, wie meine Mutter das Zimmer betrat, mich mißbilligend musterte und sagte: ›Ein artiger Junge spielt nicht an sich herum.‹ Natürlich habe ich mich mehr nach ihrer Liebe als nach meiner Lust gesehnt, denn ich erinnere mich, ich habe mich erst wieder befriedigt, nachdem ich als Jugendlicher einen feuchten Traum hatte. Als ich zu masturbieren anfing, hatte ich immer Schuldgefühle. Als ich schließlich verheiratet war und regelmäßig Sex hatte, habe ich überhaupt nicht mehr masturbiert. Ich hatte eben ›keine Lust‹ mehr, mich zu berühren. In letzter Zeit habe ich die Wonne, mich zu streicheln, wiederentdeckt. Wahrscheinlich habe ich endlich erkannt, daß es wichtiger ist, sich selbst zufriedenzustellen, als ein braver Junge zu sein. Die Folge ist, daß meine Sexualität heute abwechslungsreicher und aufregender ist denn je.«

Diese Aussage eines Mannes in den mittleren Jahren macht deutlich, wie man sich von den eigenen Wünschen abschneiden und ins Gefängsnis der Langeweile einsperren kann. In diesem Fall war es der Sexualtrieb, der verdrängt wurde. Dasselbe kann mit jedem heftigen Wunsch geschehen. So erzählte mir ein fünfzigjähriger Mann, der kurz zuvor einen radikalen Wandel in seinem Leben vollzogen hatte: »Eigentlich wollte ich Maler werden, aber ich ließ mich von meinem Vater überreden, Geschäftsmann zu werden. Nur so konnte ich erreichen, daß er mich achtete. Also bin ich seit dreißig Jahren Geschäftsmann, und ich habe jede Minute gehaßt. Meine Arbeit langweilt mich zu Tode. Derzeit weiß ich nicht einmal mehr, was ich eigentlich will, nur was ich *nicht will.* Vorigen Monat habe ich mein Geschäft verkauft, und zum ersten Mal in meinem Leben fühle ich mich frei. Zwar habe ich Angst davor, aber wenigstens fühle ich mich wie ein lebendiger Mensch.«

In diesem Prozeß gibt es vier Stufen:

1. Ich wünsche mir etwas, das mir gefällt. Ich fühle mich gut dabei.

2. Die anderen (Eltern, die Gesellschaft, die Obrigkeit) verlangen etwas von mir und stellen Erwartungen an mich. Sie sagen: »Dies sind die Regeln, die du befolgen mußt, wenn du unsere Liebe und Zustimmung bekommen möchtest. Erfüllst du unsere Erwartungen

nicht, schämen wir uns deinetwegen, und auch du solltest dich schämen. Wenn du gegen die Regeln verstößt, bist du schuldig, und dafür bestrafen wir dich. So lauten die ›Du-sollst‹-Vorschriften, die Zehn Gebote.«

3. Ich bin, um zu überleben, auf ihre Liebe und ihren Schutz angewiesen. Deshalb muß ich tun, was die anderen von mir verlangen. Ich habe zu gehorchen.

4. Es gibt einen schmerzlichen Konflikt zwischen dem, was ich gern tun würde, und dem, was ich tun muß, um geliebt zu werden (und so zu überleben). Deshalb will ich meine lästigen Wünsche, Träume und Gefühle verdrängen.

5. Ich will gar nicht mit mir spielen.

6. Ich sehne mich nach etwas (das ursprüngliche Verlangen ist verdrängt worden), aber ich weiß nicht, was es ist. Ich erwarte von den anderen, zu erfahren, worum es sich handelt und daß sie mich damit versorgen. Aber ich will es nicht riskieren, meine Wünsche zu äußern oder so zu handeln, daß ich sie verwirklichen kann.

7. Man scheitert ständig. Die Welt ist langweilig.

Kurz gesagt: Langeweile ist ein Zustand der Selbst-Einkerkerung. Diese entspringt folgenden Vorgängen: dem Festhalten an Schuld- und Schamgefühlen, dem Absterben des Verlangens und schließlich der tonischen Bindung, die entsteht, wenn ich mich nur daran erinnere, was ich darf und nicht darf und vergesse, was ich will.

In der Regel sind die Phasen in diesem Prozeß dem Bewußtsein unzugänglich. Da wir den Widerstreit zwischen unseren Befürfnissen und Wünschen und den Wünschen und Bedürfnissen der Eltern nicht bewußt erleben, stumpfen wir seelisch ab. Nur so können wir überleben. In der Rückschau (während einer Therapie oder bei einer meditativen Übung), kann man sich dieses Vorgangs wieder bewußt werden. Doch während er abläuft, wird unsere Welt ganz automatisch enger. Man bemerkt kaum, daß man die Freuden, die unsere Eltern uns (und sich selbst) versagt haben, ja auch annehmen und erkunden kann. So errichten wir ein unsichtbares Gefängnis aus Scham und Schuld. Das Verlangen nach verbotenen Freuden haben wir verdrängt. Wir können uns kaum an den »Garten Eden« unserer unschuldigen Kindheitswünsche erinnern, als man uns dazu erzog, uns nur das zu wünschen, was angemessen, richtig und sauber ist (d h., das, von dem die Werbung uns einredet, es wären unsere echten Wünsche).

Die Symptome der Kapitulation vor unseren Schuld- und Schamgefühlen lassen sich meist schon lange vor ihrem Erscheinen erkennen. Mitunter rückt die Langeweile erst ins Bewußtsein, nachdem wir Jahre zuvor unsere wirklichen Wünsche aufgegeben haben. Eines Tages bemerken wir dann, daß uns nichts sonderlich viel Spaß macht. Zwar sind in uns verschwommene Sehnsüchte, aber wir haben keine klare Vorstellung davon, was wahrhaft befriedigend wäre. Die Hemmung, die Verdrängung und das Sichverschließen finden schrittweise (wie die Arteriosklerose) im Laufe der Jahre statt. Und in der Regel sind sie schon weit fortgeschritten, ehe sie sich in Form chronischer Langeweile ins Bewußtsein einnisten.

Um diese »Arterienverkalkung« der Psyche umzukehren und neues Lebensblut durch unsere Adern kreisen zu lassen, müssen wir das Sichverschließen der Seele näher betrachten. Was geschieht nun mit den verschiedenen Systemen in unserer Persönlichkeit, wenn wir unsere angeborenen Wünsche aufgeben und uns der tyrannischen Herrschaft des »Sollens«, der Werte und Vorschriften unterwerfen, die nicht unsere eigenen sind?

Eigenschaften der Langeweile: Das Gefängnis des Selbst errichten

Empfindungslosigkeit. Eine gelangweilte Person läßt sich selbst wie auch die Menschen in ihrer Umgebung psychisch erstarren. In kleinerem Maßstab leidet der Gelangweilte an der Art der Gefühllosigkeit, die auch die Opfer des Holocaust oder besonders erniedrigender Kriegserlebnisse erlitten haben. So berichtet Robert Lifton, daß sich sowohl die Überlebenden der Konzentrationslager als auch unter »Kampf-Müdigkeit« leidende Soldaten vor der Erinnerung an ihre Leiden durch »psychische Abstumpfung« schützten.

Die chronisch Gelangweilten sind diesem fortdauernden inneren Bürgerkrieg erlegen: Um keine schmerzlichen Konflikte mehr zu spüren, injizieren sie in fast jeden Teil ihrer Persönlichkeit enttäuschte Hoffnungen und aufgegebene Träume. Anders als die Überlebenden der unvorstellbaren Grausamkeiten des modernen Krieges, erhalten sich die chronisch Gelangweilten immer noch ein geringes Maß an unspezifischer Hoffnung: einen Hauch von Verlangen oder die vage Erwartung, es könnte etwas geschehen, das sie ins Land der Lebenden zurückführt – (»Bringe doch jemand die Glut zum Brennen«). Im Zustand der echten Apathie ist die Welt hingegen zur Asche geworden, und man hat den Phönix ermordet. Das Gespenst der Massenvernichtung und der routinemäßigen Grausamkeiten zerstört das menschliche Herz.

In den letzten zehn Jahren hat der Zustand der chronischen Langeweile epidemieartige Ausmaße angenommen. Die moderne Gesellschaft ist zum Kriegsgebiet geworden. Der Konkurrenzkampf hat fast alle Formen des gemeinschaftlichen Lebens vernichtet. Der kulturelle Wandel vollzieht sich so rapide, daß man sich ihm gar nicht schnell genug anpassen und mit ihm mithalten kann. Der Zyklus von Inflation und Depression stellt für fast alle Bürger – bis auf die ganz Reichen – das wirtschaftliche Überleben in Frage. Die Energiekrise, die ökologischen Katastrophen, das nachlassende Vertrauen in unsere Regierung – das alles kommt zum normalen Schrecken des Alltags im zwanzigsten Jahrhundert hinzu.

Zudem schwebt über allem die Drohung der atomaren Vernichtung der Menschheit. Uns allen hat man gleichsam die Pistole auf die Brust gesetzt. Unsere alten Mythen, Lebensmodelle und Träume sind im Begriff auszusterben. Doch wir haben noch keinen neuen Mythos, der uns inspiriert und Hoffnung macht, damit wir endlich wieder handeln können. Die Krisen im Inneren wie im Äußeren – unsere abbröckelnden politischen und psychologischen Identitäten – bilden eine allzu verwirrende und schmerzliche Erfahrung. Nimmt es da Wunder, daß wir uns gefühllos machen und unsere Hilflosigkeit und Enttäuschung hinter zur Schau getragener Langeweile verbergen?

John G. gehört zu den Menschen, die sich chronisch langweilen. Als ich ihn aufsuchte, um ihn zu interviewen, hatte ich den Eindruck, vor einem Automaten oder Zombie zu stehen. Sein Gesicht war eigentlich schön geschnitten, dennoch kam es mir vor wie aus Ton geformt. Kein Aufflackern irgendeines Gefühls, kein Erröten, ob nun aus Verlegenheit oder Begeisterung, durchströmte die Haut. Mit monotoner Stimme erzählte er davon, wie er sich nach zehnjähriger Ehe in Therapie begeben habe, weil seine Frau frigide sei. Während der Ehe hatten sie ungefähr zehnmal miteinander geschlafen. Offenbar war es ihm noch nie in den Sinn gekommen, daß *seine* emotionale Impotenz zu der sterilen Ehe beigetragen haben könnte.

»Es stimmt schon«, sagte er, »eigentlich macht mir kaum etwas Spaß. Ich versuche, ein bequemes Leben zu führen. Im Grunde ist das Leben absurd, und es ist mir gleichgültig, was mit mir passiert. Sicher, viele Leute haben Angst vor dem Tod, ich nicht. Ich fürchte mich ein bißchen davor, zu leiden, aber nicht vor dem Tod.«

Ich fragte ihn, wie er denn seine Freizeit verbringe. Er ging mit mir durchs Haus und zeigte mir seine zahlreichen elektronischen Geräte – den Fernseher, Radios, automatische Türöffner, Stereogeräte sowie mehrere Motorräder. »Ich bin wie vernarrt in Maschinen aller Art. Manchmal fahre ich auch Motorradrennen.« Auf meine Nachfragen hin erzählte er, daß vor zwei Jahren ein Freund bei einer gemeinsamen Fahrt ums Leben gekommen sei.

»Ich fuhr voraus. Als ich an die Abzweigung an der Straße kam, hielt ich an, um auf ihn zu warten. Da er nach fünf Minuten noch nicht da war, drehte ich um, um nach ihm zu suchen. Als ich am Unfallort eintraf, brachte ihn der Notfallwagen ins Krankenhaus; aber er war schon tot.«

»Hat Sie der Tod Ihres Freundes sehr erschüttert?« fragte ich.

»Doch, ein bißchen ... aber wie gesagt: Ich lasse die Dinge nicht an mich heran. Als meine Mutter starb, habe ich auf dem Nachhauseweg vom Krankenhaus eine halbe Stunde geweint, aber das war alles. Die Menschen reagieren eben unterschiedlich intensiv auf Ereignisse. Ich bin eben kein sehr gefühlvoller Typ. Was ist daran verkehrt?«

Das Verblassen der Phantasie und der Einbildungskraft. Um uns gegen den Schmerz über – vergangene und zukünftige – Enttäuschungen zu schützen, verschließen wir uns bestimmten Erinnerungen und Wunschvorstellungen. Steckt man in einem monotonen Job fest, kann man immerhin noch seinen Träumen über eine Reise in die Südsee nachhängen. Ist der Lebensüberdruß aber erst einmal zur unabänderlichen Lebensform geworden, stellen wir uns nicht mehr vor, was wir als befriedigend empfänden. Es wird dann zu bedrohlich, sich seinen Phantasien hinzugeben.

Wenn die gelangweilte Hausfrau ihren Phantasien freien Lauf ließe, könnte sie in Schwierigkeiten geraten. Vielleicht würde sie sich ausmalen, wie ihr Leben aussähe, wenn sie einen Geliebten hätte, der mit ihr intensive Gespräche führt, oder daß sie wieder mit dem Malen anfinge, das sie wegen der Ehe aufgegeben hatte. Und ehe sie sich versieht, könnte sie weitere Forderungen nach noch mehr Selbstausdruck stellen. Aber das kann ja nur Ärger bringen! Vielleicht sollte man »realistisch« bleiben und alles beim alten lassen.

Otto Fenichel zufolge hemmt der gelangweilte Mensch seine Phantasien, weil er unter der unbewußten Angst leidet, der verbotene Gedanke könnte zu der verbotenen Tat führen. Phantasien offenbaren möglicherweise unsere verbotenen sexuellen oder aggressiven Wünsche, auch die »kindischen« Träume, die wir aufgaben, um die Liebe der Eltern und Spielkameraden zu gewinnen. Wenn man seine Wunschvorstellungen unterdrückt, werden die schmerzlichen innerpsychischen Konflikte nicht bewußt.

Eingeschränkte Kreativität. Da das kreative Vermögen einen unablässigen Austausch zwischen dem Bewußten und dem Unbewußten, zwischen Rationalität und Phantasie erfordert, zerstört die Langeweile unsere schöpferischen Kräfte. Gelangweilte Menschen vermehren ihre Langeweile, indem sie bewußt Arbeitsplätze auswählen, in denen sie nicht kreativ sein müssen. Sie verharren in sicheren, monotonen Situationen, statt die Korridore ihres Denkens und Fühlens zu erweitern, die sie angeblich in ein gefährliches Terrain voll von unbekannten Erfahrungen führen.

Zu dieser Regel gibt es auch Ausnahmen. Manche Maler und Schriftsteller wissen zwar nicht, wie sie ihr Leben und ihre zwischenmenschlichen Beziehungen bereichern können – und werden auf diese Weise depressiv und gelangweilt. Aber sie sind durchaus fähig, ihrer Phantasie ausreichend Freiraum zu gewähren und alternative Welten zu entwerfen. Diese erscheinen dann in ihren Gemälden und Romanen. So schrieb Guy de Maupassant (1850-1893) über sich:

> Ich langweile mich furchtbar ... Alles nehme ich mit Gleichgültigkeit hin, und zwei Drittel meiner Zeit verbringe ich damit, zutiefst gelangweilt zu sein ... Es gibt keinen Menschen unter der Sonne,

der mehr gelangweilt ist als ich. Nichts scheint mir der Mühe wert, mich anzustrengen oder zu bewegen. Ich fühle mich gelangweilt ohne Ende, ohne Ruhe und ohne Hoffnung, weil ich nichts wünsche und nichts erwarte … Alles ist mir einerlei im Leben, Männer, Frauen und alles Geschehen. Das ist mein wahres Glaubensbekenntnis; und ich möchte etwas hinzufügen, das Sie schwerlich glauben werden, nämlich, daß mir an mir genausowenig gelegen ist wie an den anderen. Alles ist teilbar in Farce, Langeweile und Erbärmlichkeit.

Maupassant kannte nur eine Befreiung von der Langeweile: etwas zu schöpfen. »Alles langweilt mich, und erträglich sind nur die Stunden, in denen ich schreibe.«[2] Am einleuchtendsten ist wohl die These, daß die chronische Langeweile die Fähigkeit zerstört, die Phantasie kreativ und zur Bereicherung des eigenen Lebens einzusetzen. Ingenieure können selbst dann fabelhafte Waffensysteme ersinnen und konstruieren, wenn es ihnen an Phantasie mangelt, sich vorzustellen, daß es erregendere Herausforderungen für sie gibt, als dem millionenfachen Tod das Werkzeug zu liefern. So können sie sich nicht vorstellen, was es für ein Gefühl ist, den Garten umzugraben, einen Obstbaum zu pflanzen oder als Fischer mit einem kleinen Boot vor den Keys in Florida seinen Lebensunterhalt zu verdienen.

Damit wir diese bedrohlichen (und vielversprechenden) Phantasien davon abhalten, uns unangekündigt zu überfallen und uns aus Schutz bietenden, stabilisierenden Routinen aufzuschrecken, halten wir uns stark unter Kontrolle. Immer schön viel arbeiten und sich ablenken … Wie Psychologen, die die *Rapid Eye*

Movements, die schnellen Augenbewegungen, untersucht haben, vor einigen Jahren nachweisen konnten, folgen die meisten Menschen einem natürlichen Rhythmus – dem sogenannten REM-Zyklus: Phantasien und ein traumähnlicher Bewußtseinzustand entstehen danach im Abstand von neunzig Minuten, und zwar bei Tag und bei Nacht. Die Natur hat uns so erschaffen, daß wir uns mit Hilfe der Phantasie alle neunzig Minuten erfrischen und beleben! Das Vermögen zu und das Bedürfnis nach ein wenig Verrücktheit, nach einer Minipsychose, einem kurzen psychedelischen Abenteuer ist in unser Nervensystem eingebaut! Damit wir uns den eigenen Phantasien verschließen, müssen wir ständig beschäftigt und derart zerstreut sein, daß wir alle störenden Einflüsse aus dem Unbewußten fernhalten.

Gefühlsabstumpfung. Die chronisch Gelangweilten sind unfähig zu intensiven Gefühlen – sie erleben weder Freude noch Leid, weder Hoffnung noch Verzweiflung. Die Dinge geschehen mit ihnen, hinterlassen jedoch keinen bleibenden Eindruck. Albert Camus' Roman *Der Fremde* beginnt mit dem Satz: »Gestern ist Mama gestorben. Vielleicht auch heute. Ich weiß es nicht.« John G. hat nie um seinen Freund geweint, und beim Tod seiner Mutter nur eine halbe Stunde lang. Da die Gefühle unteilbar sind, geht der Entschluß, schmerzliche Konflikte und Enttäuschungen nicht zu empfinden, mit dem Abtöten von Zorngefühlen, von Lachen, Weinen und Freude einher. Man kann nur wählen, *ob* man etwas fühlen will, nicht, *was* man fühlt.

Die Palette der Defizite, die aus einem verengten Fühlen resultieren, ist größer, als wir gemeinhin annehmen:

Gefühl ist:

das Zentrum der seelischen Lebendigkeit

unsere Anbindung an die Symphonie des Lebens

der Ursprung unserer Individualität

die Quelle unseres Selbstwertgefühls

die Grundlage für unser Urteil darüber, was gut und was böse ist

unser inneres Mitschwingen mit der Außenwelt

der persönlichste Akt des *Wertens*

Wenn jemand, den man liebt, die Hand nach uns ausstreckt und uns liebkost, durchschießt uns Freude, und unser innerstes Wesen sagt: »Ja! Das ist gut, das gefällt mir, ich schätze es.« Wenn jemand, den man liebt, stirbt, und tiefe Trauer überfällt uns, sagen uns die Tränen: »Nein! Es tut so weh, diesen geliebten Menschen zu verlieren. Jemand, den ich zutiefst schätze, ist mir genommen worden.« Wenn wir unsere Gefühle beschneiden (wegen des schmerzlichen Verlustes und der Angst vor Konflikten), kappen wir die Nervenenden, die uns mit der Welt verbinden. Wir nehmen Abschied vom Leben (das man leben muß) nach dem Motto: »In Freude und Leid, in guten wie in schlechten Tagen.«

Der Zustand emotionaler Verstümmelung macht uns Menschen schwach und machtlos. Indem wir unsere Gefühle aufgeben und Zuflucht suchen im gefühlsmäßigen Nebel der chronischen Langeweile, zerstören wir unsere Persönlichkeit. Alle großen Wörter, mit denen existentialistische Philosophen und Soziologen die psychologische Pest, die alle Industrienationen zu überziehen scheint, gekennzeichnet haben: Entfremdung, Selbstentfremdung, Anomie, Entpersönlichung, Teilnahmslosigkeit, Nihilismus, Sinnverlust – bringen kunstvoll zum Ausdruck, daß uns die tödliche Gefahr droht, unsere Empfindungsfähigkeit einzubüßen.

Die zeitgenössische Langeweile ist Inbegriff unserer Wertkrise. Es kränkt uns, die Verlorenheit und den drohenden Kollaps des technologischen Traums zu erleben und keine »Städte aus Alabaster, ungetrübt von menschlichen Tränen« zu erbauen. Die alten Götter, die Gewißheiten, die allgemeingültigen Werte sind tot. Und wir sind wie gelähmt und versuchen – wie die alten Römer –, uns mit Luxusgegenständen zu besänftigen und uns vor der schmerzlichen Erkenntis zu schützen, das »Amerikanische Reich« könnte fallen.

Hinter der Langeweile verbirgt sich die melancholische Behauptung, wir seien anderen Menschen überlegen. Die depressive Person fühlt sich anderen häufig unterlegen, der chronisch Gelangweilte ist teilnahmslos und behauptet, »über allem zu stehen«. Nichts ist ihm gut genug. Nichts ist so erregend oder interessant, als daß es ihn aus seiner Lethargie herausreißen könnte. Nichts verdient seine ungeteilte Unterstützung. Aus seiner sicheren Festung blickt er abschätzig auf die Welt und sagt: »Und das soll alles sein? Mir reicht das nicht.«

Diese angemaßte »Überlegenheit« wurzelt in der Weigerung, verletzlich zu werden, sich zu öffnen, Mitgefühl mit anderen zu haben und Enttäuschungen zu erleben. Die radikale »Coolness« des chronisch

Gelangweilten entspringt seiner Gefühlsstarre. Er hat die Lebenseinstellung angenommen, die ein Graffiti auf den Punkt bringt, den ich kürzlich sah: »Bleib cool. Laß dich nicht auf dein Leben ein.«

Kompensation durch Sinneseindrücke. Ist erst einmal der Gefühlsnerv abgestorben, sucht der gelangweilte Mensch irgendeine Stimulation, die ihm das Gefühl gibt, wahrhaft lebendig zu sein. Zerstreuung, Unterhaltung und eine oberflächliche Reizung der Sinne sollen einen Ausgleich für den Verlust unserer Empfindungsfähigkeit schaffen. Oft führt diese innere Leere zu übertriebenen Hungergefühlen, zu Dickleibigkeit und Suchtverhaltensweisen, etwa übermäßigem Essen, Trinken, Rauchen oder Kaufen. Es sind dies die verbreitetsten Formen, die innere Leere zu füllen.

Zahlreiche Untersuchungen über das Phänomen der Langeweile verwechseln die einfache Monotonie mit der chronischen Langeweile. Bei der situativen (bzw. einfachen) Langeweile kann eine monotone Umwelt durchaus zu wenig bedeutungsvolle Reize bereitstellen. Manchmal findet die chronisch gelangweilte Person auch mitten in Manhattan oder Malibu nichts Aufregendes.

Abneigung zu handeln. Die Gelangweilten sind eher Beobachter als Handelnde. Wenn wir unsere Gefühle abgetötet, unsere Wünsche eingefroren und unsere Phantasien darüber verdrängt haben, was uns wirklich befriedigen würde, wird der Handlungsimpuls vernichtet. Wir handeln, weil wir uns etwas *wünschen* – einen Liebhaber/eine Geliebte, ein Auto, ein Haus, eine gerechtere Gesellschaft – von dem wir uns *vorstellen*, daß wir es bekommen können. Der Gelangweilte verfolgt eine passive, ihn abhängig machende Strategie: Er will die Welt manipulieren. Wie die perfekte Mami, so sollen die anderen unsere Wünsche erraten und sie uns erfüllen.

Diese passive Grundhaltung liegt auch häufig sexuellen und Eheproblemen zugrunde. Der eine Partner erwartet, daß der andere seine Wünsche vorwegnimmt und erfüllt: »Liebtest du mich wirklich, würdest du meine Wünsche erfüllen, und ich müßte dir nicht sagen, worin sie bestehen.«

Selbst Menschen, die ungewöhnlich aktiv erscheinen, sind im Inneren oft passiv. Der Reizsüchtige will sein Essen, seine Droge, den neuesten Nervenkitzel, der ihn »antörnt«. Abgeschnitten von ihren wahren Gefühlen, verlieren die Süchtigen den inneren Kompaß, der ihnen ein Gespür für die richtige Richtung und die richtige Handlung vermitteln könnte.

Eine Hausfrau sagte mir einmal: »Ich möchte ein Sofa kaufen, traue mich nur nicht. Aber immer denke ich, mein Mann findet das, was ich aussuche, bestimmt scheußlich. Ich bekomme dann so große Angst, einen Fehler zu machen, daß ich gar nichts mehr tue und wie gelähmt bin.«

Pierre Janet, einer der Gründungsväter der Psychologie, hat einmal gesagt: Die Angst zu handeln ist der Hauptbestandteil der Melancholie (ein früher Begriff für den Zustand der Niedergeschlagenheit und des Gelangweiltseins):

> Was geschieht eigentlich, wenn ein Objekt uns angst macht? Es vollzieht sich ein grundlegender Wandel: Die charakteristische Handlung wird gestoppt, ja völlig gehemmt. Aus dem einen oder an-

> deren Grund ängstigt uns die Frucht, nach der wir uns sehnen; sie scheint verdorben zu sein oder vergiftet, wir wollen sie nicht essen, hören auf sie zu essen, ja sogar uns danach zu sehnen, denn das Sehnen nach dieser Frucht ist der Beginn der Handlung, sie zu essen, und diese Handlung wird dann bereits im Keime erstickt. Wenn der Bergpfad, der zum Spazierengehen einlud, uns angst macht, halten wir auf dem Spaziergang inne und empfinden einen Widerwillen. Wenn ein Mann, an den wir das Wort richten und von dem wir etwas erbitten möchten, uns angst macht, hören wir auf, das Wort an ihn zu richten, und haben keinerlei Befürfnis mehr, irgend etwas mit ihm zu tun zu haben.[3]

Der Zustand chronischer Langeweile entspringt der Sünde der Unterlassung. Er ist der Stachel des Nichtseins, des Schmerzes über das ungelebte Leben, der Wege, die man nicht erkundet, der Risiken, die man gescheut, der Menschen, die man nicht geliebt hat, der Gedanken, die man nicht gedacht, der Gefühle, die man nicht genossen hat. Es ist der dumpfe Schmerz der Lebensmöglichkeiten, die wir gemordet haben – aber nicht weil man sie nicht mit jenen Chancen vereinbaren konnte, für die wir uns entschieden haben, sondern weil wir zu ängstlich und mit anderem beschäftigt waren. Ein langweiliges Leben kommt der christlichen Vorstellung der Sünde sehr nahe, von der Paulus sagt, sie sei der Stachel des lebendigen Todes.

Wer entschlossen handelt, setzt sich Schuldgefühlen aus. Wenn wir handeln, brechen wir irgendein Tabu, ziehen irgendeinen Unwillen auf uns, enttäuschen wir irgend jemanden. Daher geht mit Handlungen ein Schatten der panischen Angst einher. Wenn wir kein

Risiko eingehen und nicht handeln, empfinden wir Scham. Wir vermeiden Angstgefühle und den Schatten des Schreckens, leiden jedoch unter dem Fluch der Langeweile. In einem aktiven Leben sind Fehler unausweichlich, und deshalb verlangt es nach Vergebung. Ein passives Leben wird von anderen Menschen geprägt. Es ist das Leben des Opfers: keine Erfolge, keine Fluchten, keine Irrtümer. Wer nicht wagt, der nicht gewinnt. Wagen wir nicht, dann fordert das einen furchtbaren Preis. Wir schließen uns dadurch ins Gefängnis unseres Selbst und bleiben allein mit unserem Groll und den schmerzlichen Erinnerungen an Hoffnungen, die wir aufgaben. »Von allen traurigen Wörtern der Zunge oder der Feder, sind die traurigsten: ›Es hätte sein können.‹«

Manchmal glaube ich, daß es nur zwei Fixsterne gibt, denen ein Mensch folgen kann, zwei grundverschiedene Möglichkeiten: den Weg nach Norden oder den Weg nach Süden. Entweder wir gehen den Weg der Entscheidung, des Risikos, der Handlungen, der Individuation, der Schuld, der Selbstverwirklichung, der Vergebung, der Freude, ein Individuum zu sein, oder aber den der Unentschlossenheit, der Sicherheit, der Anpassung, der Scham, der »Unschuld«, der Langeweile und des Überlegenheitsgefühls. Wir müssen wählen zwischen dem engagierten Leben und der Existenz eines Beobachters.

Der Verlust der Freiheit. Haben wir unsere Wünsche und Handlungsimpulse erst einmal verdrängt, stirbt Schritt für Schritt auch unsere Freiheit. Sind wir durch die selbstauferlegte Monotonie oder den Entschluß, weder zu fühlen noch zu handeln, gefangen, schwindet allmählich unsere Fähigkeit, ein freies Leben zu führen. Erscheint uns nichts besonders wichtig, so ist die Wahl zwischen A und B und C trivial. Freiheit hingegen ist verbunden mit Risiken, Werten und Anstrengungen.

Marjorie ist zweiundvierzig Jahre alt. Die Angestellte im *Department of Motor Vehicles* berichtet: »Als ich hier anfing, wollte ich etwas verändern und hatte deshalb ständig Krach mit dem Chef. Ich fühlte mich unheimlich gut und zu allem aufgelegt. Im Laufe der Jahre habe ich gelernt, mich den Verhältnissen anzupassen. Inzwischen fühle ich mich wie ein Hamster im Käfig. Weil ich den Job brauche, habe ich Angst, zuviel Ärger zu machen. Wie auch immer: Heute ist mir alles ziemlich gleichgültig. Ich will Ihnen mal was verraten: Es gibt bloß eine Sache, die der Mensch erfunden hat und die neben der Küchenschabe überleben wird, und das ist die Bürokratie. Die schafft uns alle.«

Wir wollen nun im kleinen das Bild zeichnen, wie und warum wir die Langeweile der persönlichen Freiheit vorziehen. So wie der Mutterleib bietet uns Langeweile Schutz und Fürsorge. Man erleidet keine seelischen Verletzungen, wenn man nichts empfindet, und man wird nicht enttäuscht, wenn einem alles gleichgültig ist. Nichts kommt an einen heran, wenn man sich immer wieder sagt:

Das ist mir ganz gleich.

Es hat keinen Sinn, sich darüber aufzuregen.

Das Risiko ist mir zu groß.

Warum soll ich das System bekämpfen?

Finde heraus, was die anderen wollen, und gib es ihnen.

Was kümmert mich das?

Ich habe keine Lust, mich deswegen zu ärgern.

Die chronisch Gelangweilten sind unerreichbar. Sitzt man im Gefängnis des Selbst, kann einen niemand wirklich berühren. Jeder echte Kontakt mit einem Menschen aus Fleisch und Blut macht uns verletzlich. Wenn ich dich liebe, fühle ich deinen Schmerz, deine Freude und deine Lust. Aber da mir das zuviel Angst macht, muß ich meine Grenzen genau im Auge behalten und dafür sorgen, daß die Grenzsoldaten jedes Eindringen auf mein Territorium abwehren. Die Tür dieses Gefängnisses muß von innen aufgeschlossen werden. Stephen Vincent Benét fängt diese Einsamkeit in dem Selbstgespräch ein, das Lincoln in *John Brown's Body* führt:

That prison is ourselves, that we have built
And, being so, its loneliness is just,
And, being so, its loneliness endures.
But, if another came,
What would we say?
What can the blind say, given back their eyes?
No, it must be as it has always been.
We are all prisoners in that degree
And will remain so, but I think I know
This – God is not a jailer.[4]

[Dieses Gefängnis sind wir selbst, wir haben es errichtet

Und aus diesem Grund ist es eine gerechte Einsamkeit
Und aus diesem Grund wiederum währt die Einsamkeit
Aber wenn ein anderer zu uns käme,
Was würden wir sagen?
Was kann der Blinde sagen, gäbe man ihm das Augenlicht zurück?
Nein, alles muß so bleiben, wie es immer war.
In diesem Sinne sind wir alle Gefangene
Und werden es bleiben, aber eines weiß ich wohl
Gott ist kein Kerkermeister ...]

Resignation, Groll und Wut. Unmittelbar unter der abgestumpften Oberfläche der Langeweile brodeln Groll und Wut. Lenny behauptet über die Langeweile im Gefängnis: »Zuerst überkommt einen rasender Zorn.« Wenn uns eine Person oder eine Institution gefangenhält, darf man durchaus beunruhigt und zornig darauf reagieren: »Wie kannst du es wagen, meine Zeit zu vergeuden? Wie kannst du es wagen, mir meine Kraft zu rauben und zu erwarten, daß ich derart banalen Dingen Beachtung schenke?«

Jede Diktatur, jedes faschistische Regime oder undemokratische Gesellschaftssystem, das seinen Bürgern ein uniformes Leben auferlegt und Gehorsam von ihnen fordert, will uns durch Terror die Herrschaft der Langeweile aufzwingen. Dieser Lage entkommen nur diejenigen, die sich der grassierenden Massenkonormität, der Anomie und dem Ennui widersetzen, die sich über jede reglementierte Gesellschaft legen, weil sie die Kraft zur Empörung und zur Rebellion bewahrt haben.

Die chronisch Gelangweilten hingegen haben Angst, etwas zu fühlen, und machen ihrem Zorn keine Luft.

Ihre Unzufriedenheit und ihre Enttäuschung schwelen weiter und verwandeln sich in nach innen gewendete Wut- und Haßgefühle. Da diese Menschen nicht die Verantwortung für den eigenen Entschluß »sich zu Tode zu langweilen« übernehmen wollen, fühlen sie sich von jedem bedroht, der sich für etwas begeistert und Lebensfreude empfindet. Ist Ihnen schon einmal aufgefallen, daß ein gelangweilter Mensch Sie »herunterziehen« und traurig stimmen kann? Die Gelangweilten haben sich selbst abgetötet, und sie wollen in ihrer Nähe nichts Lebendiges sehen, das sie daran erinnern könnte. Insgeheim wollen sie alle anderen Menschen in Zombies verwandeln, damit sie sich nicht so allein fühlen. Ihr Gähnen soll uns einschläfern. Ihre angestrengte, mangelnde Begeisterungsfähigkeit und ihr ständiges Kritisieren verfolgt unbewußt das Ziel, alles Herausragende auf ein Mittelmaß zu stutzen. Der eintönige Klang ihrer Stimme ist ein Sirenenlied, das uns in ihre eintönige Welt locken soll. Nietzsche wies darauf hin: Geht unser Wille zur Selbstbehauptung verloren, bewundern wir nicht mehr, sondern fangen an, jedem Menschen in unserer Umgebung, der von Natur aus ein überschwengliches Gemüt hat, mit Groll zu begegnen.

Statt sich dem Schmerz und der Wut zu stellen, die wir empfinden, weil wir unsere Ideale verraten haben, projizieren wir den Zorn (natürlich auf unbewußte, »sichere« Weise) in der billigen Münze des Grolls nach außen. Die »Überlegenheit« der Gelangweilten ist feiger Zorn – Wut, die es nie wagt, sich unmittelbar Luft zu machen, sondern umherschleicht und sich in ewiger Kritik, in Urteilen und Ressentiments versteckt, die sie gegenüber allem und jedem hegen, der »unter ihrer Würde« ist.

Die Gelangweilten und Neidisch-Haßerfüllten sind stets auf der Suche nach einer Gelegenheit, Gewalttaten anzustacheln. In der Novelle *Aufzeichnungen aus dem Untergrund* schrieb Dostojewski: »Aber was denkt man sich schließlich nicht aus Langeweile aus! Auch die goldenen Stecknadeln werden doch aus Langeweile gesteckt, und das ist noch das Wenigste.« [Die Passage bezieht sich auf Kleopatra, die goldene Stecknadeln in die Brüste ihrer Sklavinnen gesteckt haben soll. Anm. d. Ü.]. Gewalttätigkeiten gestatten denen, die sich seelisch abgetötet haben, sich lebendig zu fühlen und Vergeltung an jenen zu üben, auf die sie ihre Haßgefühle projiziert haben.

Da den Gelangweilten die Fähigkeit fehlt, auf eigene Faust Risiken einzugehen und zu handeln, suchen sie unweigerlich Schutz in der Menge. Sie brauchen eine Gruppe, die ihnen Mut macht, ein Feindbild zu entwickeln, Gewalt zu üben, zu zerstören und Krieg zu führen. Die »Gang«, die Volksmenge, die Partei, die Armee, die Nation, die Firma – nur in diesen Zusammenballungen kann der Groll als mörderischer Zorn unter dem Deckmantel der Konformität zum Ausbruch kommen. Ein Mob erlaubt uns, Haß zu empfinden (dessen wahre Quelle der Selbstbetrug ist), und auf einen beliebigen Sündenbock abzuladen. Statt sich die Schuldgefühle einzugestehen, die sie wegen ihres moralischen Selbstmordes und ihres Rückzugs aus dem Leben hegen, streben die chronisch Gelangweilten danach, zu morden oder anderen Gewalt anzutun. Der Wille zur Selbstzerstörung wird nach außen gekehrt. Niemand hat das unverblümter ausgedrückt als die spanischen Faschisten mit ihrem Wahlspruch: »Lang lebe der Tod.« Wer es ablehnt, etwas zu schöpfen, beweist seine Stärke durch Akte der Zerstörung.

In einer faszinierenden Abhandlung »Body Pleasure and the Origins of Violence«[5] hat James Prescott gezeigt, daß der »lebenslange Entzug körperlicher Lust – insbesondere während der uns prägenden Zeiten: Säuglingsalter, Kindheit und Jugend – einen engen Zusammenhang zum herrschenden Ausmaß an Streit und zwischenmenschlicher Gewalt« in der jeweiligen Kultur aufweist. Am gewalttätigsten sind jene Gesellschaften, die Sinnlichkeit und Sexualität besonders stark unterdrücken. Wenn ein hohes Maß an Lust herrscht, herrscht ein niedriges Maß an Gewalt – und umgekehrt. Lust und Gewalt stehen dabei in einem reziproken Verhältnis zueinander; die Gegenwart der einen hemmt die andere. Reizen wir das Lust-Zentrum im Hirn eines Stiers, verwandelt er sich im Nu in einen zahmen Ferdinand.

Addiert man das vergeudete Leben, die Leere, die Einsamkeit und auch die Gewalt, die das direkte Nebenprodukt der Langeweile bilden, dann sieht man, daß man neue schöpferische Wege gehen muß. Nur so wird man den Dämon des Mittags besiegen. Andernfalls wird unsere Existenz buchstäblich sterbenslangweilig.

Fassen wir zusammen: Wir müssen uns die chronische Langeweile als ein Gefängnis ohne Mauern vorstellen. Die Illusion, wir wären Gefangene, wird vom Ich erzeugt, der Persona, dem Panzer des Selbst. Aufrechtgehalten wird sie durch Scham und Schuld und ängstliche Routinen oder zwanghafte Geschäftigkeit. In diesem Gefängnis erscheint uns alles glanz- und leblos. So bleibt man gefangen in einem Vakuum, in dem ein innerer Krieg zwischen vagen Kräften und abgestumpften Gefühlen tobt.

8. Kapitel

Seelenfinsternis: Depression und Apathie

Es ist an der Zeit, eine kurze Fahrt in die Hölle anzutreten und einige der bedeutenden Dämonen der Psyche zu betrachten, die mit der Langeweile nahe verwandt sind. Die Bevölkerung der niederen Regionen des Nacht-Landes ist zahlreich. Wir wollen aber kein modernes Gegenstück zu Dantes *Inferno* entwerfen (auch wenn wir sicherlich einer zeitgenössischen Dämonologie bedürfen, die den Geist der Abstraktion, des Profitstrebens, der Lust nach Macht, den Sumpf der Konformität, der Gewohnheit der Gewalt, der Arroganz der Maschine usw. behandelt). Wir verfolgen ein bescheideneres Ziel und möchten lediglich einige Familienähnlichkeiten und Unterschiede zwischen Langeweile, Depression und Apathie herausstellen. Es geht hier lediglich darum, einige Erscheinungsformen der Langeweileerfahrungen zu zeichnen und sie vor dem Hintergrund der schwerwiegenderen »neurotischen« (das moderne Äquivalent zu »dämonisch«) Verhältnisse zu untersuchen.

Oft sind Langeweile und Depression kaum voneinander zu unterscheiden. Ist Langeweile die »blaue Stunde«, dann ist die Depression die dunkle Nacht der Seele. Aber sobald es Nacht in der Seele geworden ist, verfinstert sich alles, so daß man schwer erkennen kann, ob man lediglich unter einer leichten melancholischen Verstimmung leidet oder schon am Abgrund steht.

Wir schenken der Langeweile und der normalen Kälte, dem Trübsinn und dem Katzenjammer keine Beachtung, weil sie uns als unvermeidlicher Teil des »Winters des Unbehagens« erscheinen. Im Leben geht es oft kalt und noch öfter eintönig zu. Ein bestimmtes Maß an Langeweile gehört zur täglichen Existenz. Wir sind alltäglichen Anstrengungen, dem Überlebenskampf, der Tretmühle und schlicht und einfach der Routine ausgesetzt. Also nehmen wir eine Kopfschmerztablette und finden uns mit den Verhältnissen ab. Wir stellen uns auf die Langeweile als Normalzustand ein, verschreiben uns genügend Ablenkung, Unterhaltung und Konsum und hoffen, unser Zustand werde sich schon nicht allzu sehr verschlechtern.

Aber Unwissenheit ist keine reine Freude. Und nicht wahrgenommene Langeweile führt zu Depressionen. In der Regel ignorieren streß-suchende Typus-A-Persönlichkeiten die Rhythmen von Müdigkeit und Erholung und plagen sich weiter, um ihren Zielen näher zu kommen. Sie setzen ihre ganze Willenskraft ein und schuften weiter, bis sie zusammenbrechen und depressiv werden (altmodisch ausgedrückt: einen Nervenzusammenbruch bekommen) oder – schlimmer noch – einen Herzinfarkt erleiden.

Depressionen sind in der »guten Gesellschaft« weit verbreitet, und sie werden respektiert. Langeweile hingegen ist etwas zu Nebulöses, als daß man sie diagnostizieren kann. Wir scheuen das Eingeständnis, daß wir mitten im Überfluß emotional verarmt sind. Wer alles besitzt, hat das Gefühl, er habe versagt, wenn er sich langweilt. Aber eine Depression – das ist eine richtige Krankheit! Vielleicht hat sie sogar biochemische Ursachen. Außerdem hat jeder das Recht, zumindest alle zehn Jahre eine kleine Identitätskrise und eine große Midlife-Krise durchzumachen.

Stellen wir uns die Langeweile als ein Vakuum vor, und die Depression als einen Dorn im Fleische. Chronische Langeweile tötet unsere Gefühle und unsere Phantasie, so daß uns entgeht, wie allmählich alle Abwechslung und Begeisterungsfähigkeit aus unserem Leben entweicht. Doch etwas tief im Innern – ob man es nun als Wesen, Seele, DNS oder Lebenswillen bezeichnet – erkennt, das Leben zieht an uns vorüber. Etwas in uns möchte nicht sterben. Etwas ist hungrig nach Erfahrungen. Etwas vergißt nicht die Verheißung des Regenbogens. Und dieses Etwas plant im Stillen, uns wieder lebendig zu machen, damit wir wieder etwas fühlen. Dadurch wird uns der Schrecken schmerzlich bewußt, der uns wachrüttelt und sagt, wir haben uns zu früh aus dem Leben zurückgezogen. Fallen wir in tiefe Depression, wird das Empfinden der Leere durch besonders intensive Gefühle und eine rege Phantasietätigkeit ersetzt. Diese Leere wimmelt dann geradezu von Dämonen.

Stellen wir uns die Depression als das unvermittelte, gewaltsame Auftauchen der einen Hälfte unseres Gefühlsrepertoires vor, und zwar der »negativen« Hälfte. Ein Freund, der regelmäßig immer wieder in tiefe Depressionen fällt, sagte mir kürzlich: »Wenn ich niedergeschlagen bin, geht es mir ganz entsetzlich. Aber es ist ein echtes Gefühl. Zunächst kämpfe ich mit aller Macht dagegen an. Ich empfinde Schuld, fühle mich wertlos und schwach. Ich stelle mir alle vergangenen und zukünftigen Mißerfolge vor, du verstehst schon, und diese Horrorfilme laufen in mir ab. Ich muß an meine Scheidung denken und nehme im Geist vorweg, daß mich meine neue Freundin wahrscheinlich verlassen wird. Ich scheine mich auf alle entwürdigenden Szenen zu konzentrieren, die mir beweisen, ich bin ein krankhafter, ekelhafter Mensch. Oft stelle ich mir vor, ich würde Krebs oder irgendeine ähnlich schreckliche Krankheit bekommen. Ich spiele in Gedanken durch, wie ich im Krankenhaus sterbe und mich keiner besucht.

Habe ich dann begriffen, daß ich in einen Teufelskreis des negativen Denkens und Fühlens geraten bin – ich mich in Selbstmitleid ergehe und Schuld und Scham in mich aufsauge-, werde ich noch wütender. Dann gehe ich wirklich gewalttätig mit mir um: Ich fühle mich schwach, weil ich schwach *bin*, schäme mich, weil ich Scham empfinde und *bin* sadistisch, weil ich nicht aufhören kann, mich zu bestrafen.

Nachdem ich etwa eine Woche diesen Selbsthaß empfunden habe, setzt das zweite Stadium ein – Kummer und Trauer. Ich erkenne, ich bin in mir selbst gefangen, komme da aber nicht heraus. Dadurch, daß ich mich aufzehre, verspiele ich mein Leben. Langsam entwickelt sich eine Opfermentalität. Ich bemitleide mich. Ich male mir aus, was ich gern tun würde, aber nicht kann – mich auf eine Weltreise begeben, den Mount Whitney besteigen oder eine wirklich gute Frau und Kinder haben; statt dessen trauere ich meinen verlorenen Träumen nach.«

Erich Fromm sagt über den wesentlichen Unterschied zwischen Langeweile und Depression:

> In gewisser Hinsicht ähnelt der gelangweilte Charakter jenen Menschen, die unter einem chronischen, neurotischen Zustand der Depression leiden. Es gibt da einen Mangel an Lebenshunger, an einem

> tiefen Interesse an irgend etwas oder irgendwem, ein Gefühl der Machtlosigkeit und Resignation; persönliche Beziehungen – einschließlich erotischer und sexueller Beziehungen – werden oberflächlich. Solche Menschen empfinden kaum Freude oder innere Zufriedenheit. Im Gegensatz zum depressiven Menschen neigt die chronisch gelangweilte Person jedoch nicht dazu, sich mit Gefühlen der Schuld oder der Sünde zu plagen: Sie kreist nicht um ihr eigenes Unglück und Leiden, sondern leidet vielmehr unter extremer Entfremdung.[1]

Die Wertkrise, die mit der Langeweile einsetzt, vertieft sich in der Depression. Langweilen wir uns, können wir wenigstens die Meinung vertreten, das Wettrüsten sei von Übel, und Rassendiskriminierung und wirtschaftliche Ausbeutung stellten den falschen Weg dar. Möglicherweise empfinden wir vage Mitleid wegen des Gemetzels an den Harp-Seehunden oder den brasilianischen Indianern, aber es ist zuviel Aufwand, sich in diesen Fragen zu engagieren. Im Zustand der Langeweile sind unsere Wertvorstellungen häufig intakt. Wir wissen, was sinnvoll ist, bleiben aber dennoch der Rolle des Beobachters verhaftet. Unsere Gefühle sind nicht intensiv genug, und unser Wille ist nicht so stark, daß wir handeln. Im Zustand der Depression hingegen verlieren wir den Halt im Leben, und es scheint nichts mehr zu geben, wofür zu kämpfen sich lohnen würde. Das Leben erscheint dann sinnlos oder böse. Da der depressive Mensch in den Tentakeln seiner negativen Phantasie gefangen ist, hält er sich für das Opfer eines hinterhältigen Tricks, für das Spielzeug eines bösartigen Universums.

Betrachten Sie einmal sorgfältig die Gesichter anderer Menschen, und Sie werden den Unterschied zwischen den Gelangweilten und den Depressiven erkennen. Die gelangweilten Menschen wirken überheblich, nie verraten ihre Mienen echte Gefühle. Vielleicht lächeln sie, und doch hat man den Eindruck, man sähe eine Maske oder einen schlechten Schauspieler, der ein Gefühl zu imitieren sucht, das er nicht wirklich hat. Die Gelangweilten lachen nie aus vollem Halse und werden auch nie gepeinigt von tiefem Kummer. Hat man auf einer Party das Gefühl, das Ganze ähnele einem Theaterstück, oder die meisten Gäste glichen weniger leibhaftigen Menschen, sondern eher Gespenstern, sollte man diese Wahrnehmung sorgfältig prüfen. Man dürfte dann nämlich feststellen, daß nicht nur die anderen gelangweilt sind, sondern auch man selbst. Wenn sich alle um Sie herum langweilen, und Sie nicht, dann ist Ihnen vermutlich so wie Edith Sitwell zumute, nämlich wie »einem Zitteraal in einem Teich voller Plattfische«.

Die Gesichter und Stimmen der depressiven Menschen hingegen verraten innere Kämpfe und heftige Gefühle. Tiefe, senkrechte Stirnfalten, zusammengebissene Zähne, traurig blickende Augen, schmale, zusammengekniffene Lippen – das alles zeugt von inneren Konflikten. Wenn ich in das Gesicht eines depressiven Freundes blicke, denke ich oft an Matthew Arnolds Verse: »Swept with confused alarms of struggle and flight /Where ignorant armies clash by night.« [Durchweht von verworrenen Alarmsignalen, die zum Kampf oder zur Flucht auffordern/ wo des Nachts Armeen aufeinanderprallen, die sich nicht kennen.] Die Gelangweilten sind fade und haben Gesichter, die noch nicht vom Leben – eben von Falten gezeichnet sind. Oberflächlich betrachtet mögen diese polierten Gesichter schön erscheinen. Doch blickt man tiefer, sieht man: sie sind leer.

Depressionen stellen insofern ein gravierenderes Problem als Langeweile dar, als sie größeren seelischen Schmerz verursachen. Sie bieten auch mehr Hoffnung, weil das Leid die Motivation erzeugt, sich zu ändern. Der Falle der Langeweile kann man nur schwer entrinnen, denn sie narkotisiert den Gefangenen. Solange die Gefühle und die Phantasien lebendig bleiben, sind die Nervenenden der Psyche noch nicht irreparabel beschädigt. Die übermäßigen negativen Gefühle von Niedergeschlagenheit wechseln häufig mit ebenso überschwenglichen, manischen Gefühlen. Im manisch-depressiven Zyklus kann die Stimmung an einem Tag von selbstmörderischer Verzweiflung in überschwengliche Hochstimmung umschlagen, in einem einzigen Satz vom Gefühl, Opfer zu sein, zum Gefühl überspringen, man habe übermenschliche Kräfte. Ist jemand im manischen Zyklus gefangen, kann sich bei ihm das Gefühl einstellen, er sei nahezu allmächtig.

»Wenn ich fliege, kann mich nichts mehr aufhalten«, erzählte mir eine 43jährige manisch-depressive Sozialarbeiterin. »Ich habe das Gefühl, alles zu können, arbeite sechzehn Stunden am Tag, ohne müde zu werden, und traue mir alles zu. Ich sprudel geradezu über von neuen Ideen und Enthusiasmus und schmiede grandiose Pläne, das staatliche Sozialsystem zu revolutionieren ... Dann ›stürze ich wieder ab‹, und bald darauf stellt sich erneut das Gefühl der Ohnmacht ein.«

Durch einen übertriebenen und unrealistischen Selbsthaß und manische Größenphantasien versucht die Psyche, sich zu heilen und einen Weg zu einer gefühlten Verbindung mit der Welt zu finden.

Um die schleichende Hoffnungslosigkeit zu ermessen, die sich hinter der chronischen Langeweile verbirgt, müssen wir einen Blick auf den Zustand echter Apathie werfen. Das verschwommene, erregte Sehnen der Gelangweilten und der aktive innere Kampf der Depressiven haben aufgehört. Wahre Apathie ist eine Gemütsverfassung, die dem völligen seelischen Stillstand sehr nahe kommt. Oft überkommt sie uns, wenn man in eine traumatische Lebenslage gerät in der man blanker Gewalt ausgesetzt oder der Herrschaft anderer Menschen unterworfen ist, zum Beispiel die Einweisung in ein Konzentrationslager, durch langanhaltende militärische Kämpfe, Vertreibung durch Krieg, Naturkatastrophen oder extreme Armut. Soldaten empfinden Angst und Furcht in Kampfsituationen. Doch wenn sie wochenlang an der Front waren, stellt sich ein Zustand der Apathie ein, und sie sagen sich: »Was soll's?« Wenn der Entzug von Essen, Liebe, oder Zuwendung real ist und nicht imaginär, wie es beim Neurotiker der Fall ist, reagiert man mit Hilflosigkeit und Selbstaufgabe.

Der apathische Mensch hat jede Hoffnung aufgegeben und handelt nicht mehr. Teilnahmslosigkeit ist ein Abwehrmechanismus gegen schmerzliche Wahrnehmungen. Sie hilft, die überwältigenden Gefühle der Bedrohung und Auslöschung zu vermeiden. Beim apathischen Menschen verlangsamen sich die psychischen und motorischen Reaktionen. Er hat keine Affekte mehr, keinerlei sexuelles Verlangen und wird zum »Neutrum«. Diese passive Regression auf einen Zustand der seelischen Verödung spart Energie, und so kann er weiterleben. Da die traumatischen Deprivationen des Krieges und der Inhaftierung real existieren und nicht selbstverschuldet sind, erzeugen sie beim apathischen Menschen auch nicht die Schuldgefühle und Selbstvorwürfe, die der Depressive kennt. Die apathischen Menschen erleben sich als unschuldige Opfer. Ihnen ist alles gleichgültig, und zwar aufgrund der erdrückenden Lebensumstände, denen sie ausgesetzt sind.

Fassen wir zusammen: Die Wahlverwandtschaften zwischen Langeweile, Depression und Apathie sind:

Einfache Langeweile	*Chronische Langeweile*	*Depression*	*Apathie*
Akzeptieren der monotonen Situation. Kein innerpsychischer Konflikt.	Das Bewußtsein, daß man unter inneren Konflikten leidet, wird vermieden	Der Konflikt wird allmählich unbewußt.	Der Konflikt besteht zwischen dem einzelnen und den äußeren Verursachern der Unterdrückung und Gewalttätigkeit.
Neigung, viel zu schlafen oder zu Tagträumereien, wobei die Phantasie aktiviert wird Die Langeweile verschwindet, wenn sich die Lage ändert.	Gefühle und Phantasie werden verdrängt, um die Wahrnehmung schmerzlicher Konflikte zwischen Es und Ich, den Triebzielen und dem System des »Du sollst« zu vermeiden.	Gefühle und die Phantasie sind aktiv, aber auf übertriebene Weise. Häufiges Oszillieren zwischen Gefühlen von Machtlosigkeit und Allmacht, zwischen Selbsthaß und manischem Größenwahn.	Das Empfinden stumpft ab und wird durch passives Warten ersetzt, um weitere Enttäuschungen und Schmerzen zu vermeiden. Die Phantasie beschränkt sich auf Essen, Gerettetwerden und das bloße Überleben.

Einfache Langeweile	*Chronische Langeweile*	*Depression*	*Apathie*
Kein Empfinden von Scham und Schuld.	Das Gefühl, überlegen zu sein, man wird gleichgültig und meint, »über den Dingen zu stehen«.	Scham und Schuld und eine negative Phantasie sind aktiv.	Geringes Schuldempfinden. Haß wird nach außen gerichtet auf die Personen, die angeblich schuld an der traumatischen Deprivation sind.
Abneigung gegen die aktuelle Situation.		Ambivalenz hinsichtlich des Selbst und der »geliebten« Person.	

Diesen Zuständen ist eines gemeinsam: das Gefühl des Getrenntseins von anderen, der Entfremdung, des langsamen Vergehens der Zeit, der Lähmung des Willens, der Abneigung zu handeln und etwas zu riskieren, der Hilflosigkeit und des passiven Wartens, der Verdrängung einiger oder aller Gefühle, Einsamkeit, verlangsamte psychische und motorische Reaktionen, ein verminderter Sexualtrieb, der Verlust des Glaubens an einen Sinn im Leben und an Werte, für die sich einzusetzen lohnte. In der grauen Leere lassen sich die Dämonen nur schwer voneinander unterscheiden. Langeweile, Depression und Apathie sind blutleere Brüder. Zum Glück helfen die Gegenmittel zur Langeweile – so wie Breitbandantibiotika – gegen jedes einzelne Mitglied dieser heimtückischen Dreiheit.

Nachdem wir nun in die Abgründe unserer Krankheit geblickt haben, stehen wir vor einer angenehmeren Aufgabe: dem Erkunden der Arzneien und der belebenden Stärkungsmittel im Verbandskasten der zeitgenössischen Medizin.

II

Das gesunde, ganzheitliche Leben

Theoretisch betrachtet, läßt sich Langeweile problemlos kurieren. Folge dem Beispiel der Helden der Leidenschaft, und begib dich auf die Suche nach etwas Erregendem: Gestehe dir dir deine geheime Leidenschaft für das Malen, und folge Paul Gauguin in die Südsee. Gehe, so wie Albert Schweitzer, als Missionar nach Afrika. Entwickele ein brennendes wissenschaftliches Interesse, wie etwa Freud es tat. Laß dich vom biodynamischen Obst- und Gemüseanbau faszinieren. Alles, was einen begeistert, kommt in Frage. Nimm am Leben teil, und dein Lebensüberdruß wird verschwinden.

In Wirklichkeit ist die Kur gar nicht so leicht, weil auch die Motivation zu handeln verschwunden ist. Es ist kein starkes Verlangen mehr da. Es gibt nichts, was die teilnahmslose Person sich so sehr wünscht, daß es sie aus ihrer Lethargie herausreißen könnte. Der gelangweilte Mensch hat, wie Willy Loman, der Held in Arthur Millers Stück *Tod eines Handlungsreisenden*, die Fähigkeit zum Träumen eingebüßt.

Doch zum Glück gibt es viele Wege, die Leidenschaft und Lust am Leben wiederzugewinnen. Es ist wie das Schälen einer Apfelsine: Man kann überall anfangen. Wie wir in unserer bisherigen Analyse gesehen haben, wirkt sich Langeweile auf alle Bereiche der

Persönlichkeit aus: die Phantasie, die Gefühle, den Willen, die Erinnerung, die sinnlichen Wahrnehmungen, die Neigung zum Handeln. Wir können anfangen, indem wir irgendeine dieser Fähigkeiten neu beleben. Körper und Persönlichkeit des Menschen stärken seine Gesundheit und Vitalität. Jedes Körperorgan trägt zum Wohl des gesamten Organismus bei. Langeweile ist ein Krankheitssymptom; es zeigt, daß die gesamte Person schlecht »abgestimmt« ist und der Motor »nicht auf vollen Touren« läuft.

Im Zoo von San Diego lebt ein Gepard, dessen Käfig weniger als 30 Meter lang ist und in dem er daher kaum Auslauf hat. Am Käfig ist ein Hinweisschild angebracht, auf dem steht: In freier Wildbahn läuft ein Gepard mit einer Geschwindigkeit von bis zu 90 km/h. Um vital zu sein, muß man der Persönlichkeit Raum geben, damit sie sich ausstrecken und laufen kann. Nur so erreicht sie ihr volles Leistungsvermögen.

Das Geheimnis lautet: Man kann sich sowohl krank machen als auch sich selbst heilen. Unser Gefängnis wird bewacht von den Schuld- und Schamgefühlen. Das Patt besteht zwischen verschiedenen Unterpersönlichkeiten im Selbst. Die Leere hat das Ausweichen vor der eigenen Person erzeugt. Langeweile heißt, man hat weder sich noch die Welt freudig angenommen. Man hat noch nicht das ganzheitliche, gesunde Leben entdeckt.

Suchen Sie sich eines der folgenden Kapitel aus, das Ihnen am meisten zusagt, und nehmen Sie es als Ausgangspunkt. Erkunden Sie irgendeinen Teil in sich, er wird Sie zu einem größeren Ganzen führen. Die Göttin Hygiene, die Schutzherrin der Gesundheit, ist sehr nachsichtig. Sie fordert nur, daß Sie sich Ihrem Innenleben öffnen.

Die Aufwärts-Spirale: Eine Vorausschau

Stellen Sie sich vor, die Straße, die aus dem *Nacht-Land* hinausführt, nimmt ihren Anfang auf der *Ebene der Stille und des Schweigens.*

Ihre Reise beginnt, wenn Sie aufhören zu flüchten und sich gestatten, nichts zu tun.

Im Gelände der *Inneren Leere* lernen Sie die *Kunst der einfachen Aufmerksamkeit.* Schauen. Lauschen. Berühren. Schmecken. Riechen.

Die *Gewohnheit des Bewußtseins* führt Sie durch das *Tor von Schuld und Scham.*

Wenn Sie anfangen, Ihre alte Persönlichkeit hinter sich zu lassen, betreten Sie die *Felder der Phantasie* und den *Wald der Gefühle.* Tausende frivoler Träume huschen Ihnen durch den Kopf und sterben so rasch, wie sie entstanden sind. Wundersame Gefühle durchstreifen den Körper. Eine Weile verharren Sie in der Dunkelheit der Gefühllosigkeit, des Schmerzes, der Enttäuschung, des Zorns und des Kummers. Und dann gelangen Sie auf eine Lichtung, auf der Einfühlung, Mitgefühl und Mitleid wohnen.

Nachdem sie begonnen haben, im *Fühlen* und im *Wünschen* heimisch zu sein, beginnt der Kampf. Der Weg führt durch Ihre *Verworrenen Wünsche* und *Widerstreitenden Werte*, bis Sie die *Klarheit des Verlangens* erreichen.

Nun liegt gähnend breit die *Schlucht der Entscheidung* vor Ihnen. Sie halten inne und zögern. Sie stählen Ihren *Willen* und sammeln *Entschlußkraft.*

Mit allerletzter Kraft stoßen Sie sich ab – und *Handeln.*

Die *Wirkliche Welt* ist voller *Wunder* und *Schrekken.* Oftmals sind Sie verwirrt. *Freude* und *Leid* besuchen Sie. *Langeweile* und *Depression* verfliegen, wenn Sie sich auf das *Abenteuer des Lebens* einlassen.

9. KAPITEL

Die fröhliche Kunst des Nichtstuns

Die erste Maßnahme gegen die Langeweile oder seelische Düsternis muß darin bestehen, nichts zu tun. Legen Sie sich kein Hobby zu! Lassen Sie den Fernsehapparat ausgeschaltet! Suchen Sie sich keine interessante Beschäftigung! Kaufen Sie nicht ein! Übernehmen Sie keine karitativen Aufaben! Vergrößern Sie nicht die Firma! Beginnen Sie keine Affäre! Machen Sie keinen Urlaub! Wechseln Sie nicht den Arbeitsplatz! Dafür werden Sie später noch viel Zeit haben, *falls* es sich um Dinge handelt, die Sie sich *wirklich* wünschen.

Nichtstun ist eine einfache, radikale und dennoch schier unmöglich zu lösende Aufgabe. Den meisten von uns fällt es schwer, etwas ohne Anstrengung zu tun. Lieber schinden und rackern wir, um uns selbst zu beweisen, daß wir ein wertvoller Mensch sind, als daß wir uns nach der Weisheit richten, die früher an jedem unbeschrankten Bahnübergang zu lesen war, (ehe das Reisen mit dem Zug veraltete, weil es uns nicht schnell genug ging): Halt! Sieh dich um und horche!

Hat Ihnen der Arzt ein Medikament verschrieben, das die Krankheit, die er eigentlich heilen will, noch verschlimmert, bringt er damit die iatrogene (durch den Arzt hervorgerufene) Krankheit hervor. So stellte sich zum Beispiel heraus, daß bestimmte, oft verschriebene Beruhigungsmittel, die Depressionen lindern sollten, die Fähigkeit des Herzmuskels verringerten, auf Erregungszustände zu reagieren. Auf diese Weise verstärkten sie die Depression. Sowohl in der Psychologie als auch in der Medizin verschlimmern Heilmethoden häufig das Problem, das sie beheben sollen. In jüngster Zeit befürworten viele Ärzte, Politiker und Wirtschaftswissenschaftler eine Kur nach dem Motto »Viel hilft viel«; sie verschreiben anregende Mittel einem bereits erschöpften System. Die quantitative Denkschule – mehr ist besser – beharrt auf der These: Wenn eine große Menge von etwas uns krank macht, dann muß sehr viel mehr uns gesund machen. Mit mehr Energie überwindet man die wirtschaftliche Depression. Höhere Staatsdefizite bremsen die Inflation.

Auch in populärwissenschaftlichen Zeitschriften findet sich diese Auffassung. So empfiehlt Dr. Roy Dreistadt, der psychologische Berater im *Science Digest* dem Leser gegen Langeweile:

Beginnen Sie mit einem Handlungsverb – besuchen, gehen, nehmen, schreiben. Anders ausgedrückt: Sitzen Sie nicht untätig herum – *werden Sie aktiv!*

1. Legen Sie sich ein Hobby zu, z.B. Malen, Zaubern, Tischlern oder Gedichteschreiben.

2. Besuchen Sie eine Kunstausstellung, eine Automobil- oder Bootsausstellung, ein Museum oder ein Planetarium.

3. Kaufen Sie sich einen neuen Anzug/ein neues Kostüm, eine Krawatte oder einen Hut.

4. Sehen Sie sich im Fernsehen ein Bildungsprogramm an.

5. Nehmen Sie Tanzunterricht, Fechtunterricht, oder lernen Sie Fallschirmspringen.

6. Besuchen Sie eine Vorlesung, ein Konzert, eine Opern- oder Ballettaufführung, oder gehen Sie ins Theater.

7. Fahren Sie mit dem Bus durch die Stadt, machen Sie eine Hafenrundfahrt, einen Schiffsausflug oder einen Helikopterrundflug.

8. Spielen Sie Bowling, Billard oder Tischtennis.

9. Schreiben Sie Ihrer Frau (Ihrem Mann, Ihrer Freundin oder Ihrem Freund) einen ausführlichen, interessanten Brief.

10. Kaufen Sie sich ein Schachbuch, und lernen Sie die Züge berühmter Spieleröffnungen auswendig (etwa die »Roy Lopez«, die Alelekhaine-Verteidigung oder den »vergifteten« sizilianischen Bauernangriff).[1]

Es könnte kaum schlimmere Ratschläge geben. Es sei denn, man ist entschlossen, sich immer weiter ins Nacht-Land hineinziehen zu lassen. Wenn Sie tiefe Depressionen und Verzweiflung empfinden wollen (eine Erfahrung, die nicht ganz ohne Wert ist), stimulieren Sie sich ruhig weiter. Tun Sie etwas – irgend etwas –, wann immer Sie eine seelische Flaute verspüren. Vermeiden Sie es, ruhig dazusitzen, es sei denn,

Ihre Hände sind beschäftigt mit Stricken, Ihre Augen sehen fern, Ihr Mund knabbert etwas oder spricht.

Die Weisheit des Ostens – die Lehren und Meditationspraktiken, die sich im Buddhismus, Taoismus und Hinduismus entwickelt haben – bietet eine Sicht auf das Phänomen Langeweile, die wir im Westen erst allmählich zu würdigen lernen. (Vielleicht gibt es doch so etwas wie ausgleichende Gerechtigkeit. Der Westen exportierte sein technisches Know-how, und der asiatische Raum – hier vor allem Japan – hat sich in rasantem Tempo zum Weltzentrum für die Herstellung von Geräten zur Telekommunikation entwickelt. Wir gaben ihnen Coca-Cola, Transistoren und Computer, die die Welt mit Lärm und geradezu explosionsartig ansteigenden Informationsmengen und Daten aufheizten. Nun müssen wir ihre uralten spirituellen Technologien importieren, damit wir die kühle Kunst des Lauschens auf die Stille, die alles Tun umgibt, erlernen. Es ist schon paradox, daß wir nun diese Arznei einführen, um uns von einer Krankheit zu heilen, die wir zuvor ausgeführt haben. Heute erkennen wir die Weisheit der freiwillig gewählten Einfachheit. Und zwar zu einem Zeitpunkt, da die Länder der Dritten Welt das Recht auf industrielle Entwicklung fordern. (Vielleicht sind wir ja an der Reihe, der Yogi zu sein, und die Menschen in den armen Ländern der Konsument.) In der buddhistischen Meditation gilt Langeweile als Tor zur Erleuchtung. Der aus Tibet stammende Buddhist Chögyam Trungpa, der ein Unterrichtszentrum in Boulder, Colorado, leitete, gibt folgende Deutung:

> Langeweile ist für die Meditation von großer Bedeutung: Sie erhöht die psychologischen Kenntnisse

der Praktizierenden. Sie lernen Langeweile zu schätzen und entwickeln ihre Kennerschaft, bis die Langeweile zur kühlen Langeweile wird, ähnlich einem Bergbach. Sie fließt und fließt, ruhig und ohne Unterlaß, ist aber auch sehr kühlend und erfrischend. Berge werden es nie leid, Berge zu sein, und Wasserfälle werden es nie leid, Wasserfälle zu sein ... Das soll gar nicht besonders romantisch klingen. Ich entwerfe ein düsteres Bild, doch ich bin etwas vom Thema abgekommen. Es ist ein angenehmes Gefühl, sich zu langweilen, ständig zu sitzen. Erster Gong, zweiter Gong, dritter Gong, und weitere Gongs, die darauf folgen. Sitzen, sitzen, sitzen, sitzen. Wenn wir uns vom spirituellen Materialismus befreien wollen ..., ist die Einführung von Langeweile und Wiederholung äußerst wichtig. Ohne sie gibt es keine Hoffnung.

Langeweile hat viele Aspekte. Da ist das Gefühl, daß nichts geschieht, daß etwas geschehen könnte, oder sogar, daß das, von dem wir wollen, daß es geschieht, das ersetzen könnte, was nicht geschieht. Man kann Langeweile aber auch als schönes Erlebnis schätzen. Meditation läßt sich beschreiben in ihrer Verbindung mit kühler, erfrischender Langeweile – Langeweile, die einem Bergbach gleicht. Sie erfrischt, weil wir weder etwas tun noch erwarten müssen. Es muß aber irgendeinen Sinn für Disziplin geben, wenn wir den Leichtsinn hinter uns lassen oder die Langeweile ersetzen. Deshalb arbeiten wir mit der Atmung, sie ist unsere Form der Meditation. Es ist allerdings einigermaßen monoton und wenig aufregend, nur durch Atmen in Kontakt mit sich zu treten. Denn dabei passiert nichts, absolut nichts ...

> Wenn wir erkennen, daß sich nichts ereignet, dann erkennen wir seltsamerweise auch, es vollzieht sich etwas Würdevolles. Da bleibt weder Raum für Frivolität noch für Geschwindigkeit. Wir atmen einfach und sind da. Das hat etwas sehr Befriedigendes und Gesundes.[2]

Ich habe dieses Loblied auf die Langeweile ausführlich zitiert, weil es dem Geist des Westens so erstaunlich vorkommt. Langeweile ein verkappter Freund? Eine Wonne? Ein Quell der Erfrischung? Wir betrachten sie doch lediglich als Gegner, der bekämpft werden muß, vor dem man flüchtet und den man meidet. Welches Geheimnis kennen die Buddhisten und andere Meditierende, das westliche Psychologen noch nicht entschlüsselt haben?

Das Gefängnis, das wir alle bewohnen, bezeichnen die östlichen Denker als Ego, die westlichen Psychologen als Charakter, Persona (persona: wörtlich: »Maske«) oder Persönlichkeit. Unser Leben wird öde, wenn wir an den immer gleichen Rollen, Einstellungen, Abwehrmechanismen, inneren Dialogen, Gewohnheiten und Routinen festhalten. Schritt für Schritt morden wir das Staunen, klammern wir uns an die Schutz bietenden und bekannten Verhaltensrepertoires, die sich in uns geformt haben. Da wir das Unbekannte und Unheimliche als zu bedrohlich empfinden, verschließen wir uns der Möglichkeit, Neues, uns Erfrischendes zu erleben. Das Gefangensein in öden Routinen ist ungefährlicher als das Abenteuer in der Wildnis.

Um dem Gefängnis des Ichs zu entfliehen, das man durch seine charakteristischen Handlungsweisen (Karma) erzeugt hat, muß man zunächst dasitzen, die vorüberziehenden Gedanken beobachten, die Atemzüge zählen und sich beobachten. Studieren Sie die Wege, wie sie sich verschließen, und Sie werden lernen, sich zu öffnen. Finden sie heraus, wie sie Ihre Persönlichkeit konstruieren und Ihre Abwehrmechanismen ausbilden. Werden Sie zum Studierenden Ihres Charakters. Befolgen Sie den Ratschlag des Sokrates: Erkenne dich selbst. Oder den Rat des französischen Philosophen Gustave Thibon:

> Du fühlst dich in der Enge. Du träumst von der Flucht. Aber hüte dich vor den Trugbildern. Wenn du dir entgehen willst, darfst du nicht rennen, dich nicht fliehen wollen: Erforsche lieber diesen engen Raum, der dir gegeben ist: Du wirst Gott darin finden und alles. Gott schwimmt nicht an deinem Horizont, er schläft in deiner Enge. Die Eitelkeit rennt, die Liebe ergründet. Wenn du aus dir selber fliehst, wird dein Gefängnis dir folgen und sich noch enger um dich schließen: wenn du dich in dich selbst versenkst, wird es sich zum Paradies ausweiten.[3]

Sobald Sie sich entschlossen haben, zu schweigen und sich zu studieren, haben Sie sogleich den Eindruck, sich in Gegenwart von etwas Langweiligem zu befinden – Ihrer Persönlichkeit. Bleiben Sie sitzen, und sehen Sie den Reisen Ihrer Gedanken zu. Lauschen Sie Ihren inneren Dialogen. Beobachten Sie Ihre Routinen. Achten Sie darauf, wie Sie sich wiederholen, Tag für Tag, wie Sie stets dasselbe denken, fühlen, tun und sich vorstellen.

Wie oft hatten Sie schon den gleichen Krach mit Ihrem/r Partner/in? Wie oft haben Sie Ihren Kindern schon die gleiche Ermahnung erteilt? Sich an dasselbe traumatische Geschehen erinnert? Dasselbe alte Lied erzählt, das erklärt (und rechtfertigt), wie Sie heute sind? Achten Sie einmal darauf, wie sich immer wieder die gleiche Einstellung durchsetzt.

Bei der Neurose, dem westlichen Gegenstück zu den östlichen Vorstellungen vom Ich und Karma, ist man in einer Sichtweise, einem Gefühl oder einem Handlungsmuster gefangen. Karen Horney zufolge gibt es drei grundverschiedene Verhaltensmodi, wie wir uns auf etwas beziehen können: mit etwas, fort von etwas oder gegen etwas – wir können kooperativ, unabhängig oder streitlustig sein. Die meisten von uns übernehmen den neurotischen Stil, mit dem wir unsere Verhaltensweisen begrenzen. Wir werden gewohnheitsmäßig abhängig (mit), sozial isoliert (fort von) oder feindselig (gegen). Tag um Tag langweilt man sich (und andere), indem man dasselbe Zehntel der Möglichkeiten seines Selbst verwendet. Ist man mit seiner Rolle – Arzt, Rechtsanwalt, Händler, Hausfrau verwachsen, und man definiert sich danach, was man gewohnheitsmäßig tut, so hat man eine als eintönig empfundene Identität errichtet.

Die Erkenntnis, daß man sich langweilt, ist der erste Schritt zur Öffnung der Tür, die den Blick auf ein noch nicht erkundetes Terrain freigibt. Tun Sie nichts weiter als zuzusehen, wie Sie gewohnheitsmäßig handeln, und es werden allmählich immer mehr neuartige Erfahrungen in Ihre Einzelzelle kommen. Ihre Welt wird größer und interessanter werden.

Doch passen Sie auf, daß Sie nicht süchtig nach Erregung werden – auch nicht nach dem erregenden Erlebnis der Selbsterforschung. Es gibt zwei Wege, die geradewegs zur Langeweile führen: die Vermeidung von Erregung und die Sucht nach Erregung. Östliche

Philosophen preisen die kühle Langeweile und warnen uns, einen Appetit nach Erregung zu kultivieren, weil der starke Wunsch nach intensiven Erlebnissen die Erfahrung ebenso sehr verzerrt wie eine Drogensucht. Ein alter chinesischer Fluch lautet: »Mögen die Götter dich dazu verdammen, in ein interessantes Zeitalter hineingeboren zu werden.« (Eine moderne Version könnte lauten: Mögest du gezwungen sein, in Kalifornien, Manhattan oder Paris zu leben). Das Leben ist nicht unablässig interessant. Wenn man darauf besteht, stets »angetörnt« zu sein und vor Übermut geradezu zu sprühen, entsteht viel falsche Begeisterung. Intensität-Fans werden süchtig nach dem eigenen Adrenalin und büßen die Fähigkeit ein, das natürliche Auf und Ab der Energien, Gefühle und Intensitäten zu ertragen und zu genießen. Bertrand Russell drückt es treffend aus:

> Ein Leben mit zuviel Anregung und Aufregung wirkt erschöpfend und verlangt mit der Zeit nach immer stärkeren Reizen, um den Nervenkitzel herbeizuführen, der zu einem wesentlichen Teil des Genusses geworden ist … Eine gewisse Fähigkeit, Langeweile zu ertragen, ist daher unerläßlich zu einem glücklichen Leben … Alle großen Bücher enthalten langweilige Stellen, und die Lebensläufe aller Großen weisen öde Strecken auf … Kant soll sich nie weiter als zehn Meilen von Königsberg entfernt haben. Darwin lebte, nachdem er von seiner Weltreise zurückgekehrt war, bis zu seinem Tode ruhig zu Hause … Aus all diesen Gründen wird eine Generation, die keine Langeweile zu ertragen vermag, eine Generation von kleinen Leuten sein.[4]

Der Zen-Buddhismus behauptet, das wahre Wunder der erleuchteten Person bestehe darin, daß sie sich an den unscheinbaren Ereignissen des täglichen Lebens erfreuen kann. Ein streitbarer Priester forderte einmal den Zen-Meister Bankei heraus:

> »Der Gründer unserer Sekte«, prahlte der Priester, »besaß ungeheuer große Zauberkräfte: Einmal saß er am Ufer eines Flusses und hielt einen Pinsel in der Hand. Als sein Begleiter am anderen Ufer ein Blatt Papier hochhielt, schrieb der Meister den heiligen Namen des Amida darauf. Kannst du auch etwas so Wunderbares vollbringen?«
> Bankei erwiderte leichthin: »Dein Meister mag diesen Trick beherrschen, aber das ist nicht die Kunst des Zen. Mein Wunder ist dies: Ich esse, wenn ich hungrig bin, und trinke, wenn ich durstig bin.«[5]

In einem sind sich alle Meditationsmeister einig: Das wichtigste Mittel, dem Ich – oder, um Freuds Begriff zu verwenden: dem Wiederholungszwang – zu entkommen, das unsere Persönlichkeit formt, ist Bewußtheit oder aktives Denken. Achten Sie darauf, was geschieht. Lernen Sie, sich zu konzentrieren. Werden Sie zum sanften Beobachter, zum fairen Zeugen Ihres Innenlebens und der Welt ringsum. Dieses einfache und dennoch so schwierig zu befolgende Rezept führt Sie auf eine Reise durch das Selbst. Auf ihr werden die alten Grenzen so weit ausgedehnt, bis Sie erfüllter in der großen Welt der Wunder leben statt im klaustrophobischen Gefängnis Ihres Ichs.

Wenn Sie die Kunst des Nichtstuns üben, können Sie schließlich auch von neuem die revolutionäre

Stille, den Quell köstlicher Einsamkeit und schöpferischer Handlungen entdecken. Hannah Arendt schreibt in ihrem Werk *Vita activa oder Vom tätigen Leben* vom Menschen, der den Segen des kontemplativen Denkens für sich entdeckt hat (wobei sie Cato zitiert): »Niemals ist man tätiger, als wenn man dem äußeren Anschein nach nichts tut, niemals ist man weniger allein, als wenn man in der Einsamkeit mit sich allein ist.«

Vielleicht bietet kein Lehrbuch sanftere und hilfreichere Arzneien für den bedrängten Geist als das alte *Tao-te-king*, das die taoistische Lebensweise schildert. Um uns von den Gefühlen der Übersättigung und des Übermaßes zu heilen, sollten wir, so schlägt es vor, die wunderbare und wundersame Leere erleben.

Dreißig Speichen treffen sich in der Nabe.
Auf dem Nichts daran beruht des Wagens Wirksamkeit.
Durch Tonkneten macht man Gefäße,
Auf dem Nichts darin beruht des Gefäßes Brauchbarkeit.
Durch Aushöhlen von Türen und Fenstern macht man Häuser,
Auf ihrem Nichts beruht des Hauses Brauchbarkeit.
Darum:
Das Seiende ist zwar nützlich,
Das Nichts ist das Wirksame.

Das hier gezeichnete Bild zeigt uns ein Ideal der Wachsamkeit ohne seelische Belastungen, das durchaus als Vorbild für ein gesundes, ganzheitliches Leben dienen kann.

Der Vorzeit Treffliche, geworden zu Meistern,
Waren fein, geheimnisvoll, dunkel, eindringend,
Tief, nicht auszuloten.
Eben weil nicht auszuloten,
Darum kann man nur mit Mühe sich ihre Haltung vorstellen.
Vorsichtig waren sie, wie wer im Winter den Strom durchwatet,
Scheu, wie wer auf den vier Seiten Nachbarn fürchtet.
Zurückhaltend wie Gäste,
Zergehend wie Eis, das schmelzen will,
Schlicht waren sie wie Rohholz,
Leer wie das Tal,
Trüb wie Schlammwasser. –

Wer vermag das Schlammwasser zu klären,
So daß es allmählich rein wird?
Wer vermag den Bodensatz aufzurühren,
So daß er langsam lebendig wird?
Wer die Führerin des Alls hegt, begehrt nicht Fülle.
Eben weil er nicht gefüllt ist,
Darum vermag er der Verschlissenheit Gewand zu tragen
Und erneuerungslos vollkommen zu sein.

10. Kapitel

Ausbrechen: Jenseits von Schuld und Scham

Achten Sie darauf, wie stark Scham- und Schuldgefühle Ihr Leben bestimmen, und ein unerwarteter Weg zur Freiheit wird sich Ihnen zeigen.

Wie bereits gesehen, wird das Gefängnis der chronischen Langeweile von dem Patt errichtet, bei dem unsere wirklichen Wünsche und tyrannischen »Du-sollst-Vorschriften« nicht ins Bewußtsein dringen. Das Leben im Schwebezustand heißt: Wir stecken in der Klemme zwischen ungeborenen Wünschen und toten »Du-sollst Vorschriften«.

Die vordringlichste Forderung bei der Introspektion lautet: Untersuche, wie die Vorschriften und Verbote der anderen dein Verhalten prägen. Das Gewissen macht tatsächlich Feiglinge aus uns allen. Fast das ganze Leben verschwenden wir darauf, etwas zu unterlassen, um die Zustimmung anderer Menschen zu gewinnen. Die Augen von Vater, Mutter, Gott und dem Gesetz (die nun alle sich vereinen und im Auge des Gewissens verschmelzen, mit dem wir uns selbst beobachten – oh, wie schmerzhaft ist das Selbst-Bewußtsein) richten, belohnen und bestrafen, bis wir schließlich lernen, Gut und Böse mit eigenen Augen zu betrachten. Seelische Reife entsteht in einem schrittweisen Prozeß, bei dem es zu einer Aussöhnung von »Ich möchte« und »Ich soll« kommt.

Wenn der Zustand der seelischen Starre Sie gefangennimmt, können Sie davon ausgehen, daß alte Schuld- oder Schamgefühle Sie gefangenhalten. Stewart Brand, der Autor des *Whole Earth Catalogues*, sagt: »Ich bediene mich der Langeweile als einer Art Auswahlkriterium. Wenn mich eine Sache langweilt, höre ich damit auf. Heute vertraue ich immer mehr der Langeweile und meinen inneren Geboten. (In Grenzen, natürlich. Es gibt Dinge, die muß man einfach tun). Dennoch ist Langeweile ein Zeichen, das mir sagt: ›Nein! Halt! Was auch immer du meinst, tun zu müssen, du genießt es nicht.‹ Das ist dann ein wichtiges Signal, entweder meine Einstellung oder mein Verhalten zu ändern.«

Was sind das nun für geheimnisvolle Kräfte von Scham und Schuld, die unser Leben so stark beherrschen, sich der bewußten Wahrnehmung jedoch weitgehend entziehen?

Niemand ist völlig frei von Schuld. Wir alle haben ein schlechtes Gewissen, wenn wir zuviel essen, die Spesenabrechnung fälschen oder unser Kind anschreien. Doch viele Menschen lassen zu, daß übermäßige Schuldgefühle *alle* ihre Handlungen tönen und ihr Leben in eine einzige Anstrengung verwandeln, irgendeine imaginäre Schuld zu tilgen oder einem unerreichbaren Ideal gerecht zu werden.

Zu Beginn meiner Nachforschungen darüber, wieviel Schuld und Scham der Durchschnittsamerikaner empfindet, stellte sich heraus, daß die meisten Menschen ihre Gefühle entweder leugnen oder sie ihnen gar nicht bewußt sind. Viele Frauen – und die meisten Männer – litten psychische Qualen, unterlagen chronischen Ängsten, waren geradezu besessen vom Gedanken an Erfolg oder abhängig von der Meinung der

Nachbarn. Und sie reagierten zornig, als ich fragte, ob sie oft, selten oder nie Schuldgefühle hätten. Eine Frau, die sich ständig entschuldigte, daß ihr Haus so unaufgeräumt sei, die Kinder zu laut seien, nicht genug Milch für den Tee da sei und sie unhöflich sei, antwortete mir mit Nachdruck:

»Nein, ich habe kein schlechtes Gewissen. Ich habe nichts falsch gemacht!«

In der Regel verbergen sich Schuldgefühle dicht unter der Oberfläche unserer bewußten Wahrnehmungen. Dr. James Purcell, Familientherapeut in San Francisco, sagt: »Von allen Gefühlen kommt man mit der Schuld am schwersten zu Rande, da sie alles durchdringt und fast unsichtbar ist. sie ähnelt dem Smog. Die meisten Menschen wehren jedes Bewußtsein davon ab, daß Schuldgefühle ihr Verhalten bestimmen, und meinen, man dürfe solche Gefühle nicht haben. Konsequenterweise fühlen wir uns schuldig, weil wir Schuldgefühle haben, sind peinlich berührt, weil wir peinlich berührt sind, schämen uns, weil wir uns schämen. Will man herausfinden, wieviel Schuld oder Scham eine bestimmte Person empfindet, muß man diesen Gefühlen detektivisch nachspüren und nach indirekten Ausdrucksformen fahnden: chronische Langeweile oder Zorn, Depression, Versagen, Zwangsgedanken, Ängstlichkeit, Impotenz, Frigidität, Alkoholismus oder eine psychosomatische Krankheit.«

Woher rühren nun Schuld und Scham? Handelt es sich eher um neurotische oder um »gesunde« Emotionen? Wie wird man am besten mit ihnen fertig?

Schuld und Scham spiegeln unser Selbst-Bild. Dr. Gerhard Piers, Autor des Buchs *Shame and Guilt*, gibt eine klare Definition: Schuld ist die Angst, die man empfindet, wenn man meint, eine Regel, ein Tabu oder ein Gesetz gebrochen zu haben. Wenn wir etwas tun, von dem die Obrigkeit – Eltern, die Kirche, der Staat – sagt, es sei streng verboten, dann ist unser Gewissen verletzt, und wir haben Angst, ertappt und bestraft zu werden. Schuld geht stets einher mit der verschwommenen, irrationalen Angst, wir könnten zutiefst verletzt oder sogar getötet werden, weil wir ungehorsam waren. Wir empfinden Scham, weil wir einem Ideal nicht gerecht wurden oder ein Ziel nicht erreicht haben.

Scham ruft Angst- und Minderwertigkeitsgefühle hervor: »Ich habe versagt und meine Eltern und andere Menschen enttäuscht, die an mich geglaubt haben. Ich bin es nicht wert, geliebt oder respektiert zu werden. Deshalb habe ich Angst, daß man mich verläßt.«

Wenn wir nach den Ursprüngen forschen, fällt es nicht schwer, den Unterschied zwischen Schuld und Scham zu bestimmen. Stellen Sie sich ein Kind vor, irgendein Kind, das in New York in einer Wohnung lebt oder auf einer Farm in Wyoming. Jedes Kind kommt in eine Welt, die bereits von Riesen bevölkert ist, von MÜTTERN, VÄTERN, ERWACHSENEN. Diese Giganten kommen dem Kind wie Götter vor. Denn sie wissen, was wir haben möchten, noch ehe wir darum bitten, und sie verfügen über unbegrenzte Machtbefugnisse, uns zu tadeln oder zu bestrafen. Sie scheinen unsere Gedanken lesen zu können. Wenn wir ihren Wünschen nachkommen, belohnt uns ein zustimmendes Lächeln. Ist man ungehorsam, wird man übersehen oder bestraft, und wir fürchten, man könnte uns verlassen.

Schon sehr früh lernen wir Regeln, die wir beherzigen müssen, eine Liste der Zehn Gebote, ein ganzes System von Richtig und Falsch, von Du-sollst- und Du-sollst-nicht-Vorschriften. An der Mutterbrust liegend, lernen wir: Beiße nicht in die Brustwarze, die dir Nahrung spendet! Lächle! Es dauert nicht lange, und wir müssen aufs Töpfchen und dürfen nicht mit vollem Mund essen. Endlich im Krabbelalter angelangt, warnt man uns vor Fremden, die uns Süßigkeiten anbieten, und vor stark befahrenen Straßen. Man bringt uns bei, an Gott und den Kapitalismus zu glauben, den Spinat aufzuessen und den Eltern nicht zu widersprechen. Im Kindesalter hängt unser Überleben davon ab, daß wir den Riesen gehorchen und ihre Zuneigung gewinnen. (Die Persönlichkeit ist die Maske, die man in Gegenwart der Giganten aufsetzt.)

Solange ein Kind sich noch nicht außer Sichtweite begeben kann, sorgen die Eltern, die es beobachten, für die Einhaltung der Spielregeln. Drohworte und Bestrafungen folgen auf dem Fuße: »Wenn du deiner Schwester noch einmal an den Haaren ziehst, kriegst du eine Tracht Prügel.« Haben wir uns den fürsorglichen, aber auch tyrannischen Blicken von Vater und Mutter entzogen, stattet uns die Natur, Gott oder die Gesellschaft mit einem »tragbaren« Elternteil aus – dem Gewissen. Es überwacht uns und hält uns auf dem rechten Weg, wenn die Eltern oder der Pfarrer schlafen oder uns nicht sehen können. Das Gewissen flößt uns jedesmal Angst ein, wenn wir auch nur daran denken, eines der Zehn Gebote zu brechen. Es scheint, als wären die Eltern allwissend und könnten aus sicherer Entfernung jede Missetat bestrafen.

Scham entwickelt sich, weil die Eltern immer Ideale und Ziele haben, die ihre Kinder erfüllen und erreichen sollen. John senior will, daß John junior zum richtigen Mann heranreift. Vom ersten Augenblick an gibt er Junior durch sein zustimmendes Lächeln zu verstehen, wenn dieser dem Ideal entspricht. Hat er sich den Daumen an einem Felsen gestoßen und fängt an zu weinen, ermahnt ihn der Vater: »Schäm dich was! Glaubst du etwa, John Wayne weint, wenn er sich den Daumen stößt? Männer weinen nicht!«

Allmählich lernt Junior – durch gute Beispiele und Gardinenpredigten –, daß ein Mann schwer arbeiten und alles im Griff haben muß einschließlich der Frauen. Ist er dann zum Mann herangereift, sind seine Gedanken voll von Schwüren und Überzeugungen, an die er glauben und nach denen er sich richten soll. Er muß ein guter Pfadfinder sein: verläßlich, loyal, hilfsbereit, freundlich, ritterlich, nett, gehorsam, fröhlich, sparsam, mutig, sauber und ehrerbietig.

Die Mutter möchte, daß aus der Tochter eine Dame wird. Sie kleidet sie in Röcke, ermahnt sie, mit geschlossenen Beinen dazusitzen, sich nicht schmutzig zu machen und keine Bäume hinaufzuklettern. Ist Mary dann erwachsen, hat sie gelernt, Frauen sollen zwar hübsch und hilfsbereit, aber nicht aggressiv sein. Mache dich lieb Kind; gehe Konflikten aus dem Wege und setze deinen Willen mit Charme und Dienst am anderen durch.

Ohne die Erfahrung von Schuld und Scham kann kein Kind zu einem reifen Menschen heranwachsen. So weise und liebevoll die Eltern auch sein mögen, es gelingt ihnen nicht, uns unschuldig und spontan zu erziehen. Jedes Kind muß seine Umwelt erkunden, seine Grenzen testen, den Gehorsam verweigern. Nur so kann es eine unabhängige Persönlichkeit entwickeln. Wir sind erwachsen, wenn wir unseren Weg zwischen den Mauern erkennen. Sie wurden von Schuld und den Idealen errichtet, die vom Schamgefühl beschützt werden. Betrachten wir eine typische Kindheitssituation, die einen Konflikt erzeugt, der sich nur durch den Entschluß des Kindes lösen läßt, sich schuldig zu fühlen oder zu schämen. Die Mutter sieht, wie die Tochter mit sich selber spielt, und sagt: »Das tun nur schlimme Mädchen« Mary spürt die Mißbilligung und die Drohung in der Stimme. Beim nächsten Mal, als sie ihren Körper genußvoll berühren will, bekommt sie Angst. »Und wenn mich Mutter nun ertappt?« Jetzt muß sie sich zwischen widerstreitenden Gefühlen und Werten zwischen Schuld und Scham entscheiden. Der Körper sagt ihr, das ist gut, die Mutter sagt, das ist böse. Soll sie ihrer Erfahrung vertrauen oder dem von der Mutter errichteten Tabu? Wenn sie beschließt, nicht mit sich selbst zu spielen, droht keine Gefahr, ertappt zu werden und Mißbilligung und Bestrafung auf sich zu ziehen. Dann ist sie ein »braves« Mädchen, das aber zuläßt, daß die »Du-sollst-Vorschriften« der Mutter sein Verhalten bestimmen.

Doch leider schämt sich Mary, wenn sie ihre Wünsche und Bedürfnisse verdrängt. Sie verrät das eigene Gespür dafür, was gut ist, weil sie die Zuneigung eines anderen Menschen gewinnen möchte. Wenn Mary nie aufbegehrt, sich nie wie ein »schlimmes« Mädchen verhält, nie riskiert, die eigenen Gefühle zu erforschen und die eigenen Werte durchzusetzen, wird sie sich zu einer kindlichen Frau entwickeln. Möglicherweise wird ihr das tiefe Gefühl fehlen, daß sie Lust empfinden darf, wenn sie einen anderen Menschen berührt oder von ihm berührt wird. Früher oder später wird sie gelangweilt und depressiv werden. Wenn Mary aber den anderen Weg beschreitet und zu der Erkenntnis gelangt, lustvolle Berührungen seien das Risiko wert, muß sie mit der Angst leben, ertappt und bestraft zu werden. Sie wird experimentieren und lernen, vor der Mutter Geheimnisse zu bewahren, und sich als selbständigen Menschen erleben. Das kann ihr zwar Gewissensbisse verursachen, aber wenigstens hat sie ihre Bedürfnisse geehrt.

Mary muß sich – wie alle Kinder – entscheiden, wie sie mit dem Konflikt zwischen dem, was die Mutter und dem, was sie selbst für richtig hält, fertig werden will. Manche Kinder werden zu Spezialisten in Sachen Anpassung und vermeiden alles, was als »böse« gelten könnte. Sie sind lieb und gehorsam, entwickeln sich aber zu gehemmten, schamerfüllten Menschen, weil sie es nie gewagt haben, das Leben auf eigene Faust zu erkunden. Andere Kinder wiederum brechen die Tabus, bezahlen den Preis – die Schuldgefühle – und lernen, sich für jedes echte Leid zu vergeben, das sie sich und anderen zugefügt haben.

Zur Erlangung psychologischer Gesundheit bedarf es der Umwandlung unserer kindlichen Ängste vor dem Verlassenwerden und vor Bestrafung in gereifte Lebensvorstellungen. Wenn wir unsere selbstgewählten Werte mißachten oder ein Ideal, das wir ehren, verraten, empfinden wir angemessene, reife Schuld- und Schamgefühle. Ein psychisch stabiler Erwachsener muß die Verantwortung übernehmen und ein Gewissen entwickeln, das sein Gefühl dafür, was wichtig und heilig ist, schützt.

Um zu erkennen, was ein gesundes Schuldempfinden kennzeichnet, muß man sich nur vorstellen, was geschieht, wenn eine Person zuwenig oder zuviel Schuld spürt. Man kann die »Du-sollst-Vorschriften« – Tabus, Ideale, Moralvorstellungen und Gesetze – mit dem körpereigenen Immunsystem vergleichen. Wenn der Körper zu jedem heranfliegenden Krankheitserreger ja sagt, wenn er nicht zwischen schädlichen und nützlichen Erregern unterscheidet und die zerstörerischen Lebensformen hemmt, dann erkranken wir. Doch das Immunsystem kann auch zu gut funktionieren: Der Körper kann einen Fehler begehen und Antikörper bilden, die das körpereigene Eiweiß angreifen und unsere lebenswichtigen Organe zerstören.

Wer zuviel oder zuwenig Schuld- oder Schamgefühle hat, nimmt Schaden an seiner Seele. Das Mädchen, das nicht nein sagen kann, keine moralischen Skrupel kennt, erliegt seinen Triebimpulsen oder den Wünschen der anderen. So wird es keine dauerhaften Beziehungen eingehen können. Impulsive Menschen sind entweder äußerst unterhaltsam oder auf geradezu kriminelle Weise verantwortungslos. Psychopathen kennen kein »Du sollst«, keine Schuldgefühle; sie tun einfach, wonach ihnen zumute ist. Die Frauen, die sich an den Morden des Charles Manson beteiligten, und Lieutenant Calley zeigten keine Reue. Die schlimmsten Verbrechen begehen Menschen, die keine Gewissensbisse haben.

Ein weniger auffälliger Personentypus – die »Graue Maus« – lebt ohne Scham, ohne Ideale und kennt nichts, das so wichtig wäre, daß er einen Sinn darin finden könnte. Diese Menschen passen sich den anderen an und hinterlassen kaum nachhaltige, freundliche Erinnerungen.

Zwanghaft moralische Menschen, die sich dem unterwerfen, was Karen Horney die »Tyrannei des Sollens« bezeichnet, sind das Gegenteil der »Grauen Mäuse«. Sie bemühen sich so angestrengt, perfekt zu sein und zu tun, »was sich gehört«, daß sie jedes spontane, lustvolle Gefühl in sich abtöten. Ihr Motto lautet: Wenn es sich gut anfühlt, ist es wahrscheinlich verboten. Die zwanghaft moralische Person bringt es fertig, sich für den kleinsten Wutausbruch oder wegen einer geringfügigen »Schwäche« schuldig zu fühlen.

Eine junge Frau, die unter solchen perfektionistischen Neigungen litt, erzählte mir: »Eigentlich müßte ich alle lieben. Ich dürfte nie zickig werden. Ich müßte perfekt sein. Ich müßte flexibler sein und dürfte nicht so viele Verbote in mir haben.« Der von Zwängen geplagte Mensch vergißt, daß wir Entspannung und Lust erfahren müssen, um psychisch und körperlich gesund zu bleiben. Ein Übermaß von Vorschriften führt zu Streß und Krankheiten.

Um seelisch zu reifen, müssen wir alle einen Prozeß durchlaufen, in dem wir die von den Giganten aufgestellten Regeln einer Prüfung unterziehen. Wir müssen jene Vorschriften und Ideale verwerfen, die unser Wohlergehen zerstören, und uns ein maßgeschneidertes Wertesystem zulegen, das zu unserer Lebenserfahrung paßt. Der reife Mensch erschafft sich seine eigenen zehn oder zwanzig Gebote und befolgt sie. Man kann viele der von den Eltern stammenden Werte von neuem bestätigen. Doch sieht alles ganz anders aus, wenn wir unsere Tabus und Ideale selber wählen, statt sie uns von den Autoritäten aufzwingen zu lassen.

Einen lebensfrohen Erwachsenen wird es beschämen, wenn ihm etwas mißlungen ist, er einem freiwillig gewählten Ideal nicht gerecht geworden ist, und Schuld empfinden, wenn er einen freiwillig gewählten Wert verletzt hat. Fühle ich mich meiner Ehe verpflichtet und lege auf eheliche Treue großen Wert, dürfte ich ein gesundes Schuldgefühl entwickeln, wenn ich eine Affäre beginne. Sollten sich meines Erachtens Eltern die Zeit nehmen, um sich an ihren Kindern zu erfreuen, schäme ich mich, wenn ich so viel zu tun habe, daß ich mit ihnen nicht herumtollen kann.

Wenn ich meine, der Körper sei etwas Heiliges, werde ich mich schuldig fühlen, wenn ich am Tag zwanzig Zigaretten rauche. Wenn ich glaube, ich habe das Zeug dazu, ein gutes Buch zu schreiben, werde ich mich schämen, wenn ich es nicht wenigstens versuche.

Das reife Gewissen wacht über das, was wir aus freier Entscheidung ehren. Mit seiner Hilfe bewahren wir unsere höchsten Visionen vom Guten, Wahren und Schönen. Es ist der innere Kompaß, der uns auf dem gewählten Weg leitet.

Aber wir greifen vor. Vorerst gilt unser Interesse weniger der Bewältigung von Schuld und Scham, sondern allein deren Erläuterung. Einstweilen mag es reichen, daß Sie sich des Grades bewußt werden, bis zu dem Sie Schuldgefühle plagen. Das ist nicht leicht, denn der Eisberg der Schuld ist zum großen Teil unsichtbar. Um diesen verborgenen Teil einschätzen zu können, müssen Sie sich Rechenschaft über all das ablegen, was Sie tun (oder nicht tun) und wodurch Sie sich immer wieder böse, unfähig (sexuell und im übertragenen Sinne), wütend, krank oder gelangweilt fühlen.

Sagen Sie immer ja, wenn Sie nein meinen (und umgekehrt)?

Entschuldigen Sie sich ständig, auch wenn Sie Ihr Bestes gegeben haben?

Versuchen Sie, es allen recht zu machen, nur nicht sich selbst?

Haben Sie Angst vor dem Erfolg?

Machen Sie sich Sorgen, wenn alles »zu schön ist, um wahr zu sein«? Denken Sie insgeheim, daß Sie es nicht verdienen, große Lust zu spüren?

Bestrafen Sie sich durch Überarbeitung oder ständige Sorgen?

Vergleichen Sie sich oft mit anderen, und fühlen Sie sich dann minderwertig?

Sind Sie zu ängstlich, um etwas auszuprobieren, das Sie wirklich tun möchten?

Bleiben Sie gelassen und objektiv, wenn Sie von kindlichen Schuld- und Schamgefühlen hin und her gerissen werden. Seien Sie ein ehrlicher Zeuge Ihrer Gefangenschaft, und allmählich werden Sie bemerken, wie Ihre ungeborenen Wünsche den Humus der abgestorbenen »Du-sollst-Vorschriften« durchstoßen. Und ein ganz neues Selbst wird zum Vorschein kommen.

11. KAPITEL

Die Erneuerung der Phantasie und des Verlangens

Eine rege Phantasie bildet ein wirksames Mittel gegen die Langeweile. Tauchen Sie ein in den Brunnen Ihrer Phantasien, und Sie werden das Elixier finden, das die nachlassenden Leidenschaften zu neuem Leben erweckt.

Stecken Sie in einer öden, leblosen Situation, können Sie zumindest Ihr »Kopfkino« einschalten und den vor Ihrem inneren Auge ablaufenden, erregenden Abenteuern zusehen. Auf Kanal 1 sind Sophia Loren und ich auf einer Insel im Südpazifik gestrandet. Auf Kanal 2 bin ich mit dem Präsidenten der Vereinigten Staaten im Begriff, einen Beschluß zu fassen und neue Vorstellungen für eine alternative Energiepolitik zu entwickeln. Auf Kanal 3 genieße ich den Frieden und die Einsamkeit meiner Hütte in einem abgelegenen Teil im Bundesstaat Washington. Wenn man nicht im Hier-und-Jetzt sein will, kann man sich zumindest im Dort-und-Damals aufhalten.

Introvertierte Menschen, die viel Phantasie haben, sind häufiger allein als extrovertierte Personen, die von der Gesellschaft anderer abhängig sind, aber sie langweilen sich nicht so oft. Die Psychologin Eleanor Robbins, die in Berkeley praktiziert, meint: »Extrovertierte Menschen gewinnen Anregungen aus ihrer Umgebung. Ist also etwas nicht ›aufregend‹, wissen sie nichts mit sich anzufangen. Introvertierte sind nicht so abhängig von dem, was ›draußen‹ vor sich geht. Sie tragen in sich eine reiche Phantasiewelt und zahlreiche Wunschvorstellungen. Wenn man in der Bank vor dem Schalter ansteht, kann man immer noch den Gesprächen der Umstehenden lauschen und sich vorstellen, wie es in deren Leben wohl zugeht.«

Die ersten Experimente, mit denen man den Entzug von Sinneseindrücken untersuchte, zeigten: Müssen Menschen in einer monotonen Umgebung verharren, suchen sie in der Regel Zuflucht in der Phantasie. Die bereits von mir erwähnten Experimente von Dr. Hebb, bei denen die Versuchspersonen in einem kleinen, abgedunkelten und völlig geräuschlosen Raum in einem Bett liegen mußten, bewiesen, daß die meisten Personen nach einem längeren Zeitraum des Eingeschlossenseins zu »halluzinieren« anfingen. Sie sahen die unterschiedlichsten Gestalten – von einfachen geometrischen Gestalten bis hin zu detaillierten Szenen über marschierende Eichhörnchen. Hebb formulierte seine Folgerungen in Begriffen, die eine Bevorzugung der extrovertierten Einstellung verrät. Er behauptet, die Testpersonen »durchlitten« Halluzinationen und zeigten kindliche Gefühlsreaktionen, woraus er folgerte, das Gehirn sei zum normalen Funktionieren auf einen ständigen Beschuß mit Sinneseindrücken angewiesen.

Im Jahre 1954 begann Dr. Lilly mit einem wassergefüllten Isolations-Tank zu experimentieren, in dem er sich treiben ließ. Seinen Berichten zufolge wurde der Geist, sobald er sich den von außen kommenden Reizen entzog, frei von den Beschränkungen des Körpers und geriet in ganz andere Bewußtseinszustände. »Manchmal«, sagt Lilly, »hatte ich den Eindruck, eine mir bekannte Person leistete mir in dem düsteren, lautlosen Tank Gesellschaft. Ich konnte sie förmlich sehen, spüren und hören. Dann wieder trat ich in Kommunikation mit anderen Zivilisationen aus anderen Sonnensystemen. Ich erlebte, wie ich meinen Körper ›abstellte‹ und an verschiedene Orte reiste.«[1]

Doch Dr. Lilly beurteilte derartige Erlebnisse nicht als bloße Halluzinationen, unter denen er »litt«, sondern schilderte nur, was geschieht, wenn der Geist der Notwendigkeit enthoben ist, mittels sensorischer »Zufuhr« seine äußere Umgebung zu beherrschen. Die Phantasie ist frei, in Tausende von fremden Ländern zu reisen.

Wie »wirklich« sind nun diese alternativen Welten? Diese Frage kann wohl kein Wissenschaftler vollständig beantworten. Wir müssen es hier auch nicht. Für unsere Zwecke reicht die Anmerkung: Eine umherschweifende Phantasie kann uns immer wieder Freude bereiten. Wer die Kunst ihrer richtigen Verwendung beherrscht, findet auch die eintönigste Situation faszinierend. Das menschliche Bewußtsein ist offenbar von Natur aus psychedelisch.

Warum langweilen wir uns aber dann, wenn das Heilmittel – die Phantasie – so naheliegt? Hörten wir auf sie, würden wir erkennen, daß wir alle Tausende verbotener Leben leben: Wir sind geiler, grausamer, frivoler, bedürftiger, lustvoller, als wir uns eingestehen möchten. Wir benehmen uns skandalös und haben Angst, sind halb Engel und halb Tier. Wir stecken voller widersprüchlicher Wünsche und ambivalenter Gefühle. Aber die Paradoxien unserer Leidenschaft (Löwe und Lamm zu sein, Hure und Jungfrau, Zigeuner und Seßhafter) zerstören die zerbrechlichen Kompromisse, die wir geschlossen haben. Würde uns jemand lieben, wenn wir es wagten, alle unsere Möglichkeiten auszuschöpfen? Trauen wir uns, der Phantasie freien Lauf zu lassen und alle verbotenen Begierden zu erkunden, die wir eingesperrt, ins Exil gejagt oder mit Gewalt zum Schweigen gebracht haben? Wagen wir es, das Gegenmittel zur Langeweile einzunehmen und es zu riskieren, ganz lebendig zu werden?

Es gibt einen Trick, mit dem man die Phantasie befreien und die schlafenden Begierden wecken kann – nämlich indem man beginnt, sich seinen Phantasien hinzugeben, ohne die Verpflichtung einzugehen, das, was man sich vorstellt, auszuagieren. Verpflichten Sie sich vorerst nur dazu, der Beobachter Ihrer eigenen Visionen zu sein. Ziehen Sie keine Schlüsse aus Ihren Phantasien. Treffen Sie keine Entscheidungen. Verändern Sie sich nicht. Treffen Sie eine Vereinbarung mit sich, wonach die Phantasie Ihr Zufluchtsort ist. Hier sind Sie frei, mit jeder Vorstellung zu experimentieren, ohne für die Folgen aufzukommen, die mit der entsprechenden Handlung einhergehen. Schieben Sie moralische Erwägungen, Verpflichtungen und Freundlichkeiten beiseite. Vereinigen Sie sich auf freie Weise mit Ihren unterdrückten Träumen.

Wenn Sie schon vor langer Zeit den Kontakt zu Ihrer Phantasie verloren haben, müssen Sie Geduld aufbringen und so klug sein, sie wieder hervorzulocken. Stellen Sie sich die Phantasie als ein erschrecktes und enttäuschtes Kind vor, das man zu oft ausgeschimpft hat. Laden Sie sie zu sich ein, so wie Sie es mit einem schüchternen Menschen täten. Allmählich werden Sie ihr Vertrauen gewinnen, und sie wird Ihnen ihre Geheimnisse anvertrauen.

Es gibt viele Wege, von neuem eine erotische Beziehung mit der so lange von uns vernachlässigten Phantasie einzugehen.

Beginnen Sie mit Ihren Träumen. Können Sie sich nicht mehr an Ihre Träume erinnern, müssen Sie erneut zum Träumenden werden. (Frauen träumen häufiger als Männer in Farbe und erinnern sich öfter an ausführliche, detaillierte Träume). Benachrichtigen Sie Ihre Psyche vor dem Einschlafen, daß Sie sich an Ihre Träume erinnern möchten. Sorgen Sie dafür, daß Ihnen diese Einladung ans Unbewußte als letztes vor dem Schlafengehen in den Sinn kommt. Wenn sie mit einem Traumbild aufwachen, bleiben Sie ruhig in der Stellung liegen, in der Sie geträumt haben, und versuchen Sie, sich an den Rest des Traumes zu erinnern. Schreiben Sie den Traum auf.

Am liebsten führe ich Traum-»Tagebuch«, indem ich die Trauminhalte in einen kleinen Kassettenrecorder spreche, der neben meinem Bett liegt. Das hält mich davon ab, meine Psyche aufzuwecken, indem ich das Licht anschalte und etwas aufschreibe. Denken Sie tags darauf über den Traum nach, und genießen Sie ihn, als wäre er der Spruch eines Orakels tief in Ihnen. Werden Sie zum Kenner Ihrer Träume. Achten Sie darauf, welche Themen sich wiederholen und wie sie sich ändern. Beachten Sie vor allem jedes emotional aufgeladene Bild. Wenn Sie ein schwarzes Pferd sehen und aus dem Schlaf aufschrecken, rufen Sie sich dieses Bild mehrere Male am Tag in Erinnerung, und untersuchen Sie die dadurch hervorgerufenen Gefühle. Wenn Sie gutgelaunt aufwachen und sich daran erinnern, Sie sind im Traum geflogen, bewahren Sie sich diese Empfindung des Emporsteigens während des ganzen Tages. Vor allem aber sollten Sie mit Ihren Träumen spielen. Erfreuen Sie sich an ihnen. Es gibt keine »amtlich« zugelassenen Deutungen. Teilen Sie Ihre Träume Ihren Freunden mit, flechten Sie Ihre Bilder in das Gespräch ein. Sie werden feststellen, daß Träume häufig das ankündigen, was Sie sich für die Zukunft wünschen.

Probieren Sie Tagträume aus. Achten Sie auf Ihre Energiezyklen. Wenn Sie anfangen »abzuschlaffen«, werden Sie erkennen, Sie sind entweder müde oder hungrig. Alle neunzig Minuten, wenn Sie eine REM-Phase nachlassender Energie durchlaufen, sollten Sie sich dem langsamer werdenden Körperrhythmus überlassen, statt sich mit Kaffee, Zucker oder Tabak zu stimulieren, und eine Phantasie-Pause einlegen. Steigen Sie aus, stimmen Sie sich ein und drehen Sie auf. Machen Sie einen Ausflug in eine Wirklichkeit Ihrer Wahl. Beim nächsten Mal, wenn Sie an einer langweiligen Konferenz teilnehmen und Ihre Gedanken abschweifen, lassen Sie sie zu. Was träumen Sie eigentlich, wenn Sie nicht bewußt auf Ihre Gedanken achten? Wiederbeleben Sie Ihre ehemaligen Tagträume. Wollten Sie als Jugendlicher Rancher, Bergsteiger oder Schriftsteller werden? Entdecken Sie die Phantasien wieder, die Ihnen Freude bereitet haben, und finden Sie heraus, wie viele der alten Wünsche noch lebendig sind.

Versuchen Sie, Ihre Phantasien zu programmieren. Wenn Sie unzufrieden sind, weil Sie in Philadelphia leben und jeden Tag nach Camden pendeln müssen, wo Sie Austern auf dem Markt verkaufen, können Sie sich einige alternative Leben vorstellen. Versuchen Sie es mit einer anderen Umgebung. Wie würde es Ihnen gefallen, in Questa, New Mexiko, zu wohnen und eine Fischfarm zu leiten? Oder in New Orleans zu leben und am Ruder eines Krabbenfängers zu sitzen?

Die Phantasie ist die billigste und sicherste Methode, Wahlmöglichkeiten auszuprobieren, ohne sich den Folgen einer Handlung stellen zu müssen. Ausgestattet mit ausreichender Phantasie, können Sie sich eine sexuelle Orgie vorstellen, ohne sich auf völlig fremde Menschen einlassen zu müssen, die womöglich HIV-positiv sind.

Im Reich der Phantasie sind alle Möglichkeiten faszinierend. In der Wirklichkeit beschränken uns unsere Vorlieben, Gefühle, alten Gewohnheiten und in die Zukunft gerichtete Hoffnungen. In einem Anfall von Jähzorn ist es zwar angenehm, sich auszumalen, dem Chef an die Gurgel zu gehen, der einen bei einer Beförderung übergangen hat. Aber diese Phantasie und die Rachegelüste bis zum Ende durchzuspielen ist wohl kaum sinnvoll, denn Jahre hinter schwedischen Gardinen dürften die Folge sein.

Die Phantasie besitzt magische Kräfte, weil sie uns erneut mit dem in Verbindung bringt, was noch kindlich in uns ist. Mit ihrer Hilfe können wir verschiedene Möglichkeiten durchprobieren, einen Tag lang Gott sein, die beste aller möglichen Welten erfinden. Eine Zeitlang sind wir befreit vom Gesetz des Entweder-Oder und können die Mutter-Ehefrau-Tochter lieben, als wäre sie eine einzige Frau, oder unser Sohn und Vater zugleich sein.

Jede Phantasie enthält im Kern einen heftig ersehnten Wunsch. Sind wir besonders lebendig, sind unsere Gedanken und Gefühle nie sehr zusammenhängend. Wir wünschen uns viele Dinge, die sich mit der Realität nicht in Einklang bringen lassen.

Ich möchte unabhängig sein und Erfolg haben, frei, mit dem Wind meiner Impulse zu reisen, und so standhaft bleiben wie ein Fels in der Brandung.

Ich wäre gern Präsident, dann könnte ich den militärisch-industriellen Komplex zwingen, aus Schwertern Flugscharen zu schmieden, würde aber auch gern in New Mexico unter einem Joshuabaum sitzen und den Klängen der Wüste lauschen.

Viele dieser Wünsche verfliegen im Nu. Manche lassen sich verwirklichen, andere nicht. Dem Kind in uns ist das gleichgültig. Halten wir dieses psychedelische Vermögen am Leben, bleiben wir also in Verbindung mit den Nervenenden unserer Urleidenschaften, aus denen neue Kreativität erwächst.

Natürlich gehört zu einem schöpferischen Leben mehr als nur die Fähigkeit zum Phantasieren. Die freie Phantasie ist aber der Ausgangspunkt für einen freien Geist, hier beginnt die Befreiung. Das Bild geht der Handlung voran, das Spiel der Arbeit, der Traum dem Plan. Wenn wir die ganze Skala unserer Gefühle erkunden, müssen wir einen Zufluchtsort in der Phantasie schaffen, in dem nichts verboten ist. Denn nur wenn wir frei sind, uns alles zu erträumen, sind wir frei in unserem Handeln und unterlassen nicht jene Dinge, die uns die größte Befriedigung schenken.

Ein reifes Verlangen und verantwortungsvolle Handlungen müssen stets in engem Zusammenhang mit kindlichen Wünschen und unverantwortlichen Phantasien stehen. Ordnung und Rationalität reichen tief in den Kessel des Chaos. Es wird gleich klar werden, auf welche Weise sich diese Gegensätze im schöpferischen Akt verbinden.

Hier ist vielleicht ein Wort der Warnung angebracht: Eine rege Phantasie ist eine notwendige, aber keine hinreichende Bedingung für ein lebendiges und erfülltes Leben. Wenn wir mit unseren Möglichkeiten spielen, können wir an einer Überdosis Phantasie sterben. Das Leben ist kein Spiel. Eine überschäumende Phantasie wie auch der Mangel daran können die heikle Balance unseres schöpferischen Lebens erschüttern. Manche Künstler und Träumer verstricken sich so sehr in ihre Phantasiewelt, daß sie sich immer weiter aus dem wirklichen Leben entfernen. Die Einbildungskraft muß durch Gefühle und Taten gebändigt werden.

12. KAPITEL

Sich lebendig fühlen: Das Eis der Gefühle auftauen

Will man das Eis seiner Gefühle auftauen, müssen sie so lange fließen, bis an die Stelle der Gefühllosigkeit der Schmerz und die Freude an psychischer Vitalität tritt. So lebhaft unsere Phantasien, so stark die Emotionen, so kraftvoll die Handlungen auch sein mögen, man wird eine innere Leere spüren, wenn man es sich versagt, etwas zu fühlen.

Es gibt eine weitverbreitete Art, mit dem inneren Vakuum und der Sinnleere fertigzuwerden, nämlich sie in einer Flut von Gefühlen zu ertränken – durch ständiges Essen, Sex oder Ablenkung, durch zerstreuende Unterhaltung. Offenbar herrscht hinsichtlich des Unterschiedes zwischen Sinneswahrnehmungen und Gefühlen erhebliche Verwirrung.

Stellen wir zunächst einige Gedankenexperimente an:

1. Stellen Sie sich etwas Weiches vor – es kann alles sein: eine Blume, ein Puderkissen, eine warme Gurke –, das sanft über Ihre Brustwarze streift. Beachten Sie den Grad und die Qualität der Empfindung.

2. Stellen Sie sich vor, Ihre Finger berühren Ihre Brustwarze. Achten Sie darauf, wie diese Empfindung in einen Dialog mit Ihren Gefühlen eintritt. Ob und wie sehr Sie die Empfindung genießen können, hängt davon ab, welche Einstellungen und Überzeugungen

Sie hinsichtlich der Selbstberührung haben. Wenn Sie aus einer Familie stammen, in der Sexualität als »schmutzig« galt, dürften Sie beträchtliche Schuldgefühle haben. Dieses Schuldgefühl kann die Erregung entweder verstärken oder abtöten – entweder wie schwarze Spitze oder wie ein Leichentuch wirken.

3. Sie befinden sich in einer Gefängniszelle. Die Hand, die Ihnen über die Brust strich, gehört dem Wärter, der Sie soeben angeherrscht hat: »Es gibt Mittel und Wege, dich zum Sprechen zu bringen!« Oder die Hand gehört einem Mann, der Sie in seinen Wagen gedrängt, Ihnen ein Messer an die Kehle gesetzt und gerade gesagt hat: »Mal sehen, was für Höschen du trägst!« Wie fühlen Sie sich jetzt? Wenn Sie eine normale Abscheu vor Gewalt haben, löscht das Gefühl panischer Angst jedes Lustempfinden aus. Man hat Ihr tiefstes Selbst mißbraucht.

4. Ihr/e Freund/Freundin und Sie liegen vor dem Kaminfeuer auf einem flauschigen Teppich. Sie werden beide von Zärtlichkeit, von einem intensiven sexuellen Verlangen durchströmt, Sie hören die geflüsterten Worte: »Ich liebe dich«, und eine ausgestreckte Hand liebkost ihre Brust. Beachten Sie das Zusammenspiel von Empfindung und Gefühl. Ihre Erinnerungen an früher, als Sie mit einem anderen Partner schliefen, Ihre Vorausnahme der Lust, Ihr Gefühl, geliebt zu werden und zu lieben, verbinden sich und erhöhen die Intensität der Sinneswahrnehmung.

Dieses Experiment verrät uns einiges über den Unterschied zwischen Sinneswahrnehmung und Gefühl: Erstere ist die Reaktion der Körpermaschine auf einen Reiz. Betroffen sind die Nervenenden, die Muskeln, die Haut. Solange man nur etwas empfindet, fällt man lediglich ganz einfach Urteile: Entweder ist etwas lustvoll oder schmerzhaft. Bei einem Gefühl setzt ein viel komplizierterer Bewertungsvorgang ein, in dessen Verlauf ich überlege, wie sich der Reiz auf mich *als* ganze Person auswirkt. Empfindungen beschränken sich auf den gegenwärtigen Augenblick, Gefühle hingegen schließen Erinnerungen und Absichten ein. Solange das anonyme Etwas, das die Brustwarze reizt, eine einfache Empfindung hervorruft, muß man sich lediglich entscheiden, ob der Partner mit der Berührung fortfahren oder ob er damit aufhören soll. Hat aber die Hand, die Sie liebkoste, ein Gefühl ausgelöst, kommen Ihre Erinnerungen und Zukunftserwartungen ins Spiel. Alle Ihre Befürchtungen und Hoffnungen fließen in die gegenwärtige Empfindung mit ein.

Es sollte klar geworden sein, warum ein Taubwerden unserer Gefühle und eine Zunahme an Empfindungen unseren Geist verarmen müssen. Der Filmschauspieler Erroll Flynn, der sich in seinem Leben dem hedonistischen Mythos verschrieben hatte, sagte einmal: »Ein Mann kann jeder Lust gefrönt haben und dennoch sterben wollen.« Ein Übermaß an Reizen kann uns aus dem gegenwärtigen Augenblick vertreiben und verhindern, daß wir uns innerlich sammeln und unsere Lage einschätzen. Erst wenn wir innehalten und in uns aufnehmen, wie sich etwas anfühlt, haben wir unsere Erfahrung verarbeitet und ihre Bedeutung erkannt. Solange ich die Welt ringsum nur mit den Sinnen wahrnehme, habe ich noch nicht die Mitte meiner Erfahrung als Individuum mit ganz spezifischen Erinnerungen und Hoffnungen gefunden.

Ein Vergleich zwischen dem Gefühl und der Phantasie macht dies noch deutlicher. Im Geist *wünsche* ich mir vielleicht ganz wilde Dinge. Lasse ich meiner Einbildungskraft freien Lauf, vernachlässige ich vorübergehend den Körper und begebe mich auf eine Reise in Gedanken. Im Reich der Phantasie ist es interessant, ja sogar lustvoll, sich alles mögliche auszumalen. Wunschphantasien und Produkte der Einbildungskraft sind körperlose Fluchten in theoretische Möglichkeiten.

Nancy Friday berichtet in *Die sexuellen Phantasien der Frauen*, daß Frauen, die Angst vor einer realen Vergewaltigung haben, sexuelle Gewaltphantasien solange genießen, wie sich das Geschehen in der Einbildung vollzieht. Diese Frauen *wünschen* vielleicht, vor Lust außer sich zu geraten, d h., sie malen sich eine solche Situation aus. Aber in dem Augenblick, da sie sich fragen, was sie beim Gedanken an eine Vergewaltigung fühlen, merken sie, sie wollen *keineswegs* vergewaltigt werden.

Wir alle haben im Geiste vielerlei Wünsche.

Sobald wir uns auf unsere Gefühle – dem Gespür für die Kontinuität unseres Selbst – einlassen, klären sich unsere Bedürfnisse und Werte. Wir verlassen den Elfenbeinturm der Einbildungskraft und steigen hinab in die reale Welt der Geschichte, der Zeit und der Verkörperung. In unserer Vorstellung halten wir uns von allen diesen Erlebnissen fern.

Manche Menschen leben nur »theoretisch«; sie verharren im »Könnte«, im »Vielleicht« und im »Mag sein«, in der schönen Welt der »träumenden Unschuld«, wo alles mögliche geschehen kann. Im Nimmer-Land des »Ich wünschte« sind wir frei, aber nicht wirklich. Wenn wir in unseren Körper hinabsteigen, stehen wir vor unseren wirklichen Bedürfnissen und unseren begrenzten Wahlmöglichkeiten. Wir hören auf, Gott zu sein, der endlos grübeln kann, und werden zu existierenden Menschen.

Das alles ist sicher leichter gesagt als getan. Man kann ja nicht einfach eines Tages beschließen, sein Selbst in den Mikrowellenofen zu werfen und ein Gefühl aufzutauen. Die gewohnheitsmäßige Unterdrükkung von Gefühlen ist ein tiefreichender Prozeß, der sich nur schwer umkehren läßt. Es dauert ein Leben lang, um zu einem gefühlvollen Individuum zu werden. Es gibt also keinen Grund zur Eile oder zur Verzweiflung. Es hilft schon, etwas von der seelischen Logik der Emotionen zu verstehen.

Warum nehmen wir uns nun vor, nichts mehr zu fühlen? Und wie geht man am besten beim »Auftauen« der Gefühle vor?

An irgendeinem Zeitpunkt im Leben, meistens in der frühen Kindheit, litten wir fast unerträglich große seelische Schmerzen. Diese können ganz verschiedene Formen angenommen haben. Betrachten wir ein Beispiel: Die 23jährige Nora ist geschieden, Mutter. Sie hat früh geheiratet und flüchtete vor der Mutter und dem alkoholkranken Vater. Immer wieder hatten ihr die Eltern – angeblich um sie zu »säubern« –, Einläufe gemacht und ihr eingeredet, sie sei zu nichts nutze. Nora ist ausgesprochen hübsch, findet sich aber dennoch unattraktiv. Sie fastet beinahe ununterbrochen, oder sie beginnt eine strenge, den Körper »reinigende« Diät. Mit Männern hat sie kein Glück. Zwar hat sie mit mehreren ihrer Freunde geschlafen, empfindet aber keinen Spaß dabei. In Noras frühesten Erinnerungen wendet sich die Mutter beim Wechseln der Windeln angewidert ab. Nach ihrer Scheidung wurde Nora klar, daß sie mehr im Kopf als in ihren Gefühlen gelebt hatte.

»Stimmt, ich empfinde nicht allzuviel«, sagte sie, »aber ich habe Angst, mich anderen zu öffnen. Immer wenn ich etwas fühle, kommen mir nur Schmerzen und Enttäuschungen in den Sinn. Ich wollte so sehr gehalten und geliebt werden. Ich kann mich noch gut an den Ekel erinnern, den meine Mutter immer zeigte, wenn sie mich anfaßte. Diese Gefühle habe ich auch, was den Sex betrifft. Ich möchte so gern andere Gefühle haben, aber ich weiß nicht, wie.«

Noras Geschichte ist bis zu einem gewissen Grad die Geschichte von uns allen. Bis zu einem gewissen Grad hat man uns alle enttäuscht, frustriert und zurückgewiesen. Wir wurden weniger geliebt, als wir uns wünschten, hatten Angst, verlassen zu werden, wenn wir einmal nicht vollkommen waren, und fürchteten, für unsere unvermeidlichen Fehler bestraft zu werden. Der Mythos vom Sündenfall ist von allgemeinmenschlicher Bedeutung. Wir alle sind Adam und Eva, wurden vertrieben aus dem Garten Eden des Glücks. Nur in den Einzelheiten und der Strenge der Schmerzen unterscheiden wir uns. Manche Kinder werden tatsächlich geschlagen; andere werden »nur« der Grausamkeit unterworfen, Tausende von nicht einzuhaltenden Maßregeln zu erfüllen. Schmerz, Enttäuschung, Verlust sind die Themen im ersten Kapitel unserer Lebensgeschichte – aber auch Lust, Erfüllung, Liebe gehören hierher. (Denn wir können uns nur nach einem Paradies sehnen, das wir hatten und dann verloren. Aber das ist eine andere Geschichte.)

Die automatische Reaktion auf Schmerz ist, sich zurückzuziehen. Ein Hund, den man als Welpen geprügelt hat, nähert sich uns winselnd und rechnet immer noch damit, daß man ihn mißhandelt. Das ist die Logik des Schmerzes. Unsere Psyche und unser Körper streben danach, die Erinnerung an vergangenes Leid zu verringern und zukünftigen Schmerz zu vermeiden.

Wir versiegeln unsere Enttäuschung und töten unsere Nervenenden ab. Wir betäuben uns, indem wir einen Körperpanzer anlegen. Chronische Spannungen stoppen die Gefühle und desensibilisieren die Muskeln. Wir hören auf, etwas zu erwarten, damit wir nicht enttäuscht werden. Wir hören auf, offen und verletzlich zu sein.

Um unsere Emotionen »aufzutauen« und unseren Körper »abzurüsten«, müssen wir diesen Vorgang umkehren. Kierkegaard bemerkt einmal: »Vernimmt ein Mensch den Gesang der Sirenen und wird davon verzaubert, dann läßt sich dieser Zauber nur brechen, wenn man die Musik rückwärts spielt.« Damit wir unser Selbst neu erlangen, müssen wir eine Archäologie der Gefühle vornehmen, tief unter die starre Fassade graben, bis wir zum lebendigen Zentrum gelangen.

Ganz dicht unter der abgestorbenen, tauben Schicht der Persönlichkeit begegnen wir dem Schmerz, dem wir auszuweichen suchten. Entweder wir beschließen, uns dem Schmerz zu stellen, oder aber unser Gefühls-Abenteuer wird zu Ende sein.

Die Illusion des modernen Lebens hat größtenteils damit zu tun, was sich als das Pollyanna-Prinzip [nach einem Roman von Eleanor Parker, gest. 1920. Meint jemanden, der von übermäßigem Optimismus und der Neigung, in allem Gutes zu sehen, beseelt ist] bezeichnen ließe – mit der Vorstellung, wir könnten leidvolle Erfahrungen vermeiden: »Akzentuiere das Positive, tilge das Negative, und horche auf keine Zwischentöne.«

Das Leben ist keine Schüssel mit Beruhigungspillen. Im wesentlichen liegt das Geheimnis des Glücks darin, in Würde zu leiden. Einsamkeit, Verlust, Enttäuschung, Versagen, Krankheit sind unvermeidlich. Der Preis, den wir entrichten müssen, wenn wir das Unvermeidbare vermeiden wollen, ist die Illusion oder die Neurose. Selbst wenn man joggt, sich gesund ernährt, sich persönlich weiterentwickelt, meditiert und regelmäßig zur Beichte geht – manchmal erkrankt man eben doch. Daß man hin und wieder Depressionen bekommt, läßt sich auch nicht ändern, wenn man dieses Buch auswendig lernt. Selbst die ausgeklügeltsten Pläne können keine positive Zukunft erzwingen. Nichts, was man tut, kann den Tod eines geliebten Menschen verhindern. Es gibt keine absolute Sicherheit. Die Angst vor dem Verlassenwerden und dem Tod sind im menschlichen Erbgut angelegt. Sie sind die siamesischen Zwillinge des Willens zum Leben. Geben Sie also nicht Ihren Eltern zu viel schuld. Es ist ganz natürlich, am Rande des Bewußtseins den Schrecken zu spüren.

Stellen Sie sich dem Negativen. Ihre Eltern haben Sie nie so geliebt und werden Sie nie so sehr lieben, wie Sie es sich erhofften. Die Regierung wird sich auch nicht um Sie kümmern. Niemand hat größeres Interesse an Ihnen als Sie selbst. Sie werden es nicht schaffen, beruflich ganz nach oben zu kommen. Sollte es Ihnen doch gelingen, wird es längst nicht so befriedigend sein, wie Sie es sich vorgestellt hatten. Womit wir uns nicht abfinden wollen, das ist uns bereits zugestoßen: Man hat uns verlassen, wir werden leiden, und wir werden sterben.

Jede Psychologie wie auch jede Philosophie, die nicht von diesen unangenehmen Tatsachen ausgeht, ist eine Illusion. Wer trotzdem sucht, will sein Glück finden, er ist menschlich und begrenzt, aber ein wirklicher Mensch. Camus sagt, wir können erst dann ein

Handbuch des Glücks schreiben, nachdem wir uns dem Absurden gestellt haben. Das Leiden läßt sich transzendieren, aber nicht ignorieren. Nimmt man das unvermeidliche Leiden und den Teil der Kräfte an, die man in das Vermeiden, Verleugnen, Verdrängen investiert, wird das »Negative« befreit und verfügbar. Überraschenderweise befreit uns vor allem die innere Zustimmung, Leid zu empfinden, so daß wir auch Freude fühlen können.

Daß man abstrakt über die Fährnisse des menschlichen Glücks Bescheid weiß, ist dabei von geringem Nutzen. Denn wir leiden als mitfühlende Individuen und nicht als abstrakter Geist. Will man sich dem Schmerz stellen, muß man sich detailliert erinnern, die eigene Lebensgeschichte der Niedertracht und des Verrats wiederfinden, die Vergangenheit aufschließen und die Erinnerungen, die man lieber vergessen würde, aufs neue erleben. Eine Psychotherapie kann dabei helfen, aber sie ist nicht so notwendig wie die Bereitschaft, wieder etwas fühlen zu lernen. Zum Glück durchströmen die heilenden Säfte der Psyche alle unsere Fähigkeiten – das Erinnerungsvermögen, die Einbildungskraft, das Fühlen, Denken und die Intuition. Sobald die Absicht, die eigene Wiederauferstehung zu erleben, feststeht, werden Sie vorher unbekannte Verbündete finden, die Ihnen zur Hilfe eilen.

Das Geheimnis des Schmerzes lautet: Man muß sich ihm stellen. Davor wegzulaufen erhöht nur seine Macht. Manche Ärzte behaupten, bis zu 80 Prozent des erlebten Schmerzes entspringe dem Widerstand gegen die 20 Prozent des »wirklichen« Schmerzes. Das Pollyanna-Prinzip hat uns überzeugt, daß wir nicht leiden sollen. Tun wir dies trotzdem, bekommen wir Schuld- und Schamgefühle. Der Schmerz wird verleumdet, betäubt und aus der vornehmen Gesellschaft verbannt. Wir errichten Fassaden, leugnen das ganz normale Leid und Schicksalsschläge und bekommen es mit der unmenschlichsten Form von Schmerz zu tun – dem betäubtem Selbst. Ehe Sie Befreiung vom Schmerz suchen (nebenbei: Opiate sind ein Geschenk Gottes), sollten Sie ruhig in seiner Gegenwart wandeln. Sie werden sich allein fühlen. Atmen Sie den Schmerz ein, entspannen Sie sich, und geben Sie sich ihm hin. Lauschen Sie, um zu erkennen, ob er eine Botschaft birgt.

Unter der Oberfläche eines bestimmten Schmerzes lauert oftmals Zorn. Solange man sich die alten Verletzungen nicht in Erinnerung ruft und Vergebung übt, empfindet man nagenden Groll und unterdrückte Wut gegen diejenigen, die ihn verursacht haben. Da wir uns aber an den Schmerz nicht zu erinnern wagen, können wir sie nicht wirklich beschuldigen, sie hätten uns verletzt. Wir halten sie allerdings nicht für unschuldig. Wir strafen sie insgeheim, durch Rückzug und Zurücknahme, indem wir nachtragend sind und ihnen nie sagen, daß sie schuld haben. Oder wir wenden den verdrängten Zorn gegen uns selbst, bestrafen uns mit Schuldgefühlen, Krankheiten oder Fehlschlägen. Oder wir verschieben den Zorn und projizieren ihn auf irgendeinen wehrlosen Sündenbock – den Partner, die Kinder oder die vorgeblichen Feinde unseres Gemeinwesens. Erstarrter Zorn ist wie ein Schwarzes Loch im All eine Art Abfluß, in dem alle Gefühle versickern. Der feindseligste Akt überhaupt ist, jedes Gefühl – ob es nun positiv oder negativ ist – hinsichtlich eines Menschen von sich zu weisen. Groll ist die Weigerung, eine andere Person entweder mit Zorn oder mit Mitgefühl zu konfrontieren.

Es ist nicht leicht, seiner Wut direkt Ausdruck zu geben, denn als Kind standen wir alle vor einem entsetzlichen Dilemma: Wenn uns die Eltern oder Erziehungspersonen kränkten oder enttäuschten, haßten wir jene, die wir liebten, und einen Augenblick lang wünschten wir sie in Grund und Boden. Aber wenn der glühende Zorn diese Menschen zerstörte, wer würde sich dann unserer annehmen? Uns allen wird schon früh im Leben die irrige Annahme zugemutet, man könne die, die wir lieben, nicht hassen. Tatsächlich enthält alle Liebe eine tiefe Ambivalenz. Liebe und Haß sind für immer im Tanz der Intimität miteinander verbunden. Gerade die von uns geliebten Menschen verwunden uns am tiefsten. Doch das Wissen um die Extreme von Liebe und Haß erscheint uns zu traumatisch. Deshalb dämpfen wir unsere Leidenschaften und leben im gleichförmigen Klima unserer moderaten Gefühle.

Wenn wir uns unsere Hoffnungen und Enttäuschungen in Erinnerung rufen und uns an die Liebe und den Zorn in der Kindheit erinnern, steigt Wut in uns auf. Wenn das unterdrückte Individuum oder eine Gruppe Geschmack an der Freiheit findet, geht diese Wut auf fast alle anderen über. Der Damm bricht, und der Fluß schäumt, Schlamm schwappt über die Ufer und verschmutzt alles in der Nähe. Die noch kaum befreiten Gefühle schlagen nach jedem, der Erinnerungen an ihre Unterdrücker weckt.

Es erfordert viel Übung, bis man die angemessenen Ziele des eigenen Zorn richtig erkannt hat. Doch mit der Zeit fließt der Strom des Zorns wieder, befreit von allen Hindernissen. Groll verwandelt sich in Stärke, Rebellion und schließlich in Aggressivität im Dienst der selbstgesteckten Ziele.

Ein Freund, ein 42jähriger Arzt, erläuterte mir kürzlich die Alchemie des Zorns: »Vor einigen Jahren begann ich eine Therapie, weil es in meiner Ehe Schwierigkeiten gab. Ständig hatte ich Krach mit meiner Frau. Bald fand ich heraus, daß viele meiner Gefühle in Wirklichkeit Überreste aus der Beziehung zu meiner Mutter waren. Ich empfand nicht viel für meine Mutter, schämte mich aber für dieses Eingeständnis. Sie lebte noch, ich traf mich aber kaum mit ihr, und ich dachte auch nie an sie. Null. Nichts war zwischen uns. Dann kamen mir allmählich Erinnerungen an meine Kindheit, und verdammt, alles kam heraus.

Ich weiß noch, wie sie versuchte, mich in einen kleinen Herrn zu verwandeln, und mich jedesmal bestrafte, wenn ich mich schmutzig gemacht hatte. Einmal schlug sie mich, weil ich eine Fliege, die auf dem Küchentisch herumlief, zerdrückt hatte. Je mehr Erinnerungen kamen, desto wütender wurde ich – auf meine Mutter und alle Frauen, die versucht hatten, mich zu beherrschen. Wenn eine Frau eine Bemerkung machte, die mir auch nur entfernt wie eine Herabsetzung vorkam, habe ich sie wüst beschimpft. Es dauerte drei Jahre (in dieser Zeit lagen eine Scheidung und achtzehn von Haßliebe gekennzeichnete Affären), bis meine Wut endlich nachließ. Noch heute spüre ich Zorn, wenn mich jemand geringschätzig behandelt oder zu kontrollieren versucht. Und Mutter? Allmählich erinnere ich mich daran, daß es auch viel Schönes zwischen uns gab. Sie konnte sehr zärtlich sein, trotz aller Strenge, was die Reinlichkeitserziehung betraf.«

Wenn wir den Zorn schließlich als gelegentlichen Besucher willkommen heißen und die Verbindung von Liebe und Haß in intimen Beziehungen akzeptieren, beginnt die wahrhafte Alchemie der Emotionen. Die

Kraft des Zorns – die Krieger-Energie – läßt sich dann kreativ nutzen, um die Abwehrmechanismen (die Fassaden und Masken der Persönlichkeit, das Gefängnis von Schuld und Scham) zu zerstören, die unsere von Zwiespalt beherrschten Seelen gefangenhalten.

Nur Sie selbst können den Entschluß fassen, Ihren Zorn aus einer reaktiven in eine kreative Kraft umzuwandeln und die Strukturen in Ihnen und in der Gesellschaft zu ändern, die Sie seelisch verkrüppeln und einsperren. Wenn andere Menschen Ihre Abwehrwälle zu schleifen versuchen, werden Sie unbewußt Widerstand leisten. Wenden Sie Ihren Zorn gegen Ihre Resignation und Ihren Groll. Mit Hilfe der Aggressivität kann man sich von der Last der Wahnvorstellungen und den ständigen Kriegsvorbereitungen befreien. Unter der Ebene des Zorns stoßen wir auf seelisches Leid, Trauer und Tränen.

»Großer seelischer Kummer«, schreibt Alberta Szalita im *American Handbook of Psychiatry*,

> spielt möglicherweise in der Psychopathologie eine ebenso wichtige Rolle wie eine entzündliche Reaktion in der organischen Medizin. Die Unfähigkeit, nach einem Verlust zu trauern, ruft eine Reihe von pathologischen Erscheinungen hervor ... chronische reaktive Depressionen, erregte Depressionen ... emotionale Empfindungslosigkeit, hartnäckige Melancholie ... Süchte, Hypochondrien. Nur selten, wenn überhaupt, erwähnen die Patienten als besonders bedrängendes Problem die Schwierigkeit zu trauern. Meist klagen die Hinterbliebenen über andere Schwierigkeiten, etwa die Unfähigkeit, sich auf die Arbeit zu konzentrieren, Depressionen, Desinteresse am Leben, Angstzustände, Selbst-

mordgedanken und dergleichen. Es gibt kaum eine psychiatrische Erkrankung, hinter der sich keine aufgeschobene, nicht beendete oder abwesende Trauer verbirgt.

Die Fähigkeit, zu leiden und zu trauern, ist für den Menschen von größter Wichtigkeit. Nur so können wir uns lebendig fühlen. Das Leben wird unablässig verloren und wiedergefunden. Leben und Sterben sind zwei Begriffe für ein und denselben Prozeß. Die leichte Erregung, die ich spüre, wenn ich diesen Satz tippe, geht einher mit chemischen Veränderungen im Leib-Seele-Zusammenhang, in dem die Zellen gleichzeitig wachsen und sterben. Der Atem ist der Tanz der Inspiration und der Expiration. Alles, was lebt, vergeht. *Wandel, Energie, Prozeß, Wachstum,* die Begriffe unserer Sprache, die am stärksten die »Dynamik« zum Ausdruck bringen, in dem das Leben vorwärts drängt, tragen alle in sich die Nebenbedeutung von Tod.

Dennoch klammern wir uns an das Leben. Wir fürchten den Tod und wehren ihn zugleich ab. Wir klammern uns an unsere Jugend, unsere Kinder, unsere Ideen, unser Eigentum und unsere Träume. Wir verharren im Zustand der Verliebtheit mit dem Gestern, um das endgültige Morgen zu vermeiden. Das Ich, der Teil der Psyche, der Zuflucht im Gestern sucht, glaubt, daß es nur eine gute Nachricht gibt: überhaupt keine Nachricht. Die guten oder schlechten alten Zeiten erscheinen deshalb in einem so günstigen Licht, weil sie in der Vergangenheit liegen – in einem Damals –, in der kein Tod existiert.

Bereits Freud erkannte die Weigerung zu trauern als den Ursprung der Depression. Da die Trauer über den Verlust nie anerkannt und durch Tränen gereinigt wurde, bleibt sie eine todgeweihte, aber stille Anwesenheit – eine Art »wandernder Jude«, vertrieben aus den Gängen des Selbst. Der depressive Mensch kann die todbringenden Gefühle und Bilder nicht loswerden, weil er die Realität von Verlust und Tod leugnet.

Die Melancholie, die häufig mit chronischer Langeweile gleichgesetzt wird, charakterisiert Szalita als »die Verstopfung der Trauer«. So wie der schwer Depressive ist auch der Melancholiker im ewigen Kreislauf hilfloser Klagen gefangen. »Kummer, Weinen und Klagen« (Szalita) hindern ihn daran, sich Rechenschaft über die aktuelle Lage abzulegen und etwas dagegen zu unternehmen.

Es gibt keinen Zaubertrick, mit dem sich die Tore der Trauer öffnen ließen. Geben Sie auf. Geben Sie sich hin. Machen Sie die Augen auf. Akzeptieren Sie den engen Zusammenhang von Leben und Sterben. Erinnern Sie sich. Lernen Sie die Trauer schätzen, das Vergehen der Jugend, den Verfall des Körpers, den Tod der geliebten Menschen. Nehmen Sie das eigene Ende vorweg, und beweinen Sie es. Im frühen Buddhismus riet man den Menschen, die nach Erleuchtung strebten, auf einem Friedhof zu meditieren. Christliche Mystiker hatten häufig einen menschlichen Totenschädel auf dem Gebetspult, der sie an die eigene Sterblichkeit erinnerte. So merkwürdig diese Praktiken uns auch erscheinen mögen, es spricht aus ihnen doch keine Todessehnsucht. Es sind vielmehr wirkungsvolle Rituale, um den Meditierenden davon abzuhalten, Illusionen zu verfallen, die entstehen, wenn man sich weigert, die eigene Sterblichkeit anzuerkennen.

Auf New Guinea gibt es einen Volksstamm, bei dessen Pubertätsriten die jungen Männer ein Gift schlucken müssen. Dieses besondere Gift wird in der

Speiseröhre, aber nicht im Magen resorbiert. Wenn der Initiierte es mutig hinunterschluckt, rutscht es sofort in den Magen; in diesem Fall ist er gerettet und erhält den vollen Erwachsenenstatus zuerkannt. Doch wenn er zögert und sich gegen den nahenden Tod wehrt und verkrampft, verengt sich die Kehle, und er stirbt.

Diese künstlich herbeigeführte Parabel über das menschliche Leben vollzieht sich in unser aller Leben. Wenn wir zögern, die bitteren Verluste, die sich unweigerlich im Laufe der Zeit einstellen, anzunehmen, können wir nie ganz und gar Mensch werden. Depressionen, Langeweile, Neurosen, Melancholie – alle diese Erscheinungen bringen in unterschiedlichem Ausmaß die Weigerung zum Ausdruck, Verluste zu akzeptieren, zu trauern und von neuem zu beginnen. Die traurig-freudige Weisheit wahrhafter seelischer Reife beginnt damit, daß wir das Inakzeptable und Unvermeidbare unseres Todes hinnehmen. Wenige Werke des 20. Jahrhunderts haben diese paradoxe Vereinigung von Hingabe und Befreiung besser zum Ausdruck gebracht als Norman O. Browns *Love's Body*:

> Die Leere gelten lassen; den Verlust für alle Zeiten akzeptieren …
> Die eigene Seele verlieren. »Wenn das Ich gebrochen ist, dann ist Satori nicht der endgültige Sieg, sondern die endgültige Niederlage, das Werden wie nichts.« …
> Was der Wiedergeburt im Wege steht, ist unser Horror vor der Leere …
> Schöpfung geschieht in dem oder aus dem Leeren; *ex nihilo* … »Wenn dieses Gefühl der Leere, dieses Gefühl, daß etwas ›formlos und leer‹ ist, bewußt akzeptiert und nicht zurückgewiesen wird, dann

kann es einen Reichtum und eine Fülle der Wahrnehmung zur Folge haben, ein Gefühl erzeugen, als sei die Welt wiedergeboren.«

Wenn ich die wichtigste Einsicht wählen müßte, in der die meisten religiösen, philosophischen und psychologischen Therapien übereinstimmen, in denen es um Befreiung und Lebensweisheit geht, würde ich mich für die folgende entscheiden: Das Beste im Leben beginnt, nachdem man das Schlimmste im Leben akzeptiert hat. Das Glück kommt unverhofft zu uns, nachdem man erkannt hat, daß der Mensch im ewig verwesenden Humus wurzelt. »Selig sind, die da Leid tragen, denn sie sollen getröstet werden.«

Worin besteht nun diese Alchemie der Gefühle? Aufgrund welcher Chemie der Psyche verwandelt sich Trauer in Freude?

Tränen sind die Lösungsmittel unserer neurotischen Abwehrmechanismen gegen das Leben. Weinen Sie um die Liebe, die Sie sich ersehnten und nicht bekamen. Verspüren Sie die Traurigkeit all dessen, was hätte sein können, aber nicht geschah. Erleben Sie die zutiefst tragischen Beschränkungen und Widersprüche Ihres Lebens – und im Nu wird der Zauber wirken. Leise und still beginnen die drei großen Heiler ihre Arbeit: Einfühlungsvermögen, Mitleid und Mitgefühl. Je tiefer die Gefühle, die Sie für sich selbst hegen, desto tiefer können Sie ins Leben Ihrer Mitmenschen eindringen. »Ja, jetzt sehe ich: Du bist wie ich.« Auch du hast Wunden davongetragen. Auch du bist erfüllt von Einsamkeit und Sehnsucht. Auch du bist strahlend und ängstlich, stark und schwach. An manchen Tagen im Frühling meinst du, unsterblich zu sein, und an düsteren Tagen voller Erbitterung bist du verzweifelt.

Kürzlich erzählte mir ein Freund: »Ich habe meinen Vater erst verstanden, als ich selber Vater wurde. Inzwischen weiß ich, wie schwierig Kindererziehung ist. Auch ich liebe meinen Sohn, und trotzdem verbiete ich ihm etwas oder stoße ihn zurück, weil ich abgespannt bin oder bis zum Hals in Arbeit stecke. Ich habe meinem Vater verziehen, daß er mich ›vernachlässigt‹ hat, und bin nicht mehr zornig. Heute stehe ich ihm sehr nah. Wenn ich jetzt meinen Sohn ansehe und die Liebe und die Hoffnungen spüre, die ich für ihn habe, fühle ich mich mit allen Vätern der Welt verbunden. Mir wird speiübel, wenn ich etwas über vietnamesische Eltern lese, deren Kinder im Krieg ums Leben kamen. Ich spüre die Einsamkeit und Angst dieser Eltern geradezu körperlich.«

Einfühlungsvermögen, Mitleid und Mitgefühl vollbringen die ihnen eigene Alchemie, weil sie uns aus unserer Selbst-Abgeschlossenheit und unserem Narzißmus hinausführen und unser Gleich-sein mit anderen Menschen begründen. Von der Isolation zur seelischen und geistigen Kommunion. Szalita schreibt hierzu: »Leiden, das mit Einsicht und der schrittweisen Befreiung von der narzißtischen Selbstbezüglichkeit einhergeht, führt zur Empathie, die wiederum zur Auflösung des Kummers beiträgt. Dadurch entstehen eine mitfühlende Einstellung zu anderen Menschen und eine neue Bindung ans Leben.« Die Worte selbst enthüllen das Geheimnis. Einfühlungsvermögen (Empathie) bedeutet die imaginäre Projektion des Selbst in einen anderen Menschen. Mitleid ist der noch tieferreichende Zustand, Gefühle, Emotionen und Erfahrungen mit anderen zu teilen. Um die psychische Umwälzung zu würdigen, die in dem Augenblick einsetzt, da wir die erste Regung des Mitleids für einen anderen Menschen empfinden, müssen wir uns nur an das Bild der gelangweilten Person erinnern, die in der Einzelzelle ihres selbsterzeugten Gefängnisses kauert. Mitleid ist der Ausbruch, die Befreiung, die Rückkehr in die Welt. Mitgefühl ist das Mitfühlen mit einem anderen, ist Liebe. Die Flucht vor der Langeweile und die Wiedererlangung der Leidenschaft beginnen mit dem Mit-leiden.

Ich spüre mich – ich spüre dich – ich spüre uns. Daraus erwächst die Verpflichtung, sich wieder mit dem Leben zu verbinden.

Mitgefühl bedeutet den Anfang vom Ende der Langeweile, denn es beendet unsere Isolierung. Saul Bellow schreibt in seinem Roman *Humboldts Vermächtnis*:

> Für mich ist das selbstbewußte Ich der Sitz der Langeweile … das einzelne Ich, das unabhängig bewußt ist, stolz auf sein Losgelöstsein und seine absolute Unverletzlichkeit, seine Stabilität und Kraft, von allem, was es auch sei – von den Leiden der anderen oder von der Gesellschaft oder von der Politik oder von äußerem Chaos. In gewisser Weise ist ihm das schnurzegal … der Fluch des Sich-nicht-Kümmerns liegt auf diesem schmerzlich freien Bewußtsein. Es ist frei davon, einem Glauben und anderen Seelen anzuhängen.

Die Alternative zum Mitgefühl kommt unmißverständlich in einem Zeitschriften-Interview mit dem Rockstar Gene Simmons zum Ausdruck.

> »Wenn ich lese, irgendwo verhungern Menschen, dann empfinde ich gar nichts«, erklärte der Bassist

der Rockgruppe *Kiss* Gene Simmons und zuckt die Achseln. »Möglicherweise ist das ein menschliches Versagen meinerseits«, gesteht er. »Ich bin wohl ein ziemlich oberflächlicher Mensch, aber ich interessiere mich nun mal für oberflächliche Dinge. Ich suche keinen Sinn im Leben.« Wonach er denn suche? »Nach etwas ganz Einfachem: Ich mag – also, es ist weder pflanzlich noch mineralisch, und es ist kleiner als ein Brotkasten.« Er fährt fort: »Ich habe mir nie wirklich etwas aus Freundinnen gemacht. Cher war meine erste echte Freundin. Aber eines hat mich immer gestört: Hat man eine Freundin, soll man nur mit ihr zusammen sein.« Ist das alles? Nein, denn Simmons hält sich und seine Band-Mitglieder »für die kommenden Helden Amerikas«.

Da uns Gefühle öffnen, können wir in Beziehung zur Welt der anderen treten. Wir wehren uns nicht, ein gemeinsames Leben zu führen – in guten wie in schlechten Tagen. Es gibt keine Garantie, daß man sich nach dieser Entscheidung besser fühlen wird, sondern nur, daß man *mehr* fühlt – mehr von allem. Mehr tiefe Verzweiflung, mehr Hoffnung, mehr Kampf, mehr Zufriedenheit, mehr Schwäche, mehr Kraft. Freud sagt, eine Psychoanalyse könne bestenfalls dazu beitragen, neurotisches Leid und Befriedigung durch reales Leid und Befriedigung zu ersetzen.

Wenn Ihre Gefühle »auftauen« und anfangen zu fließen, können Sie an jedem beliebigen Tage die gesamte Bandbreite Ihrer Emotionen spüren: zwanzig Minuten Langeweile, fünf Minuten blanke Angst, acht Minuten lodernder Zorn, vierzig Minuten Traurigkeit, zwei Stunden Kampf und Anstrengung, vier Stunden befriedigende Arbeit, in der man sich selbst vergißt, drei Stunden tiefer innerer Zufriedenheit, zweiundzwanzig Minuten des Staunens, eine Stunde des Mitgefühls, sechs Minuten der Freude usw.

Wenn wir die Langeweile hinter uns lassen und nicht mehr am Rande des Nacht-Landes eingesperrt sind, stellen sich unbeschwerte Gefühle häufiger und mit größerer Intensität ein. Die erfüllte Zufriedenheit, der Stolz auf eine Leistung, die Qualen der Fürsorge für andere, das Staunen über freudige Erlebnisse vertiefen sich und stellen sich immer öfter ein, wenn wir riskieren, einen Schritt weiter in die Welt der Entscheidungen und zielgerichteten Handlungen zu gehen. Haben wir unsere Phantasie und unsere Gefühle befreit, tritt an die Stelle des nach außen gerichteten Aspekts des Abenteuers der Aspekt, der sich nach innen richtet.

13. Kapitel

Mut zum Risiko

Ein Wagnis pro Tag hält die Langeweile fern.
Sandor McNab.

Zunächst bemerken Sie, daß Ihr Leben an den Rändern öde wird. Alles ist langweilig. Sie sind zwar nicht verzweifelt, aber die ewige Routine wirkt doch zermürbend. Derselbe Job, dieselbe Wohnung, dieselben Freunde, dieselbe Ehe, dieselbe Einsamkeit, dieselben Enttäuschungen und Frustrationen. Etwas muß geschehen. Ändere dich. Höchste Zeit, etwas zu riskieren. Andernfalls versinkst du in Langeweile.

Rollo May sagte mir einmal: »Langeweile zeugt davon, daß man das Abenteuer, das Wagnis, die Herausforderung, die die positive Seite der Angst bilden, verleugnet.«

Wenn man über Risiken nachdenkt, könnte man die Adrenalinstöße, die den Körper durchströmen, mit einem doppelten Whisky mit Soda vergleichen – auch ein Gemisch aus Angst und Erregung kann einen trunken machen.

Aber welche Risiken soll man eingehen? Soll man heiraten, sich scheiden lassen, ein Kind bekommen, eine neue Stelle annehmen, seinen alten Arbeitsplatz aufgeben, Aktien kaufen, alles Geld für den Urlaub ausgeben, dem Liebhaber / der Geliebten den Laufpaß geben, mit Bergsteigen anfangen, eine Psychotherapie beginnen, sich auf eine Affäre einlassen, wieder zur Schule gehen? Wie kann man den Unterschied zwischen Abenteuerlust und Tollkühnheit erkennen?

Mut zum Risiko zu zeigen ist gefährlich: Man kann scheitern oder einen Fehler begehen. Eines Tages – man sitzt in der ratternden U-Bahn – geht einem auf, daß man eigentlich da hingehört, wo das Wasser klar ist und die Luft sauber. Man gibt seinen Arbeitsplatz auf und zieht um – nur um festzustellen, daß das Leben auf dem Lande sehr entbehrungsreich ist und karg wie Kansas im August. Oder es stellt sich vielleicht heraus, daß die Ziegenzucht einen mit geradezu dionysischer Freude erfüllt.

Ein leichtfertig eingegangenes Risiko kann uns einen Teil des Lebens oder das ganze Leben kosten. Es ist gar nicht lange her, da schulterte ein Freund, der Vorsicht mit Ängstlichkeit verwechselte, seine Preßluftflasche; er wollte seinen »Jungferntauchversuch im Meer« unternehmen. »Es ist unklug, allein zu tauchen«, ermahnte man ihn. »Ich riskier's«, erwiderte er. Man fand nicht einmal seine Leiche. Ein leichtsinnig eingegangenes Risiko. Der Freund fehlt mir sehr.

Vor einigen Jahren schlenderte ich mit Gabriel Marcel, dem französischen Existenzphilosophen, eine stark befahrene Straße entlang. Ich wich dem Verkehr aus wie ein Matador, wobei schnittige Sportwagen meinen Hacken hinterherjagten. Meine Frau, die diese Art, eine Straße zu überqueren, gar nicht begeisternd fand, sagte, halb entschuldigend: »Man muß auch mal etwas riskieren«. »Stimmt«, erwiderte Marcel, »aber nur etwas wirklich Interessantes.«

Wie eine Banderilla hat sich mir dieser Satz ins Gedächtnis gebohrt. Worin besteht aber der Unterschied zwischen interessanten und uninteressanten Risiken? Zwischen einem risikoreichen Verhalten aus Verzweiflung und einer Tat, die Rettung verheißt?

Der Reiz der Gefahr

Wenn wir erwägen, ein Risiko einzugehen, kommt uns ganz natürlich in den Sinn, es müsse sich um etwas Gefährliches handeln. Vielleicht muß man, damit man aus einem Stimmungstief herauskommt, Drachenfliegen oder über einer Schlucht an der Nordwand des Mount Everest baumeln? Worin besteht nun der Reiz der reinen Gefahr – der Abenteuer, bei denen man Kopf und Kragen riskiert?

China Galland, eine der Leiterinnen von *Women in the Wilderness*, einer Organisation, die Expeditionen für Frauen durchführt, erklärte mir kürzlich, warum in jüngster Zeit so viele Frauen immer mehr Gefallen an Gefahrensituationen finden. »Früher hat man den Frauen beigebracht, Gefahren aus dem Wege zu gehen. Männer konnten und sollten große Abenteuer erleben. Die Frauen hingegen sollten sich beim ersten Anzeichen einer Gefahr zurückziehen. Das hat uns ängstlich gemacht und uns des Gefühls der Erregung beraubt, das die Kehrseite der Furcht bildet. In einer physischen Gefahrensituation lernt man, man kann mehr unternehmen, als man dachte. Das stärkt das Vertrauen in sich selbst.«

Wenn man sich einer Gefahr stellt, so befindet man sich gleichsam in einem Labor, in dem sich die Kunst, etwas zu riskieren, erlernen läßt.

Gefahr ist ein Aphrodisiakum, das uns erregt. Stierkämpfer und Autorennfahrer wissen, daß man bei der

Aussicht auf Blutvergießen am Nachmittag die mittäglichen Freuden noch intensiver erlebt. Ein Flirt mit dem Tod ist kaum zu unterscheiden vom Schwindel der Liebe. Unser bestgehütetes Geheimnis lautet: Wir fürchten den Zustand der Auslöschung und sehnen ihn zugleich herbei. Warum auch nicht? Der Orgasmus ist, so D. H. Lawrence, »ein sanftes Handausstrecken nach dem Tod«.

In der Liebe und in anderen Wagnissen verlieren wir uns eine Zeitlang. Unsere Grenzen sind wie weggeschwemmt, und wir befreien uns von der Bürde der Befangenheit. Ist man in eine Stromschnelle geraten, bleibt uns – Gott sei Dank! – keine Zeit zum Nachdenken. Das Animalische in uns übernimmt die Führung, und spontan tun wir, was getan werden muß. Im Augenblick des Schwindels wissen wir im Bruchteil einer Sekunde, wie stark und zugleich schwach wir sind. Wir berühren den Rand, wo Leben und Tod sich verbinden. Nach einem kurzen ekstatischen Zucken ziehen wir uns zurück – und gelangen abermals in die sicheren Grenzen unseres Ichs. Der Schatten des Todes ist die dunkle Spitze, aus der die Liebe zur Gefahr erwächst.

Wagnisse machen uns wieder jung. Wir lieben sie, weil sie uns verheißen, alles Alte und Erschöpfte in uns wegzufegen, uns von der Langeweile zu reinigen und uns zu taufen, so daß wir in eine neue Realität eintreten. Gleich einer psychedelischen Droge öffnen sie die Pforten der Wahrnehmung und geben uns die ursprüngliche Reinheit der Sinne zurück.

Sandra McMurray, eine begeisterte Felskletterin, erzählte mir vor einiger Zeit von einem Zwischenfall, bei dem sie beinahe ums Leben gekommen wäre: »Fünf Stunden lang war ich im Fels. Um drei Uhr nachmittags hatte ich eine Stelle erreicht, von der ich weder weiter nach oben noch nach unten klettern konnte. Ich saß in der Klemme. Ich packte, was ich für eine feste Felskante hielt, und ein großer Felsbrocken, der wohl 20 Kilo wog, fiel auf mich herab – fast wie in Zeitlupe. Ich wich aus, und der Felsbrocken verfehlte mich. Dann aber wurde mir klar, ich war in Schwierigkeiten, und panische Angst überkam mich. Ich begann am ganzen Leibe zu zittern. Allein durch Willenskraft brachte ich mich dazu, tief ein- und auszuatmen und mich zu beruhigen. Nach ein paar Minuten blickte ich mich um, da sah ich eine Route, die mir vorher noch nicht aufgefallen war. Vorsichtig arbeitete ich mich bis zum Bergkamm vor. Als ich mich auf ebenes Gelände zog, stieß ich einen Freudenschrei aus. Ich stand auf und begann zu laufen. Das Dornengestrüpp zerkratzte meine Beine, aber ich empfand nichts anderes als die ekstatische Freude, gerettet zu sein. Der Schmerz war köstlich ... Mehrere Tage nach diesem Erlebnis kam mir alles wie psychedelisch vor. Blumen sprangen aus dem Hintergrund meines Blickfeldes hervor. Der Gesang der Vögel schien mich zu berühren und mich ganz zu umhüllen. Ich sah jede Einzelheit ringsum. Und mit jemandem zu schlafen war ein geradezu atemberaubendes Erlebnis.«

Oder hören wir, wie China Galland das Erlebnis beschreibt, als sie bei Lava Falls, den schnellsten befahrbaren Stromschnellen der Welt, aus dem Boot stürzt: »Wir steuerten in die Strömung, paddelten rückwärts, um die Position zu halten, dann stürzte das Boot über die Fälle hinweg. Plötzlich riß es mich über Bord. Panische Angst überkam mich, aber mir war klar, daß ich damit bloß kostbare Zeit vergeudete. Ich mußte nur ganz ruhig atmen und versuchen, mich trotz der starken Strudel zu entspannen. Nicht mehr und nicht weniger. Die Zeit dehnt sich, wie ein Luftballon, füllt sich und schwillt an. Sekunden werden zu Minuten, man sieht nur noch graues, donnerndes Wasser, hört nur noch Rauschen, vernimmt die eigenen Gedanken. Ich blicke nach hinten und sehe eine Riesenwelle, die über mich hinwegschwappt. Ich hole Luft und gebe mich den Kräften des Flusses hin, der nun außer Rand und Band ist – eine regelrechte Explosion von Wasser. Acht Meter über mir brechen sich die Wellen und stürzen krachend auf mich nieder, ziehen mich in den Strudel hinab und wirbeln mich herum, bis ich auf einmal wie ein Kieselstein an die Oberfläche hochgeschleudert werde.

Die Stromschnellen liegen hinter mir. Das Ganze hat sich in 45 Sekunden abgespielt ... In diesem Augenblick fühle ich mich verletzlich und nackt. Ich habe den Eindruck, durchscheinend zu sein, wie ein Kind, unfähig, meine Gefühle zu verbergen. Das Herz vibriert, sendet Schwingungen durch den ganzen Körper. Ich bin gerettet, lebe, Freunde sind da, die mich halten, lachen. Ich schüttele den Kopf, als wachte ich aus einem Traum auf, und stoße einen Freudenschrei aus! Wie gut es sich anfühlt, am Leben zu sein!«

Jim Peterson, Berater des *Playboy* und Motorradrennfahrer, legt beredt Zeugnis ab von den erotischen Eigenschaften der Gefahr. »Adrenalin ist der Liebestrank Gottes. Im Rennen lernt man, auf seinen Adrenalinspiegel zu achten und sich darauf zu verlassen. Allmählich verwandelt man das Risiko in innere Ruhe. Je schneller man fährt, desto mehr verlangsamt sich alles. Hat man einen Tag auf einer Rennstrecke trainiert, kennt man jede Bodenwelle, jede Kurve und jeden Riß in der Fahrbahn. Das geht so weit, daß man ganz gemütlich ein Kaninchen grüßen kann, an dem man mit 180km/h vorbeijagt. Was bei 230km/h zunächst wie ein verschwommenes Bild wirkt, entwikkelt sich zu einer Reihe von vertrauten Details. Man erlangt eine zweite Klarheit. Das Wagnis, das man eingegangen ist, wird zum beherrschbaren, statt zum unkalkulierbaren Risiko.«

Die Gefahr bewirkt, daß wir zum Leben erweckt werden. Zwischen Leben und Tod begegnen wir unserer Freiheit und unserer Sterblichkeit. Die Erkenntnis, daß es in unser Macht steht, eine Wahl zu treffen, steigt uns zu Kopfe.

Die Gefahr der Gefahr

Aber halten Sie kurz inne, ehe Sie losstürmen und sich in eine höchst gefährliche Situation begeben. Mag sein, daß Sie tatsächlich etwas Wagemutigeres als Laufen ausprobieren sollten. Doch betrachten wir zuvor die Gefahr der Gefahr. Wie stark bereichert und wie stark verarmt sie das Leben? Starke Arzneien sind mit Vorsicht zu genießen. In jüngster Zeit haben Psychologen Untersuchungen über Personen angestellt, die besonders risikoreiche Sportarten betreiben. Diese Studien weisen darauf hin, daß ein ständiger Hunger nach Gefahr möglicherweise genauso gesundheitsschädlich ist wie jede andere Drogensucht.

Wie Ogilvie in seiner Studie[1], in der er 250 wagemutige Menschen interviewte, herausfand, sind jene, die sich nach der Art Erregung sehnen, die nur an der Grenze körperlicher und emotionaler Erschöpfung erlebbar ist, zumeist außergewöhnlich selbstbestimmt, verfügen über den Willen zu dominieren und eine große Abstraktionsfähigkeit, sehen sich selbst als Anführer, können sich durchsetzen, sind entscheidungsfreudig, rebellieren gegen Routine, haben ein niedriges Angstniveau sowie ein hohes Maß an emotionaler Kontrolle. Es sind Einzelgänger.

»Die emotionale Distanz dieser Personen zeigt sich auch in ihrem Widerstreben, anderen emotionale Unterstützung oder Rat zu geben«, schreibt Ogilvie. »Diese Menschen sind bestimmt keine Sozialarbeiter. Am liebsten gehen sie Beziehungen ein, die in der Regel von kurzer Dauer sind und nur eine oberflächliche Bindung beanspruchen; weder suchen noch ermuntern sie tiefe Gefühlsbindungen zu anderen. Typisch ist hier die Selbstcharakterisierung einer Drachenfliegerin: ›Ich bin bestrebt, andere Menschen nicht wirklich nahe an mich heranzulassen. Bei dem Job, den ich habe, und dem Drachenfliegen schließe ich kaum neue Freundschaften.‹«

Wie Ogilvie weiter feststellt, sind wagemutige Menschen »reizsüchtig, d h., sie verspüren in periodischen Schüben den Drang, sich bis an ihre psychischen, emotionalen und geistigen Grenzen vorzuwagen, um dem spannungslosen Zustand zu entfliehen, der das alltägliche Leben begleitet.«

Erstaunlicherweise hat Ogilvie in einer wichtigen Hinsicht die eigene Studie falsch gedeutet. Es ist schwer vorstellbar, daß Personen, die ein hohes Maß an Gefühlskontrolle wahren, Einzelgänger sind und sich emotional von anderen distanzieren, »bis an die absolute Grenze ihrer physischen, *emotionalen* und geistigen Grenzen gehen.« Im Gegenteil: Die Sucht nach Gefahr scheint die Unfähigkeit zu verbergen, Risiken einzugehen, die mit emotionaler Nähe einhergehen, und moralische Risiken auf sich zu nehmen, die mit sozialen Handlungen zusammenhängen. Reizsüchtige werden nach dem eigenen Adrenalin süchtig.

Die Gefahr der Gefahr besteht darin, daß sie uns unempfindlich macht für die Wagnisse und Freuden des alltäglichen Lebens. Gefahr ist wie Pfeffer im Eintopf – zuviel reizt den Gaumen und tötet die Geschmacksnerven. Das gesunde Nervensystem oszilliert stets zwischen Belastung und Entspannung, zwischen Gefahr und Sicherheit. Überreizungen durch Gefahrensituationen, Drogen, übertrieben viel Unterhaltung, Arbeit, Sorgen oder sogar ekstatische Erfahrungen zerstören unsere Gesundheit. Meistens erweitert die Suche nach unablässiger Stimulation unsere physischen, emotionalen und geistigen Grenzen und vertreibt uns aus dem Reich der Empfindung. Selbst das erregendste Einspur-Leben ist monoton, wenn man es mit den acht-Spur-stereophonischen Möglichkeiten der Psyche vergleicht. Es gibt eine wahre Symphonie von Risiken und Wonnen, die man erforschen kann und die feiner sind als die Klänge der Zimbeln und Baßtrommeln der reinen Gefahr. Es sind Wagnisse, die durchaus interessanter sein können als Drachenfliegen oder Fallschirmspringen.

Psychonauten und Kosmonauten Wagnisse der Innen- und der Außenwelt

Die Extrovertierten aller Länder scheinen sich verschworen zu haben, den Begriff des Wagnisses für die von ihnen favorisierten, aber begrenzten Formen eines übermäßig männlichen Macho-Aktivismus zu besetzen. Das männliche Ich kann häufig erst dann an die eigene Stärke glauben, wenn es etwas »macht« – vorzugsweise etwas Gefährliches.

Es gibt nicht nur einen Stil, Mut zu zeigen, mehr als einen Typus des Risikos, mehr als eine Form des authentischen Selbst. Zwar könnte man eine detaillierte Typologie aufstellen. Doch wir wollen das Ganze etwas vereinfachen und nur eine Unterteilung in Introvertierte und Extrovertierte vornehmen. Manche Menschen leben im Innen und manche im Außen.

Die Erforscher der Innenwelt – die Psychonauten – befolgen den Rat des Sokrates: »Erkenne dich selbst«. Sie trauen sich, still dazusitzen, eher zu *sein* als etwas zu *tun*. Sie dehnen ihre Gefühle, ihre Einbildungskraft und ihre Bindungen bis an die Grenze des Möglichen. Nur der phantasielose und gefühllose extrovertierte Typus schätzt die Gefahren des Weges nach innen gering. Gerard Manley Hopkins sah das Problem klarer:

> *O der Geist, Geist hat Berge; Klippen des Sturzes*
> *Graß, jach, von keinem erlotet. Sie gering achten*
> *Mag, wer niemals dort hing …*
>
> (Dt. von Ursula Clemen)

Es erfordert gute Nerven und großen Mut, die Fassade der Persona zu durchstoßen, Abwehrmaßnahmen aufzugeben, stereotype Rollen abzulegen, mit kindlichen Gefühlen fertig zu werden und sich der Angst vor dem Verlassenwerden und dem Tod zu stellen. Vielleicht findet sich die höchste und seltenste Form des menschlichen Mutes bei denjenigen, die sich trauen, Illusionen aufzugeben, dem Grauen und dem Wunder menschlichen Daseins ins Auge zu sehen und sich der verletzlichen Kunst zu verschreiben, ein Liebender zu werden.

Dr. Frances Lowery, eine Psychologin, die in Berkeley praktiziert, ist Veteranin im *Peace Corps* und hat als Einzelfahrerin Afghanistan durchquert. Sie schilderte das Gefühl, das man auf der Reise nach innen hat: »Was für den einen ein Wagnis darstellt, ist für einen anderen überhaupt keins. Manchen Menschen fällt es leichter, mit dem Fallschirm aus einem Flugzeug zu springen, als vor einem großen Auditorium eine Rede zu halten. Für mich ist wie für viele Frauen – das größte Wagnis (weil man es sich am stärksten wünscht), Nähe zuzulassen – das Eingehen einer festen Beziehung. Eine Cocktailparty flößt mir mehr Angst ein als eine Fahrt quer durch Afghanistan, weil alle meine Ängste herauskommen, wenn ich mit anderen Menschen zusammen bin. Solange ich für mich bin, kann ich mich meinen Tagträumen hingeben oder mich mit etwas beschäftigen, aber nichts stellt mein Selbstbild in Frage. Bin ich allein, fühle ich mich wohl. Wenn ich mit anderen Menschen zusammen bin, habe ich Angst, nicht das zu bekommen, was ich wirklich haben will – nämlich, daß man mich akzeptiert. Ich fürchte, man könnte mich für unfähig, gewöhnlich und nicht sehr intelligent halten und mich nicht mehr lieben. Diese Ängste kennen wohl viele Frauen. Daher gehen sie die größten Risiken ein, wenn es um zwischenmenschliche Beziehungen geht. Traditionellerweise sollen wir Frauen einen Großteil unseres Selbstvertrauens und unserer Würde in der Privatsphäre finden. Deshalb fragen sich viele von uns: Wenn ich Schwierigkeiten in Beziehungen habe, bin ich dann als Frau überhaupt etwas wert? Viele Frauen gehen heute das Wagnis ein, aktiv zu werden, wenn sie in unser vom Konkurrenzdenken geprägtes Berufsleben eintreten. Aber dann müssen sie sich der Angst stellen, eine enge persönliche Beziehung und beruflicher Erfolg könnten sich gegenseitig ausschließen.«

In einer Zeit, da Frauen ihren Anteil am Traum des Extrovertierten einklagen, muß man sich des Mutes und der Kraft erinnern, die herkömmlich mit der »weiblichen« Lebensweise einhergehen. Man muß sie auch feiern. Es gibt kein größeres Wagnis, als sich verletzlich zu zeigen, sich lebendig zu fühlen, zu verzeihen, zu verstehen, das Herz zu öffnen, sich um andere zu sorgen und sie zu pflegen, sich wachsenden Dingen anzunehmen, das verhärtete Antlitz der Fakten mit den Salben der Schönheit menschlicher zu machen. (Heidegger sagt: »Poetisch gedacht wohnen wir auf der Erde«, d h., es gibt nur »Behausungen« und Erdverbundenheit, wo es auch Schönheit gibt.)

Die Risiken des extrovertierten Lebens – das Abenteuer des Astronauten – sind nicht geringer als die Gefahren des Psychonauten. Man kann sich sowohl in Handlungen als auch in der Innenschau verlieren. Man kann Erfüllung im Beruf finden, oder man stellt fest, man hat allmählich jede tiefe Verbindung mit den intimsten Gefühlen, Werten und Träumen verloren, während man im Laufe der Jahre um des »Erfolges willen« immer mehr Kompromisse eingegangen ist und seine Möglichkeiten eingeschränkt hat. Ein Haus zu bauen, eine Farm zu leiten, ein Geschäft zu eröffnen, ein Kunstwerk zu schaffen – das alles sind lohnende Wagnisse, solange das, was man schafft, aus den eigenen Träumen und Zielvorstellungen erwächst.

In Wirklichkeit ist jeder Mensch sowohl extrovertiert als auch introvertiert. Daher gibt es auch immer eine Zeit, etwas zu tun, und eine Zeit zu sein, eine Zeit zu handeln und eine Zeit, abzuwarten und zu versuchen, die Dinge zu verstehen. Ob man des Risikos der reinen Gefahr, aggressiver Handlungen oder stiller Verletzlichkeit bedarf, hängt ab vom eigenen Status sowie von den örtlichen und zeitlichen Umständen. In primitiven Gesellschaften mußten sich die Knaben beim Erreichen des Jugendalters oft einer qualvollen Prozedur stellen, um den Status der Mannbarkeit zu erringen – Schmerz erdulden, einen Feind töten, ein wildes Tier fangen oder fasten. Auch heute dürfte für viele die Begegnung mit körperlicher Gefahr nicht nur ein notwendiger Teil des Erwachsenwerdens, sondern auch periodische Stimulans sein.

Am Beginn des Reifealters gehen wir das Risiko ein, einen Beruf zu wählen, zu heiraten – oder nicht zu heiraten – oder uns an den politischen Kämpfen zu beteiligen. Wenn dann im Alter unsere Kräfte nachlassen und wir nicht mehr so kraftvoll handeln können, drohen Krankheit und Tod. Aber in was für einer Lage man sich auch immer befindet, es gibt eine Strategie, mit der sich interessante von uninteressanten Wagnissen unterscheiden und mit denen sich die wichtigsten Risiken identifizieren lassen, die man *selbst* eingehen kann.

Schritte im Prozeß eines schöpferischen Wagnisses

1. Finden Sie heraus, was Sie *wollen.* Hört sich leicht an, oder? Ist es aber nicht. Die psychologische Revolution, die mit Freud einsetzte, beruht auf der Entdekkung, daß die Motive unseres Handelns weitgehend unbewußt bleiben. Häufig agieren – vielmehr reagieren – wir, ohne jegliches Bewußtsein unserer inneren Antriebe. Vielleicht wissen Sie selbst am allerwenigsten, was Sie *wirklich* wollen. Es bedarf eines

heroischen Abenteuers, eines Hinabsteigens in die eigene Tiefe, wenn man seine echten Wünsche entdekken will. Eine Zeitlang werden Sie verwirrt sein. Sie werden nicht mehr wollen, was Sie früher einmal »wollten«, werden noch nicht das Verlangen kennen, das Sie beleben könnte. Eine Weile müssen Sie die »normale« Welt verlassen. Warum?

Jede Kultur inszeniert eine Art Verschwörung, ihre Mitglieder davon zu überzeugen, ihre Wünsche in Übereinstimmung mit dem zu bringen, was gemeinhin als »richtig« und »falsch« gilt. Gute Kapitalisten konkurrieren und konsumieren. Gute Kommunisten tun es nicht. (Jedenfalls theoretisch!) Will man erkennen, daß das Verlangen künstlich erzeugt wird, sollte man einmal auf die Propaganda achten, die geschlossene Gesellschaften durchdringt – oder auf die Werbung in den offenen Gesellschaften. Die milliardenschwere Werbeindustrie geht von einfachen Prämissen aus: (1) Menschen sind voller Sehnsüchte, (2) sie wissen nicht, was sie wirklich befriedigt, (3) man kann sie davon überzeugen, daß sie in Wahrheit die Marke X, Y oder Z haben möchten. In unserer Konsumgesellschaft jagen wir immer der uns entfliehenden Befriedigung eines obskuren Traumes nach. Da uns unsere tiefsten Bedürfnisse verborgen sind, können uns die Medien ihre Bilder vom guten Leben aufzwingen. Diese sollen uns weismachen, wir wären nur dann glücklich, wenn wir den richtigen »Life-Style« haben (der sich natürlich ständig ändert), das »richtige« Auto fahren, das »Richtige« trinken und anziehen. In der amerikanischen Gesellschaft haben wir in beängstigendem Ausmaß unser Verlangen auf das Konsumieren, Kopulieren und Konkurrieren reduziert. Entgegen dem Sprichwort tun wir so, als könnte man Glück kaufen.

Die einfache Frage zu stellen: »Was will ich wirklich?« ist nicht nur risikoreich, sondern geradezu revolutionär.

2. Um herauszufinden, was Sie wollen, müssen Sie sich Ihren *Wünschen* stellen. Befreien Sie Ihre Phantasien und Träume, und lassen Sie Ihre Einbildungskraft schweifen.

Viele Wünsche kommen und gehen. Sie führen eine Art Schattendasein von einigen Sekunden Dauer. Einen Augenblick wünsche ich mir möglicherweise, ich wäre eine Katze. In einem Anfall von Wut wünsche ich vielleicht, meine Partnerin wäre tot. (Sie lächelte, und drei Sekunden später wollte ich, daß sie wiederaufersteht.) Doch die tiefsten Wünsche stehen in Verbindung mit jenen Phantasien, die überdauern. Wenn Sie sich vier Jahre lang jeden Tag wünschen, ein Kind zu haben, so ist dieser Kinderwunsch wahrscheinlich echt. Genießen Sie Ihre flüchtigen Phantasien, und lassen Sie sie dann in Vergessenheit geraten. Doch wenn Sie ständig Tagträumen nachhängen, Rechtsanwältin zu werden, haben Sie irgendein tieferes Bedürfnis in sich berührt. Und Bedürfnisse rangieren in der Hierarchie der Begierde höher als bloße Wünsche.

Wenn man sich auf seine Bedürfnisse einläßt, statt nur seine flüchtigen Wünsche zu erwägen, geht man größere Risiken ein. Phantasien und Träume kann man auch wieder verwerfen, und sie können privat bleiben. Bedürfnisse hingegen stellen Absichten dar, die am Ende öffentlich werden müssen. Und deshalb können sie Sie in Konflikt mit Menschen bringen, die entgegengesetzte Bedürfnisse haben. Wenn Sie wirklich nach Santa Fe umziehen wollen, Ihr Partner aber St. Louis wunderschön findet, dann wird es Schwierigkeiten geben. Wenn Sie im Alter von 65 Jahren erkennen, Sie wollten eigentlich schon immer den Mount Whitney besteigen, und Sie sind statt dessen die Karriereleiter emporgeklettert, haben Sie vielleicht ein schlummerndes Bedürfnis geweckt. Doch nun müssen Sie sich der Enttäuschung stellen, daß sie vor langer Zeit einen wichtigen Aspekt Ihres Selbst verraten haben. Oft riskieren wir es nicht, daß uns unsere wahren Bedürfnisse zu Bewußtsein kommen, weil wir den daraus entstehenden Konflikt oder die damit verbundene Traurigkeit fürchten. Wir erkennen, wir haben viele Jahre vergeudet, weil wir uns den Forderungen anderer Menschen angepaßt und uns von ihnen beherrschen haben lassen.

3. Was sind Ihre »Du-sollst«-Vorschriften, Ihre Werte? Wir alle tragen die Bürde der aus der Kindheit stammenden »Du-sollst«-Vorschriften und der übernommenen Wertvorstellungen, die uns Schuld- und Schamgefühle verursacht haben. Werfen Sie möglichst viel von diesem Ballast über Bord. Ersetzen Sie aber diese Werte durch gereifte, »erwachsene« Lebensvorstellungen. Es ist gut, mit den kühnsten und aufreizendsten Bedürfnissen in Verbindung zu bleiben. Doch muß das, wonach Sie verlangen, im Dialog bleibem mit dem, was *Sie Ihres Erachtens* tun sollen. Nur so können wir ein sinnvolles und würdevolles Leben führen. Das Törichtste aller Wagnisse ist es, das Gefühl dafür aufzugeben, was richtig ist, um dem nachzugehen, was zweckmäßig erscheint oder Spaß macht. Eine Klärung der eigenen Werte können Sie unter anderem dadurch herbeiführen, daß Sie sich vorstellen, jemand schreibe Ihre Biographie. Das Schlußkapitel wäre dem gewidmet, was Sie für die Ihnen nahestehenden Menschen getan haben: der Feier Ihrer Tugenden. Was würde in diesem Kapitel stehen?

4. Entwerfen Sie im Geiste unterschiedliche Zukunftsszenarien. Schreiben Sie für jedes einzelne Bedürfnis ein Drehbuch, in dem Sie sich inmitten in einer Situation sehen und sie »schmecken«. Schmücken Sie Ihre dauerhaftesten Phantasien aus. Stellen Sie sich vor, Sie hätten ein Kind. Oder daß Sie eine archäologische Expedition nach Peru führen. Verweilen Sie bei den Einzelheiten. Wer wechselt die Windeln? Wer mäht den Rasen? Sie werden feststellen: Je konkreter Sie sich die ersehnte Zukunft vorstellen, desto leichter wird es Ihnen fallen, Ihre wahren Wünsche zu bestimmen.

5. Stellen Sie eine Risikoberechnung an. Wahrhafter Mut zum Risiko beinhaltet, daß man die Folgen seiner Handlungen einbezieht. Natürlich können Sie nie wissen, was geschieht, wenn Sie sich auf eine Affäre einlassen, den Arbeitsplatz kündigen oder wieder zur Schule gehen. Doch es ist besser, die möglichen Folgen abzuwägen, als eine blinde, aus dem Augenblick geborene Entscheidung zu treffen. Was können Sie dabei gewinnen? Dabei verlieren? Welche anderen Menschen wären davon betroffen? Wie verzweifelt oder gelassen sehen Sie den gewandelten Lebensumständen entgegen?

6. Lokalisieren Sie Ihre Ängste. Wenn eine realistische Lagebeurteilung zeigt, Ihre Furcht ist irrational und das Risiko gering, gehen Sie es ein. Aber stürzen Sie sich nicht kopfüber hinein. Manchmal deutet Angst auf eine Untiefe, an der Sie womöglich Schiffbruch erleiden. Doch häufig ist sie auch ein Leuchtturm am fernen Ufer Ihres unbekannten Selbst. Don Juan sagt: »Der größte Feind für den Mann von Welt ist die Furcht.« Wenn Sie davor flüchten, werden Sie nie Herr Ihrer selbst. Nähern Sie sich langsam Ihrer

Angst, eine Rede zu halten, sich lächerlich zu machen, verlassen zu werden, der Angst vor dem Fliegen, vor der Sexualität, vor dem Erfolg, vor dem Eingehen einer festen Bindung. Und vergessen Sie nie, tief zu atmen. Sie werden feststellen, daß in der Empfindung, die Sie für Furcht hielten, nur Ihre verdrängte Erregung zum Ausdruck gekommen ist.

7. Üben Sie mit einem »Sicherheitsnetz«. Kein Trapezkünstler, der den Salto mortale probt, riskiert diesen Sprung ohne Netz. Wenn Sie größere Veränderungen im Leben planen, sollten Sie die Entscheidung langsam reifen lassen. Nur so haben Sie Zeit, auf alle Wünsche, Bedürfnisse und Du-sollst-Gebote in Ihrem Inneren zu hören. Statt sich übereilt scheiden zu lassen, sollten Sie sich versuchshalber trennen. Bevor Sie Ihr sämtliches Hab und Gut verkaufen und um die Welt segeln, sollten Sie sich beurlauben lassen, für zwei Monate ein Boot chartern und zu einigen küstennahen Inseln segeln.

Um auszuloten, wie tiefgehend Ihre Unzufriedenheit und damit das Bedürfnis nach einem radikalen Wandel ist, sollten Sie, ehe Sie sich an bedeutende Veränderungen wagen, Ihre Einstellungen und Gewohnheiten probeweise ändern. Vielleicht reicht ein Wandel in der Routine schon aus, Ihre Lebensgeister zu neuem Leben zu erwecken. Ändern Sie die Zeiten, in denen Sie schlafen. Ändern Sie Ihre Ernährung. Hören Sie einen Monat auf, Ihrer größten Sucht zu frönen (Sex, Drogen, Zucker, Tabak, Fernsehen, Lesen, Nörgeln, Joggen, Beten – was auch immer), und Sie werden eine Änderung in Ihrem Energieniveau und in Ihren Wahrnehmungen feststellen. Alles sieht ganz anders aus, wenn man sich von den Brüsten seiner Sucht befreit. Sehen Sie, wie viele Veränderungen Sie auslösen können, indem Sie das Risiko eingehen, offen und ehrlich mit anderen Menschen zu sprechen. Sagen Sie, was Sie meinen, leise und deutlich. Artikulieren Sie Ihre Gefühle. Üben Sie, anderen zuzuhören. Sehr oft führen schon geringfügige Veränderungen in unseren Kommunikationsmustern zu bedeutenden Veränderungen in unseren zwischenmenschlichen Beziehungen.

8. Entscheiden Sie sich. Bislang haben Sie mit dem Risiko gespielt. Jetzt wird's ernst. Nun ist die Zeit gekommen zu handeln. Das Messer liegt in Ihrer Hand. Plato sagt, ein guter Philosoph zerlegt die Natur an den Gelenken. Wer seine Entscheidungen sorgfältig abwägt, muß wie ein erfahrener Gärtner das Alte und Sterbende wegschneiden, um für das Neue Platz zu schaffen. Jeder wirkliche Entschluß ist ein Wagnis, bei dem wir etwas aufgeben, das wir uns wünschen, in der Hoffnung, etwas zu bekommen, das wir uns noch stärker ersehnen. So mußte ich den Traum, Rancher zu werden, begraben, um Schriftsteller werden zu können (und habe Wörter und Sätze in Absätze gepfercht und Ideen eingefangen). Entschließen Sie sich, ein Kind zu haben, benutzen Sie das Diaphragma nicht mehr – vielleicht ändert sich dann Ihre Zukunft unwiderruflich.

Welch anregende und zugleich furchterregende Aussicht!

Ein lebendiges Dasein entsteht, so wie ein gutes Gemälde, durch die Liebe zur Beschränkung. Erweitern Sie Ihre Einbildungskraft, und streifen Sie im Geiste durch Hunderte von Inkarnationen. Bündeln Sie Ihren Willen und Ihre Kraft, damit Sie ein unverwechselbares Individuum werden. Gehen Sie das Risiko der Individuation ein. Wagen Sie, etwas Endgültiges zu tun.

9. Handeln Sie. Fassen Sie einen Entschluß, und handeln Sie danach. Investieren Sie Zeit und Energie in die erwählte Aufgabe. So lebhaft Ihre Phantasien, so stark Ihre Gefühle auch sein mögen – am Ende müssen Sie handeln, um die Hilflosigkeit zu vermeiden, die im Zentrum von Langeweileerfahrungen und Depressionen liegt. Wenn Sie den Prozeß der Klärung Ihrer Begierden durchlaufen und eine klare Vorstellung über Ihre Werte und Ziele gewonnen haben, werden Ihnen Ihre Handlungen wagemutig erscheinen. Der Saft der Kreativität wird Sie grün und biegsam erhalten.

Setzen Sie Ihr Leben aufs Spiel

Ehe Sie sich festlegen, sollten Sie sich vorstellen, wie groß die Risiken sind, denen Sie sich stellen wollen. Sind Sie imstande, ein heroisches Wagnis einzugehen? Ein mittleres oder ein banales Risiko? Wieviel Abenteuer, wieviel Sicherheit ersehnen Sie sich? Wie groß ist Ihr Wagemut, zu träumen, zu hoffen, zu kämpfen? Wenn Sie sich lediglich wünschen, wie es in einem Lied in *My Fair Lady* heißt, »irgendwo ein Zimmer zu haben, weit weg von der kalten Nachtluft, jemanden, der sich um mich sorgt«, dann können Sie zwar eine bescheidene Sicherheit im Leben gewinnen, aber kaum große Abenteuer erleben. Möglicherweise sperren Sie Ihre Wünsche ein, zwängen Ihre Bedürfnisse in eine Zwangsjacke und kommen zu dem Schluß, daß Sie sich mit einem sicheren, durchschnittlichen Leben begnügen sollten. Oder Sie können sich einen Traum bewahren, der jede Saite Ihrer Psyche dehnt, bis der vorbeistreichende Wind Ihr gesamtes Gefühlsrepertoire zum Klingen bringt.

Wenn Sie sich für triviale Ziele entscheiden, werden Sie mit einem trivialen Glück belohnt. Wenn Sie Ihr Herz an den Wunsch nach einer bequemen Spritztour mit einem schönen Auto hängen, wird Gott Ihnen womöglich einen Mercedes schenken – aber mehr nicht. Der Midas-Mythos warnt uns: Achte auf deine Wünsche, sie könnten in Erfüllung gehen. Wollen Sie Gold? Versuchen Sie, sich den Wunsch zu erfüllen! Aber machen Sie sich nichts vor – alles, Ihr Leib und Ihre Seele, wird sich in Geld verwandeln.

Verliere dich in deinen Träumen, und du findest dich wieder in Handlungen.

Wünschen Sie sich Nervenkitzel, eine stimulierende Fahrt auf dem Karussell des Lebens? Nur Mut, und erhöhen Sie das Tempo! Getreu dem Motto: Lebe schnell, stirb jung und sei eine hübsche Leiche.

Sie wollen alle Facetten menschlicher Erfahrungen erkunden? Bereiten Sie sich auf eine lange Reise vor: Öffnen Sie Ihre Einbildungskraft für scheinbar unerreichbare Träume. Haben Sie den Mut, alles zu fühlen – Zorn, Kummer, Verzweiflung, Hoffnung, Freude. Stellen Sie sich Aufgaben, die eigentlich die Kräfte des einzelnen übersteigen. Reinhold Niebuhr sagte: »Die lohnendsten Dinge lassen sich nicht in einem Leben erreichen.« Machen Sie sich darauf gefaßt, die Qualen der Kreativität zu erdulden (das einzige sichere Gegenmittel gegen Langeweile und Depression).

Ein heroisches Risiko muß gar keine extrem aufregende Angelegenheit sein. Lewis Lapham hat es in einem Artikel in der Zeitschrift *Harper's Bazar* treffend ausgedrückt: »Das echte Wagnis zeigt sich auf derart gewöhnliche Weise, daß es vielen Menschen, vor allem jenen, die mit Fernsehen und viel Taschengeld aufgewachsen sind, schwerfällt, es zu erkennen oder als hinreichend spannend zu empfinden. Alle möchten große Taten in Ungarn vollbringen, das politische System reformieren oder die Integration der Rassen erzwingen. Kaum jemand will fünf Tage in der Woche in einem kleinen Laden arbeiten oder wenig motivierten Erwachsenen die Grundlagen der englischen Grammatik beibringen. Aber keiner will auch das ganz normale Risiko einer Heirat oder einer dauerhaften Verbindung mit einem anderen Menschen eingehen.«

Martin Luther King wollte dem Heroischen im täglichen Leben durch die Vorstellung Würde verleihen, daß jeder Mensch eine Berufung, einen Auftrag von Gott habe. Lassen Sie die theologischen Anklänge aus dem Satz, wenn sie Ihnen nicht zusagen, aber denken Sie über die zugrundeliegende Idee nach. Hören Sie auf die Stimme Ihrer Psyche. Was spricht Sie im tiefsten Inneren an? Welcher Traum appelliert an Sie? Welche Aufgabe entspricht Ihrer Begabung? Wenn Ihr Gewissen und Ihr Verlangen mit ein und derselben Stimme sprechen, was ersehnen Sie sich dann? Das heroische Wagnis besteht darin, den eigenen Weg zu gehen, ob er nun ins Atelier, in die Küche, ins Büro, in die Vorstandsetage, ins Klassenzimmer, ins Schlafzimmer, in den Garten, ins Labor, in die Wüste oder ins Himalaja-Gebirge führt.

Letztlich können wir dem Risiko natürlich nicht ausweichen. Das Gefährlichste ist nämlich schon geschehen – Sie sind frei geboren. Jeden Tag setzen Sie durch das, was Sie tun und was Sie ablehnen, Ihr Leben aufs Spiel. Jeder Mensch hat eine Stimme, mit der er den Sinn seines Lebens erwählt. Durch Ihre Wünsche und durch Ihre Handlungen wählen Sie die Werte, die Ihr Leben bestimmen werden.

Wir sind an einem Punkt in der Menschheitsgeschichte angelangt, an dem viel auf dem Spiel steht. Das Rad dreht sich. Was wird kommen: Krieg, Frieden, Behaglichkeit, Sicherheit, Gerechtigkeit, Aufregung, Lust, Erfolg, Glaube, Fürsorge, Macht, Wissen, Liebe, Kreativität, Geld, Gemeinschaft, Individualismus? Erheben Sie sich, und setzen Sie Ihr Leben aufs Spiel.

14. Kapitel

Vom Sex zur Intimität

Am Anfang ist alles eitel Freude, romantische Liebe und gegenseitige Faszination. So unwahrscheinlich das Zusammentreffen auch sein mag – zwei Fremde treffen sich und scheinen füreinander bestimmt. Die wechselseitige Anziehung ist derart groß, daß man meint, das Schicksal habe seine Hand im Spiel gehabt. Augenpaare spielen verstecken. Hände berühren sich, erst scheu, dann in fester Liebkosung. Wörter umschlingen einander und schaffen eine Spirale der Konversation. Fleisch drängt zu Fleisch und befreit die DNS der Leidenschaft, die aus zwei Körpern einen macht. Getrennte Individuen vermischen ihre wesentlichen Flüssigkeiten, und unversehens wird die alchemistische Verbindung in der Hitze der Lust geschmiedet – Ich und Du werden zum Wir.

Eine Zeitlang zieht uns der alte, dunkle Zauber in seinen Bann. Wir sind voneinander fasziniert. Hingerissen und aufmerksam höre ich deinen Erzählungen zu. Du lachst über meine Witze – allzu sehr. Jede Berührung elektrisiert mich. Wir teilen Geheimnisse, unternehmen Streifzüge und Erkundungsfahrten in die erogenen Zonen des anderen.

Allmählich schwächen sich die atemlosen, neuen Erlebnisse mit ihrer Mischung aus Angst und Begierde ab, es entwickelt sich ein behagliches, ruhiges Zusammenleben. Aus Kette und Schuß der unterschiedlichen Lebensläufe weben wir einen Teppich, ein gemeinsames Leben.

Dann kommt der Sturz. Wiederholungen zerstören die romantisch-leidenschaftlichen Gefühle. Langsam verblassen unsere Illusionen im grellen Licht der täglichen Nähe. Die Fassaden stürzen ein. Dieselben alten Spiele stellen sich wieder ein. Der Gentleman entpuppt sich als Chauvinist, der Gehorsam verlangt. Das schöne Mädchen ist passiv-abhängig, sein Magnolien-Herz verbirgt den Willen zur Manipulation. Am Frühstückstisch sitzt man einander gegenüber, sieht sich an und bleibt eingesperrt in der gegenseitigen Enttäuschung.

Er: *Ich bin nicht mehr scharf auf sie.*
Sie: *Er spricht nicht mehr mit mir – nie sagt er, was er wirklich fühlt.*

Schweigend akzeptiert jeder die bitteren, zerbrochenen Träume und versinkt in Desillusionierung, Routine und Gewohnheit.

Dem Dilemma der Langeweile begegnet man häufig, wenn es um Fragen der Sexualität, der Intimität und der Ehe (auch der Arbeit) geht. In den letzten Jahren ist viel Schlechtes über Ehe, Treue und die Kleinfamilie gesagt und geschrieben worden. Es wächst der Argwohn, die Monogamie sei monoton. Fernsehen und Kino zeigen uns das Idealbild erregender Affären und zeichnen dann das Bild einer Ehe, wie sie das »Ekel Alfred« führt. Kein Wunder also, daß wir Witze darüber reißen. »Die Ehe ist eine schöne Institution. Aber wer will schon in einer Institution leben?« [Das englische Wort *institution* hat die doppelte Bedeutung: gesellschaftliche Institution und Gefängnis.] (Tatsächlich zeigt das Fernsehen nicht die Art und Weise, wie der Normalbürger die Ehe erlebt, sondern wie einige, überwiegend in Los Angeles ansässige, mehrfach geschiedene Drehbuchautoren die Ehe wahrnehmen.)

Die neuen Wertvorstellungen – persönliche »Entwicklung« und das »Recht, alles einmal zu erleben« – haben viele Menschen zum Schluß kommen lassen, daß die Beschränkung auf eine einzige Liebesbeziehung oder eine Familie der Seele des einzelnen dauerhaften Schaden zufüge.

Natürlich entsprechen Worte und Taten einander nicht völlig. Die Ehe wird lediglich verbal entehrt, nicht in der Praxis. Beim Erreichen der Lebensmitte sind 94 Prozent aller Erwachsenen in unserer Gesellschaft wenigstens einmal die Ehe eingegangen. Achtzig Prozent derjenigen, die sich haben scheiden lassen, heiraten innerhalb der nächsten fünf Jahre wieder. Leider stellt unsere Kultur keine wirksamen Mittel bereit, die es ermöglichen, die Lebensformen intimer Nähe zu feiern und immer wieder zu entdecken und zu erneuern.

Das Problem der Intimität entsteht weitgehend durch die Art und Weise, wie wir über Beziehungen denken. Der romantische Mythos, der von falschen Gefühlen und dem Versprechen ewig währender Qualen und Ekstasen förmlich trieft, enthält uns vor, daß die Liebe wächst, je mehr man sich dem anderen öffnet. Der Mythos verschweigt, daß Aufrichtigkeit dem Kampf um Respekt und der Treue zur einmal gewählten Bindung entspringt. Die romantische Liebesauffassung errichtet eine falsche Dichotomie und zwingt uns die Wahl zwischen Verliebtheit mit beständigem Wandel und einem tieftraurigen, bedrückenden Bund der Ehe auf. Angeblich habe man zu wählen zwischen

	oder	
Liebe		Ehe
Freiheit		Treue
Abenteuer		Sicherheit
Erregung		Wohlbehagen
Neuheit		Intimität
Befreiung		Gefangenschaft
Individualität		Kompromissen
Leidenschaft		Familie
Intensität		Langeweile

Wenn man die erotischen Alternativen in derart künstliche Gegensätze zwängt, erlegen wir der Psyche eine Art inneren Faschismus auf. Die meisten von uns heiraten, weil uns ein Leben ohne dauerhafte Bindung zu einsam, leer und trost-los erschiene. Dennoch argwöhnen wir immer noch, wir könnten uns selbst betrügen.

Wäre ich ein wenig zupackender, mutiger, weniger abhängig gewesen, hätte ich vielleicht den wahrhaft heroischen Weg gewählt – ich hätte jeden Augenblick bis zur Neige ausgeschöpft, wäre von einem Moment der Lust zum nächsten gezogen, hätte nichts versprochen und erwartet über die Erfüllung des Augenblicks hinaus. Hätte ich nur den Mut aufgebracht – ich hätte verstrickende Verbindungen gemieden, mich vom Partner getrennt, einen anderen Job gesucht oder gekündigt, sobald ich mich langweilte.

Tatsächlich sind unsere Enttäuschung, was die Ehe betrifft, und die derzeitige Krise der Intimität die Kehrseite derselben Medaille: unserer Sucht nach Erregung, Wachstum und Fortschritt. Wir halten nicht lange genug still, um Wurzeln schlagen zu können. Wenn wir umziehen (in Amerika im Durchschnitt alle vier Jahre), trennen wir uns regelmäßig von den alten Wohnorten, Nachbarschaften und dem Leben in der Gemeinde. Einmal fragte ich einen leitenden Angestellten einer Ölgesellschaft, der in fünfzehn Jahren achtmal umgezogen war, ob er nur noch berufliche Freundschaften anknüpfen würde: »Das würde ich nicht sagen«, antwortete er. »Ich habe nur eben kaum noch Freunde. Nach einer gewissen Zeit empfanden meine Frau und ich es als zu schmerzhaft, immer wieder Lebewohl zu sagen. Deshalb treten wir heute nach einem Umzug nur noch in die richtigen Clubs ein, schließen aber keine wirklich engen Freundschaften mehr.« Die gewohnheitsmäßige Trennung von Personen und Orten sind das Opfer, das wir dem Gott der ständigen Bewegung darbringen. Wir beeilen uns, irgendwo anders zu sein. Aufgrund des von Maschinen bestimmten Tempos unseres Lebens können wir keine Freundschaften kultivieren, keine intimen Begegnungen intensivieren, uns nicht um die Familie kümmern und unser Gemeinwesen pflegen.

Ehe und Familie sind zum Sündenbock für unsere Unzufriedenheit geworden. Wenn die leidenschaftliche Liebe stirbt – eine unausweichliche Entwicklung –, die Partner nicht mehr »anmacht«, meinen wir nicht selten, das Problem liege in unserer Ehe oder in der Institution der Ehe begründet.

Dr. Carlfred Broderick, Soziologie-Professor an der Universität von Kalifornien, erläutert, warum wir so unzufrieden sind: »Die Ehe macht uns unglücklich, weil wir zuviel von ihr erwarten. Kaum jemand ist ununterbrochen glücklich, vital und schöpferisch. Warum erwarten wir eigentlich von Menschen, die nicht lebendig sind, eine lebendige Ehe zu führen? In jeder Ehe gibt es Kränkungen und Langeweile. Die Ehe ist ein Weg, bei dem erwachsene Menschen ihr ganzes Leben gemeinsam verbringen, deshalb wird es darin etwas von allem geben, das die menschliche Existenz bereithält. Ich halte es für unrealistisch, vom Leben oder von der Ehe zu erwarten, es könne darin immer aufregend zugehen.«

Intimität (ob nun in Gestalt einer Freundschaft, einer Ehe oder der Bindung an eine Gemeinschaft oder ein Stück Land) ist wie ein Rohrschach-Test. Wir alle leben Bauch an Bauch mit der Welt. Die Art, wie wir intime Beziehungen pflegen oder ihnen ausweichen, bringt zum Ausdruck, ob wir das Leben lieben oder fürchten. Die Art und Weise, wie wir uns dem Lebensüberdruß stellen, der zu jeder Beziehung dazugehört, drückt aus, wie wir das Mysterium und die Monotonie, die Schrecken und die Wunder der Welt im ganzen annehmen, ihnen begegnen oder sie vermeiden.

Betrachten wir drei Verhaltensstile des Umgangs mit Sexualität und Nähe: die Wege des anonymen Sex, der intimen Feindschaft und der Liebesbeziehung.

Anonymer Sex: Die Grenzen der Sinnlichkeit

Eine weitverbreitete Methode, sich drohenden Langeweileerfahrungen zu entziehen, besteht darin, Nähe zu vermeiden und die Beziehung auf die gegenseitige Stimulation der Sinne zu beschränken. Das läßt sich sowohl innerhalb als auch außerhalb der Ehe durchführen.

Bevor wir beginnen, müssen wir kurz innehalten und die merkwürdige Vorstellung betrachten, wonach die Fähigkeit, schöpferisch mit Langeweile umzugehen und intime Nähe zu genießen, aufs engste zusammenhängen. Es gibt ein Gesetz und eine Logik (eine psychische Logik), die die zwischenmenschlichen Beziehungen ebenso regiert wie das Zusammenspiel der Atome. Das erste Gesetz der Intimität lautet: Soll sich eine Beziehung vertiefen, muß sie über die romantische Liebe oder Höflichkeit hinausgehen, Phasen der Desillusionierung und Eintönigkeit durchlaufen und auf der anderen Seite der Mauer der Langeweile wieder auftauchen. Das tiefe, fleischliche Wissen, das zu Recht den Namen *Liebe* verdient, die vertrauensvolle Kommunion, die dem Kennen und dem Erkanntwerden entspringt, entsteht nur, wenn wir die Fassade der Faszination durchstoßen und unsere Masken und Rollen ablegen. Der romantische Zauber der Persönlichkeit muß uns langweilen, erst dann offenbaren wir uns. Ein von unablässiger Stimulierung und oberflächlicher Erregung beherrschtes Leben verhindert das Abenteuer großer Nähe.

Behalten wir diese Grundregel im Auge, so wird deutlich, daß zahlreiche Beziehungsstile Langeweile zwar verhindern, doch nur um den Preis, daß man keine enge Bindung eingeht.

Eine verbreitete Form der Vermeidung von Nähe ist das »Bäumchen-wechsel-dich-Spiel« – das ständige Austauschen des Partners. Sie läßt sich entweder mit der Patina der romantischen Liebe überziehen oder als rein sexuelle Beziehung praktizieren.

Vor der sexuellen Revolution übten sich in dieser Methode überwiegend Männer. Doch Frauen sind heute freizügig und frei geworden, sie können Sex ohne Liebe, Sinnlichkeit ohne Bindung erkunden. Erica Jong hat das Recht der Frau auf »den reißverschlußlosen Fick« verkündet. Die Zeitschrift *Playgirl* macht es dem *Playboy* nach, auch darin gibt es das ausklappbare Mittelphoto des Monats. Heute sind wir alle frei, uns gegenseitig als sexuelle Objekte zu benutzen, ohne Berücksichtigung des Geschlechts, der Hautfarbe oder Religionszugehörigkeit.

Die Frau von heute hat das zweifelhafte männliche Privileg der Sexualität ohne Herz errungen. Die Trennung von Sex und Intimität hält die Beziehung »hip«, oberflächlich und erregend. »Playboys« und »Playgirls« können sich auf Spaß und Spiele konzentrieren und jede dauerhafte Bindung meiden, die über die Lust des Augenblicks hinausgeht. Sobald etwas »zu Schweres« entsteht oder Langeweile sich einstellt, gilt das als Zeichen, die nächste Beziehung einzugehen.

Doch es gibt Schwierigkeiten. Vor allem die zunehmende Aids-Gefahr und die unheilige Allianz neuer Sexualkrankheiten. Aber auch wenn man diese bedeutenden Schrecken außer acht läßt – der unablässige Reiz nach sexueller Abwechslung verdammt uns gerade zu dem, was wir vermeiden wollten. Sexualität ohne Fürsorge ist eindimensional. Die Erkundung durch die Sinne ist erregend, aber begrenzt. Opfern zwei Menschen ihre Gefühle den Sinnesreizen, so kommen sie überein, einander als bloße Körper zu behandeln und sich an der Oberfläche zu berühren, jedoch ihren Hoffnungen, Träumen, Enttäuschungen und Verletzungen auszuweichen. Sorgenlose Liebende mühen sich vergeblich, die emotionale und willensmäßige Leere mit einem Fest der Emotionen zu füllen.

Heute wird immer deutlicher, daß die »sexuelle Revolution« kein reiner Segen war. Zwar hat sie zur ersehnten Befreiung von viktorianischen Hemmungen und der Doppelmoral geführt und auch falsche Scham- und Schuldgefühle beseitigt. Doch hat sie die Sexualität um den Preis ihrer Trivialisierung befreit. Der Sex wurde der Kitzel Nummer Eins. Leider hält die Sache nicht sehr lange vor. Wir haben das Offensichtliche übersehen: Nicht Geschlechtsorgane, sondern Personen vereinen sich in der Liebe. Daß man die Sexualität auf die Ebene lustvoller Empfindungen beschränkt, verwandelt die teilnehmenden Personen in austauschbare Körper.

Die unausweichliche Entfremdung, die durch allzuviel anonymen Sex entsteht, zeigt sich in aller Deutlichkeit in der Pornographie. Pornographie soll unsere Sinne reizen, doch fast immer stumpft sie die Phantasie ab. Man sehe sich eine Woche lang allabendlich Pornofilme an, und eine Frage drängt sich sofort auf: Warum sind Pornofilme eigentlich so phantasielos und künstlerisch derart minderwertig? Die meisten Pornofilme haben, von seltenen Ausnahmen abgesehen, dieselbe dramatische Spannung und künstlerische Raffinesse wie der *Leitfaden zur künstlichen Besamung für den Züchter von Hereford-Rindern.* Die immer gleichen, gesichtslosen männlichen und weiblichen Darsteller vollführen die gänzlich standardisierte, akrobatische Stimulation der Leidenschaft. Hat man einen Film gesehen, hat man alle gesehen. Es gibt kaum eine Moralpredigt, die den Zusammenhang von Sexualität und Zärtlichkeit eindrucksvoller illustriert als ein durchschnittlicher pornographischer Film!

Wo die Sexualität keine offene Tür für eine zwischenmenschliche Begegnung darstellt, verkommt sie rasch zu einer mechanischen Angelegenheit. (Ist Ihnen schon einmal aufgefallen, daß sich viele Sexualratgeber lesen, als handelte es sich um die *Einführung in den genitalen Maschinenbau*? Bestimmen Sie den Winkel des Stoßes, die Tiefe der Penetration, das Niveau der Erregung, die Rate der Stimulation, den Zeitpunkt des Höhepunktes und die ersten Anzeichen der Lubrikation. Reduziert man das Mysterium des Phallus auf ein Werkzeug und das Wunder der weiblichen Geschlechtsorgane auf einen schönen Hintern, ist die Maschine in unseren Geist und unseren Körper eingedrungen.

Intime Feinde: Der Kampf der Geschlechter

Der »Kampf der Geschlechter« ist zur beherrschenden Metapher geworden, die unsere Wahrnehmung der zwischenmenschlichen Beziehungen prägt. Zur Sexualität gehören auch Kriegführung und Eroberung. Vielgelesene Sexualratgeber lehren die Techniken der Verführung und der Eroberung, als wäre die Sexualität eine Frage der Strategie. In ihrem Buch *Sex and the Single Girl* erklärt Helen Gurley Brown den Leserinnen, Männer seien der Feind, und sexy zu sein sei die größte Waffe der Frau. Und Albert Ellis rät in dem Werk *Sex and the Single Man* seinen Lesern, die Charakterzüge der begehrten Frau zu beobachten und danach einen entsprechenden Feldzug zu starten und sie ins Bett zu locken. Unbewußt beherrscht uns die Vorstellung vom Sex als Machtkampf so sehr, daß wir »Potenz« und Macht als männlich und die Sexualität der Frau als »Hingabe« definieren. Demnach ist Sex ein zarter Kampf, und Liebende sind »intime Feinde« (George Bach).

Betrachten Sie einmal die Beziehungen in Ihrer unmittelbaren Umgebung, und Sie werden sich mühelos vorstellen können, daß vieles, was sich da unter dem Namen der Liebe vollzieht, in Wirklichkeit eine Art Bürgerkrieg darstellt. Manchmal fürchte ich, die Definition eines Zynikers trifft zu: »Liebe heißt, jemanden so nahe an sich herankommen zu lassen, daß man ihn schlagen kann, wenn man enttäuscht ist.« Bestenfalls besteht zwischen Männern und Frauen ein unsicherer Frieden. Wir beuten aus, geben dem anderen schuld und verteidigen uns, als gehörten wir fremden Völkern an.

Die Ehe wird öde, wenn zwei Menschen ein Patt erreichen. Er rückt vor, sie zieht sich zurück. Sie rückt vor, er zieht sich zurück. Die Distanz bleibt dabei gleich. An guten Tagen nähern sie sich zögernd der Intimität. Das Liebesspiel ist sanft, beide haben wieder zärtliche Gefühle für den anderen. Dann aber, als wären sie einander zu nahe gekommen, um sich wohl zu fühlen, beginnen der Kampf, der Rückzug und das Sich-entfernen. Er kritisiert sie; sie hegt stillen Groll und entzieht sich ihm sexuell. Er droht ihr; sie entzieht sich ihm immer weiter usw.

Diese kriegerische Struktur von Annäherung und Vermeidung, die viele Beziehungen bestimmt, hat gewisse Vorzüge. Wenn man sich streitet, kommt zumindest keine Langeweile auf. Zorn vertreibt nicht selten Depressionen. Lebt man auf einem zwischenmenschlichen Schlachtfeld, kann uns das ermüden, aber man langweilt sich wenigstens nicht. Das Gute am Streit mit dem geliebten Menschen besteht darin, daß er uns fremd, gefährlich und anregend erscheint; das Schlechte, daß er zum Feind wird und unser Vertrauen schwindet. Man braucht Geduld und Liebe, um den Stil der intimen Kriegsführung zu überwinden. Vertrauen entwickelt sich nur, wenn man sich dem anderen ohne Gefahr verletzlich zeigen kann. Wir alle haben ein Allerheiligstes, das wir verteidigen, als hinge unser Leben davon ab. Wir schützen eine innere Wunde – die Angst, verlassen zu werden. Wir können mit großem Erfolg eine Persönlichkeit (Wilhelm Reich bezeichnete sie als »Charakterpanzer«) errichtet haben, mit der wir mit der Außenwelt kommunizieren. Doch insgeheim wissen wir um unsere Verletzlichkeit. Jederzeit können uns Tod und tragische Ereignisse überwältigen. Alte Wunden bewirken, daß wir Angst haben, dem anderen zu vertrauen. Niemand hat soviel Liebe empfangen, wie er sich wünscht. Unsere Hoffnungen sind zu oft zerstoben. Solange wir kein volles Vertrauen zum Partner entwickeln, bleiben wir reserviert. Alle unsere Interaktionen werden von krankhaftem Mißtrauen getönt. Wir funktionieren, täuschen und verführen andere, offenbaren aber nicht die verborgenen zärtlichen Gefühle hinter der Fassade.

Die Mauer der Langeweile

Die Chance, wirkliche Nähe zu spüren und eine erotische Freundschaft einzugehen, erhöht sich, wenn wir intime Erfahrungen zulassen und uns bereitwillig dem Gefühl der Langeweile stellen.

Unweigerlich kommt der Zeitpunkt, da in einer Beziehung Langeweile entsteht, denn zunächst begegnen sich Maske und Maske, Rolle und Rolle, Archetyp und Archetyp. Am Beginn der Beziehung wiederholen wir meistens die Verhaltensmuster, die uns die Eltern und die Gesellschaft aufgezwungen haben. Unser Partner soll so handeln, wie es sich für Mann oder Frau »gehört«. Als Neulinge auf dem Gebiet der Beziehungen bleibt uns nichts übrig, als die Welt durch die getönte Brille von Vater und Mutter zu sehen. Unbewußt wiederholen wir die alten Verhaltensweisen und inszenieren die gleichen Streitereien. (»Ich habe keine Lust, immer die Initiative zu ergreifen.« – »Du kannst ruhig auch einmal etwas mehr rangehen.«)

Doch wenn uns unsere unbewußten Beziehungsweisen bewußt werden, taucht etwas Neues auf. Die Erkenntnis der eigenen stereotypen Handlungen bildet den Anfang jeglicher Form schöpferischer Intimität. Anstatt, daß ich immer »der Mann« sein muß (aggressiv und stoßend) und du »die Frau« (zurückhaltend und empfangend), beginnen wir zu spielen, im Bett die Rollen zu tauschen und uns einer erotischen Freundschaft anzunähern.

Die Kunst der erotischen Freundschaft

Bevor wir die Kunst untersuchen, wie man der/die Freund/in der/des Geliebten wird und umgekehrt, wollen wir das Problem in einen größeren Rahmen stellen. Die Erkenntnis, daß sich Leidenschaftlichkeit und eine dauerhafte Bindung schwer verbinden lassen, ist nicht neu. Freud zufolge ist das Inzesttabu verantwortlich für die normale Spaltung von sexueller Leidenschaft und zärtlicher Sorge um den anderen. Kaum sind unsere erotischen Gefühle erstmals aufgetaucht, lehrt man uns, es zieme sich nicht, sich von den Eltern oder Geschwistern sexuell angezogen zu fühlen. (»Das kommt *nicht* in der besten Familie vor.«) Unsere sexuellen Gefühle werden von Anfang an auf Personen gelenkt, die uns fremd sind oder außerhalb der Familien stehen. Wir sollen Fremde lieben, nicht Personen, mit denen wir bereits nahen Umgang pflegen.

Häufig wird das Verbot, das auf inzestuösen Beziehungen ruht, unbewußt so weit ausgedehnt, daß jeder darunter fällt, mit dem uns eine tiefe Freundschaft verbindet. Eine/n Freund/in empfinden wir als Familienmitglied – und deshalb ist er/sie ebenfalls tabu. Intimität wird mit Inzest verwechselt. Nur wenn man diese unbewußte – aber natürliche – Verwirrung an die Oberfläche holt und bewußt damit umgeht, wird man beim Eingehen einer festen Bindung keine Ängste entwickeln. Sobald ein Mann beginnt, eine Frau zu lieben, wird sie auf einer ursprünglichen Ebene zur Mutter; er fürchtet den Inzest und muß sich dem verbotenen Gefühl stellen, von einer Frau sexuell erregt zu werden, die auch seine zärtlichen Gefühle weckt. Wenn eine Frau einen Mann liebt und achtet, wird sie einige Gefühle entwickeln, die auf der Identifizierung mit väterlichen Anteilen beruhen. Kommen diese unbewußten Anziehungs- und Abstoßungskräfte nicht zu Bewußtsein, kann sich aus einer romantischen Affäre leicht ein frustrierender Tanz von Annähern und Ausweichen, Vorstoß und Rückzug entwickeln. Der Sex wird gut sein, bis sich allmählich eine Freundschaft entwickelt. Oder umgekehrt.

Seelische Reife bedeutet auch, daß man lernt, Beziehungen einzugehen, die von Erregung *und* Behagen, Sex *und* Fürsorge, Spontaneität *und* Kontinuität geprägt sind. Keine reife Beziehung ergibt sich von selbst. Es ist eine Kunst und eine bedeutende Leistung, eine erotische Freundschaft einzugehen. Und die stellt sich meist erst ein, wenn wir der Jugend und dem frühen Erwachsenenalter entwachsen sind. Das hat gute

Gründe. Denn in dieser Zeit müssen wir verschiedene Beziehungstypen erkunden und herausfinden, was uns wirklich befriedigt und was nicht. Schwärmerei und Teenagerliebe zeigen, daß die reine Verliebtheit drei Monate währt und keine dauerhafte Grundlage für eine dauerhafte Beziehung bietet.

Viele Menschen brauchen anscheinend auch jede Menge Sex ohne Liebe, ehe sie zu der Überzeugung gelangen, der Sex wird besser, wenn man sich liebt. Viele müssen auch erst mehrere »ernsthafte« Beziehungen eingehen, bis sie die Illusion aufgeben, daß man irgendwann den Menschen findet, mit dem man ohne Konflikte bis ans Ende seiner Tage zusammenleben kann. Kurzum: Wir müssen erst viele erotische Spiele spielen (Eroberung und Verführung, Eines-Tages-kommt-der-Märchenprinz-des-Weges, »Bäumchen wechsel dich«), ehe wir genug Erfahrungen gesammelt haben, um uns der lohnenden Aufgabe zuzuwenden, Feinde, Fremde und Geliebte zu Freunden zu machen.

Der folgende kleine »Führer« in die Kunst der erotischen Freundschaft ist nur für jene von Bedeutung, die des Kampfes der Geschlechter überdrüssig geworden sind. Wenn Sie es leid sind, Sex ohne Nähe zu praktizieren oder umgekehrt, hier nun einige Grundsätze, über die Sie nachdenken sollten.

Erheben Sie sich über den Streit. Werden Sie zum Beobachter der Art und Weise, wie Konflikte sie beide in feindlichen Positionen festhalten. Lernen Sie, dem anderen ohne Ranküne zu sagen: Deine Art, Streitpunkte zu klären, wie wir miteinander schlafen, die Aufgaben im Haushalt zu verteilen, Freunde einzuladen – das geht so nicht; probieren wir einmal etwas Neues aus.

Verabreden Sie mit dem/r Freund/in, alles haben zu wollen. Helfen sie einander, Ihre Möglichkeiten bis zur Neige auszuschöpfen. Nutzen Sie Möglichkeiten, die Sie normalerweise vernachlässigen: Genießen Sie Ihre Empfindungen, artikulieren Sie Ihre Gefühle, spielen Sie mit Ihrer Phantasie, klären Sie Ihre Werte, riskieren Sie es zu handeln. Am einen Ende der erotischen Freundschaft liegt das ganz private Teilen der sinnlichen und sexuellen Berührungen; am anderen Ende liegt die gemeinsame Entschlossenheit, die in einer Handlung zum Ausdruck kommt: ein Haus bauen, ein Kind zeugen, auf einer Farm arbeiten, eine Firma gründen, sich politisch engagieren, reisen, gemeinsam etwas aufbauen. Die anregendsten Freundschaften sind jene, in denen sich zwei Menschen gegenseitig ermuntern, emotional zu reifen und Veränderungen herbeizuführen, um ein höheres Maß an seelischer Ganzheit zu erlangen.

Wechseln Sie die Rollen. Durchbrechen Sie Stereotype. Das Muster: Großer-Papi-kümmert-sich-um-kleines-Mädchen ist eine schöne Variation, solange man die Rolle wechseln kann und der Kleine-Junge-den-Mutti-im-Arm-hält, sein kann. Lernen Sie, Vater oder Mutter, Spielgefährte, Provokateur und Kamerad zu sein. Wir alle müssen lernen, hart und sanft zu sein, emotional und rational, spontan und diszipliniert, energisch und hingebungsvoll. Ein vollständiger Mensch ist fähig, männliche und weibliche Tugenden in sich zu vereinigen. Die Fähigkeit, sexuelle Rollen zu wechseln, verdoppelt die Lust. Wechseln sie die Stellungen, ob bei Tag oder Nacht. Es spielt keine Rolle, wer dabei den männlichen oder den weiblichen Part übernimmt. Beides sind schöne Melodien. Was zählt, ist das Duett.

Stellen Sie Ihre Einstellung zur Sexualität in Frage. Das Wichtige ist, sich in Liebe zu vereinen, nicht Krieg zu führen. Wie sehr sind Sie noch immer süchtig nach Eroberung oder Leistung? Wie bereitwillig trennen Sie bloße Empfindung von Zuneigung? Wieviel Wissen über und Vertrauen in den anderen brauchen Sie, ehe Sie sich in der Sexualität zu Hause fühlen? In der erotischen Freundschaft ist die körperliche Liebe Ausdruck einer Vereinigung, die Feier einer Begegnung, die bereits stattgefunden hat. Schlafen Sie erst miteinander, wenn Sie wirklich zusammengekommen sind. Die sexuelle Liebe ist eine Einladung, etwas zu wiederholen. Erforschen Sie Ihre sexuellen Empfindungen im Rahmen der Gefühle und der Fürsorge. Bei der Liebe besteht der Kniff darin, am Ende anzufangen. Beginnen Sie, wenn sich in der Beziehung das Mitgefühl bereits gefestigt hat.

Lassen Sie sich Zeit. Nähe stellt sich nicht über Nacht ein. Unsere Instant-Kultur verführt zu der gefährlichen Illusion, alles ließe sich im Handumdrehen bewerkstelligen. Möglicherweise vertrauen Sie dem anonymen Fremden im Flugzeug Geheimnisse an, die Sie sonst keinem anderen anvertrauen würden – was daran liegt, daß Sie ihn nie wiedersehen werden. Wahre Freundschaft webt man aus vielen gemeinsam verbrachten Tagen, aus dem angehäuften Garn unserer Erinnerungen und Hoffnungen. Dazu kommt es aber nur, wenn Sie sich gegenseitig viele Geschichten erzählt haben. Eile ist der Feind der Nähe. Liebe läßt sich nicht in »Fertigbauweise« errichten. Du und ich strecken gegenseitig unsere Fühler aus. Am Anfang ist alles ein Versuch. Allmählich verschlingen sich unsere Wurzeln, und eine Bindung entsteht. Sie wissen, dieser

Prozeß hat eingesetzt, wenn Sie nicht mehr »du« und »ich« sagen, sondern anfangen, von »wir« zu sprechen.

Lernen Sie zu vertrauen. Am Anfang steht das Mißtrauen. Es ist normal, ja sogar klug, sich Fremden zögernd und reserviert zu nähern. Wir lernen aber nur, anderen zu vertrauen, wenn wir bereitwillig einräumen, daß wir argwöhnisch sind und vielleicht auch unzuverlässig. Die Überwindung krankhaften Mißtrauens ist eine universelle Aufgabe des Menschen. Andere Personen, zumal des anderen Geschlechts, erscheinen uns unbekannt und gefährlich, bis man sich in ihrer Nähe geborgen fühlt. Wir alle sind oft genug ausgebeutet, zurückgewiesen und verlassen worden, um Anlaß zum Mißtrauen haben, doch schließlich sind wir erwachsen geworden. Zu viele zerbrochene Liebesbeziehungen und enttäuschte Hoffnungen führen unweigerlich zu einem verhärteten Herzen.

Sind wir vertrauensvoll, gehen wir immer ein Risiko ein. Doch es ist der einzige Weg, der zur Intimität führt. Wieviel halten Sie zurück, weil Sie Angst haben, benutzt oder verlassen zu werden? Wieviel Mißtrauen und frei flottierende Feindseligkeit haben Sie ganz allgemein, was Männer betrifft? Beziehungsweise Frauen? Paradoxerweise läßt sich das gegenseitige Vertrauen stärken, wenn man dem anderen gesteht, man würde ihm zwar gern vertrauen, könne es aber noch nicht. Vertrauen Sie dem Partner so weit, daß Sie ihm von Ihrem Mißtrauen erzählen. Je mehr wir imstande sind, in einer Beziehung offen über Angst, Neid, Schuld, Kummer, Hoffnungen zu reden, desto mehr Vertrauen entsteht. In einer reifen Freundschaft können zwei Menschen genau angeben, in welcher Hinsicht sie unzuverlässig sind. »Ich warne dich – ich habe eine Menge Wut auf die Männer, und auch du wirst etwas davon abbekommen.« Oder: »Ich habe immer noch Angst vor einer festen Bindung.«

Weiten Sie Ihre Freundschaften aus. Vermeiden Sie die romantische Falle, sich in der intimen Beziehung einzusperren. Schauen zwei Menschen nur einander und niemandem sonst tief in die Augen, werden sie kurzsichtig. Ein einziger Freund kann nicht alle unsere Bedürfnisse nach Nähe befriedigen. Eine erotische Freundschaft ist eine Beziehung, die uns für andere öffnet.

Und wie steht's mit dem Sex mit anderen? Das ist die Frage Nummer eins in allen offenen Beziehungen, und es gibt keine leichten Antworten darauf. Für viele Menschen schließt eine sexuelle Bindung alle anderen aus. Sehr wenige »offene Ehen« halten über einen längeren Zeitraum. Angst, Eifersucht und ständige Verhandlungen zerstören das Vertrauen und das Wohlbehagen, die die Grundlage jeder Beziehung bilden. Nur wenige Paare können mehrfache sexuelle Beziehungen dulden, gar dazu ermuntern. Diese Frage können allein Sie und Ihr/e Partner/in entscheiden. Wird das freundschaftliche Band gestärkt oder geschwächt, wenn Sie andere Personen in Ihr Sexualleben einbeziehen?

Virginia Satir rät Paaren: »Man muß so frei sein, sich dem anderen ebensosehr zu verschließen, wie man sich ihm öffnet.«

Es ist eine unglückselige Konstellation, wenn die Frage der mehrfachen Beziehungen sich an der Frage des geschlechtlichen Ausdrucks festmacht. Das heutige Amerika ist eine einsame Gesellschaft; die meisten Menschen haben viele Bekannte und nur wenige Freunde. Wir müssen unbedingt die Kunst der Freundschaft erneuern. In der Sprache eines nordamerikanischen Indianervolkes wird »Monotonie« definiert als »die Abwesenheit männlicher Freunde«. Interessant! Wenn Männer keine Freunde haben, bürden sie alle emotionalen Bedürfnisse einer Frau oder mehreren Frauen auf. Dies setzt die Beziehung meistens so stark unter Druck, daß sie zerbricht. Durch die Frauenbewegung haben die Frauen ein Gespür für das Angewiesensein auf andere Frauen entwickelt. Die meisten Männer müssen noch die tiefe Befriedigung kennenlernen, die entsteht, wenn man miteinander konkurrenzfrei, vertrauensvoll und sanft umgeht. Zum Glück demonstriert inzwischen die Männerbewegung, daß Männer die Freundschaft zu anderen Männern brauchen.

Seien Sie auf der Hut, daß Sie das Bedürfnis nach Abenteuern nicht mit sexueller Bedeutung aufladen. Durch Sex versuchen wir die Erregung zu finden, die uns sonst im Leben fehlt. Wenn Sie sich wie besessen die Frage stellen: Wie kann ich – können wir – ein aufregendes Liebesleben haben? –, dann dürften Sie sich auf die falsche Frage konzentrieren. Entdecken Sie einen »Weg mit Herz«, eine leitende Leidenschaft für das Leben, die Sie mit dem/r Geliebten teilen, und die sexuelle Erregung wird steigen. Anhaltende sexuelle Erregung in einer Beziehung resultiert aus der gemeinsamen Suche nach einer abenteuerlustigen Lebensweise.

Offenbaren Sie sich. Je mehr man von sich enthüllt, desto tiefer wird die Beziehung. Mit jeder Enthüllung vergrößert sich das Risiko. Entwaffnen Sie sich! Geben Sie Ihre Abwehrstellungen, Ihre Verstellungen und das kultivierte Bild auf, das Sie von sich haben. Das ist ebenso gefährlich wie aufregend, denn nun kann man sich nirgends mehr verstecken. Freunde durchblicken jeden Schein. Doch es fällt uns schwer, ehrlich zu sein. Im geschützten Raum des Vertrauens können wir die Konkurrenz und die höfliche Kriegführung aufgeben, die die soziale Welt bestimmen, und zulassen, daß man uns erkennt.

Gehen Sie eine Bindung ein. Kunst erfordert Diszipliniertheit. Freiheit beginnt mit Selbstbescheidung. Für jede Freundschaft, die wir entwickeln, müssen wir mögliche andere Beziehungen opfern. Es erfordert Zeit und Kraft, eine Freundschaft zu pflegen. Wie es im alten Lied heißt: »Nennst du jeden ›Liebling‹, klopft die Liebe nicht an deine Tür.« Das Besondere bleibt nur dann besonders, wenn Sie es mit jenen teilen, die Ihnen besonders am Herzen liegen. Milton Mayeroff drückt treffend aus: »Fürsorglichkeit setzt Kontinuität voraus, und diese stellt sich nicht ein, wenn der Partner ständig einem anderen weichen muß.«[1] Liebe gedeiht nur im Klima von Versprechen und Treue.

Lernen Sie, von anderen abhängig zu werden, aber auch selbst verläßlich zu sein. Viele Amerikaner leiden heute unter einem Atlas-Komplex – der Illusion, sie müßten die Welt auf den Schultern tragen. Der Marlboro-Mann und die völlig unabhängige Frau haben sich einem falschen Autonomie-Ideal verschrieben. Wenn jemand von sich behauptet: »Ich brauche niemanden«, bringt das lediglich versteckt zum Ausdruck: »Ich habe Angst, einem anderen Menschen zu vertrauen.« Pseudounabhängige Menschen leben lieber in einer Sphäre der Isolierung und der Einsamkeit, statt das Risiko einzugehen, das schwache Gefühl der eigenen Identität preiszugeben. Wir Menschen sind gesellschaftliche Wesen. Wir brauchen einander. Es ist eher eine Stärke als eine Schwäche, wenn man sich bewußt ist, daß man sich um andere kümmern möchte und will, daß andere sich um uns kümmern. Untersuchen Sie Ihre Angst, »Ihre Freiheit zu verlieren«, das unbehagliche Gefühl, andere Menschen zu brauchen. Riskieren wir, voneinander abhängig zu werden.

Pflegen Sie die Privatsphäre und das Alleinsein. Hier haben wir es mit einem Paradox der Leidenschaft zu tun: Je größer die Nähe, desto größer das Bedürfnis nach dem Alleinsein. In tiefgehenden Liebesbeziehungen verschmelzen wir und verlieren uns im anderen. Die Grenzen zwischen »Ich« und »Du« werden ausgelöscht, ein und derselbe Antrieb bewegt uns. Nach solchen Verschmelzungen müssen wir unsere jeweiligen Identitäten neu errichten. Paare, die dieses notwendige Schwanken zwischen Verbindung und Trennung nicht anerkennen, holen sich die erforderliche Distanz durch Auseinandersetzungen, Rückzug oder indem sie immer wieder Phasen der emotionalen Kälte durchleben. Eine starke Beziehung ist – wie das Atmen – ein rhythmisches Fließen: hinein und hinaus, zusammenkommen und sich voneinander entfernen, abhängig sein und allein sein. Lassen Sie die Gefühle der Leere zu. Erschöpfen Sie einander nicht durch ungebrochenes Zusammensein.

Halten Sie sich offen für das fremdartige, unbekannte Mysterium Ihres/r intimsten Freundes/Freundin. Lassen Sie sich nicht von der Annahme leiten: »Ich kenne sie/ihn in- und auswendig.« Rechnen sie damit, eine Überraschung zu erleben, und Sie werden nicht enttäuscht sein.

Sorgen Sie für das Wohl des/r Partner/in. Genießen Sie die Entwicklung seelischer Reife. Verwenden Sie Ihre Einsichten, um sie/ihn dazu zu ermuntern, der zu werden, der er/sie ist. Lernen Sie, ohne Schuldzuweisungen Kritik zu üben und ohne Schmeicheleien zu loben. Es gibt nichts Erotischeres, als zu sehen, wie ein anderer Mensch aufblüht, sich entfaltet und allmählich Reife erlangt. Gegenseitige Achtung ist ein großartiges Aphrodisiakum.

Fassen wir zusammen: Es ist kein unerfüllbarer Traum, Leidenschaft und Zärtlichkeit zu verbinden, eine/n Geliebte/n und eine/n Freund/in in derselben Person zu finden. Theoretisch ist alles ganz einfach:

Befreien Sie Ihre Sexualität vom Zwang zur Eroberung
und zur Leistung.
Hören Sie auf, Krieger zu sein, und werden Sie zum Liebenden.
Überwinden Sie Ihr krankhaftes Mißtrauen,
und werden Sie verletzlich.
Lernen Sie zu vertrauen, akzeptieren Sie Enttäuschungen,
vergeben Sie, und vertrauen Sie von neuem.
Stellen Sie sich Ihrer Angst vor dem Verlassenwerden
und anderen Hindernissen auf dem Weg zur intimen Nähe.
Genießen Sie Ihren Körper.
Freuen Sie sich Ihres/Ihrer Geliebten.
Ehren Sie Ihr Bedürfnis nach Zugehörigkeit und Alleinsein.
Drücken Sie ehrlich aus, was Sie denken und fühlen.

Übernehmen Sie die Verantwortung für die eigene Entwicklung.
Ermutigen Sie Ihre/n Freund/in und sorgen Sie für ihn/sie.
Teilen Sie mit dem/der Partner/in Zeit, Geschichten, Hoffnungen und Mißerfolge.

Im Grunde nimmt es ein ganzes Leben in Anspruch, die Kunst des Liebens zu vervollkommnen. Aber mit jedem Jahr werden Sie besser darin. Ich jedenfalls kann mir keinen wertvolleren Weg vorstellen, als ein Leben lang zu lernen, Freund und Liebender zu werden.

15. Kapitel

Depression und Hoffnung

Wären Depressionen und melancholische Gefühle so selten wie Tuberkulose, so könnte man abschließend Überlegungen darüber anstellen, wie sich die Psyche des einzelnen heilen ließe. Noch vor zehn Jahren benutzten 32 Prozent der Frauen und 16 Prozent der Männer in den »besten« Jahren (im Alter zwischen 30 und 44) (Statistik des National Institute for Mental Health) verschreibungspflichtige Medikamente zur »Stimmungsaufhellung«. Zwischen 9,3 und 10 Millionen Erwachsene und 3,3 Millionen Jugendliche wurden außerdem vom Ministerium für Gesundheit als alkoholgefährdet eingestuft. Der jüngste explosionsartige Anstieg der Anti-Drogen- und Anti-Alkohol-Programme bestärkt mich in der Vermutung, daß alle Formen der Sucht in den neunziger Jahren verbreiteter sein werden, als sie es in den achtziger Jahren waren. Wir haben es also mit mehr als nur einer psychologischen Fehlanpassung des einzelnen zu tun.

Um die Ursachen und Heilungsmöglichkeiten für unsere Krankheit zu erkennen, müssen wir über die psychologische Betrachtungsweise hinausgehen und uns der politischen Dimension der Langeweile zuwenden.

Die These, die ich in diesem Kapitel vertrete, ist unorthodox und umstritten: Demnach sind die zunehmenden Langeweileerfahrungen und Depressionen eher ein Symptom für das Scheitern der Gesellschaft als für das Versagen des einzelnen. Wer sich langweilt und depressiv reagiert, ist möglicherweise den »normalen« Amerikanern *überlegen*, nicht *unterlegen*, die in dieser Zeit der gesellschaftlichen Krise weiterleben, als wäre nichts geschehen. Es sind gerade die Sensibelsten, die unter der Mechanisierung, Standardisierung, Militarisierung, Bürokratisierung und Urbanisierung des modernen Lebens – unserem kulturellen Unbehagen – leiden. Es gibt vieles im Amerika von heute (und in Europa, der Sowjetunion und China), das deprimierend ist. Unsere geheimen Gefühle der Melancholie drohen, die Beziehungen, Gemeinschaften, Institutionen sowie das ökologische Gleichgewicht zu zerstören, ohne die wir auf diesem Planeten nicht überleben können. Wir sind depressiv, weil wir immer tiefer in einen Zustand der Hilflosigkeit geraten.

Auf welche Weise führt nun unsere Kultur zu Depressionen? Welche Veränderungen müssen wir herbeiführen, um die Traurigkeit aus unserem Staatskörper zu vertreiben?

Natürlich erfordern diese Fragen Antworten, die zu groß sind, als daß man sie in einem Buchkapitel abhandeln könnte. Doch betrachten wir die Gesellschaft Nordamerikas anhand von vier Punkten (Frauen, Arbeit, Fernsehen, Krieg), um einige Probleme und Chancen klarer fassen zu können.

Die Weisheit der Frauen

Hören wir zunächst, was die Frauen zu sagen haben. Wenn sich eine Lehre aus dem Gefühl der Depression ziehen läßt, so diese: Viel dürfte davon abhängen, wie eng wir mit der weiblichen Sensibilität in uns in Kontakt kommen.

Laut Maggie Scarfs Aufsatz sind die Frauen Nordamerikas »The More Sorrowful Sex«[1] [»Das traurigere Geschlecht«]. Zwischen zwei- bis sechsmal so viele Frauen wie Männer leiden dieser Diagnose zufolge unter Depressionen. Siebzig Prozent aller Psychopharmaka werden von Frauen eingenommen. Warum? Frauen gehen häufiger als Männer zum Arzt, und die meisten Ärzte sind Männer. Es besteht die Neigung, Frauen, die unglücklich und enttäuscht vom Leben sind, als »depressiv« zu bezeichnen und sich des Problems zu entledigen, indem man ihnen Medikamente verschreibt. Da »85 Prozent derjenigen Personen, die Psychopharmaka einnehmen, berichten, sie hätten noch nie die Hilfe eines Psychiaters in Anspruch genommene (Scarf), ist klar, daß die Diagnose »Depression« *und die implizite Deutung ihres Sinns* in der Praxis des Allgemeinmediziners gestellt wird.

Eine Frau kommt in die Sprechstunde ihres Hausarztes und klagt über unklare Beschwerden. Aber er findet keine organischen Schäden. Er denkt (ohne den Nutzen einer psychologischen Ausbildung oder philosophischer Reflexionen über den Sinn der Melancholie), die Frau leidet unter Depressionen – und er verschreibt das einzige ihm bekannte Rezept: Tabletten. Und so werden die Beschwerden als Folge einer fehlgeschlagenen Anpassung eingestuft, die innere Erregung der Frau wird künstlich stillgestellt, und man macht ihr Hoffnungen in Form einer Zauberpille, die die »Stimmung« aufhellt. Das Indigo der sich verdüsternden Stimmung verschwindet, und durch Librium erscheint das Leben schon bald wieder in rosaroten Tönen (die Farbe für kleine Mädchen).

Frauen neigen Maggie Scarfs Auffassung zufolge stärker zu Depressionen als Männer, weil man sie dazu erzogen hat, sich stets der Zuneigung anderer Menschen zu versichern. Darauf lasse sich indes kein unabhängiges Selbstwertgefühl aufbauen: »Frauen räumen dem Streben, anderen zu gefallen, den höchsten Rang im Leben ein. Sie wollen für andere attraktiv sein, möchten umsorgt sein und für andere sorgen …« Frauen werden mit aller Macht in eine Richtung gedrängt, die von der Frage: »Was will ich?« wegführt, hin zur Frage: »Was wünschen oder brauchen *die anderen* von mir?« Daraus ergibt sich, daß »die normal weibliche, normal abhängige Frau möglicherweise ihre Innenwelt als entleert von allem erlebt, was ihr gut erscheint und ihrem Leben Sinn verleiht«, sobald eine wichtige Beziehung scheitert und eine Zeit zwischenmenschlicher Dürre anbricht. Die depressive Frau hat etwas verloren, von dem sie vital abhängig ist – das Band der Liebe.

Aus diesem Bild der Depression der Frau von heute zweigen zwei – nicht-chemische – Wege der Hoffnung ab.

Der erste Weg führt zu größerer Macht, Individuation und Befreiung. Viele Frauen haben sich aus alten Rollen befreit. Die Frauenbewegung hat den Frauen geholfen, ihre Hilflosigkeit und Abhängigkeit abzulegen, ihre Aggressivität zu beherrschen und einen gerechten Anteil am ökonomischen und politischen Kuchen zu fordern. Viele haben Henry Higgins Frage aus *Pygmalion*: »Wieso ähnelt eine Frau eigentlich nicht mehr einem Mann?« durch den Nachweis beantwortet, daß sie genausogut konkurrieren, erobern und befehlen können wie die besten unter den Männern. Die Frauen haben sich in die einst den Männern vorbehaltenen Rollen hineingedrängt. Dadurch sind sie in den Genuß der Privilegien der Macht und – in gleichem Maße – der seelischen und körperlichen Belastungen gekommen.

Der zweite Weg ist radikaler, und es gibt ihn nur als zukünftige Möglichkeit: Nicht die Frauen müssen sich ändern, sondern die gesellschaftliche Kultur: Alles, was herkömmlich als das weibliche Element gilt, muß die volle Gleichberechtigung erhalten. Diese radikale Alternative beruht auf einer Deutung des psychischen Leidens und der Melancholie, die heute von der überwiegenden Mehrheit der Frauen geteilt wird.

Gehen wir einen Augenblick davon aus, es gäbe tatsächlich eine besondere weibliche Sicht- und Lebensweise. Zwar verfügen auch einige Männer über diese Sensibilität, und einige Frauen nicht, aber die Vertreter der weiblichen Sichtweise sind in unserer Kultur immer noch überwiegend die Frauen. Nehmen wir weiter an, diese Lebensform erführe in unserer von Männern dominierten, technologischen, linkshirn-orientierten, rationalistischen, aktivistischen Konkurrenzgesellschaft nicht ausreichend Gerechtigkeit. Und unterstellen wir schließlich, die Depressiven unter uns verfügten über prophetische Gaben und seien gar nicht krank.

Depressive Frauen könnten deshalb traurig sein, weil sie in einer tiefen, intuitiven Schicht ihrer Psyche begreifen, daß wir Gefahr laufen, die Einstellungen, Gefühle, Wertvorstellungen und Verhaltensweisen einzubüßen, ohne die menschliches Leben nicht überleben kann. Vielleicht ist der Schmerz der Frauen hellsichtig, zutreffend, wahr! Die Neurotischsten unter uns sind vielleicht jene, die *nicht* niedergeschlagen reagieren, wenn das Band der Liebe zu zerreißen droht, die sich nicht verhärten und sich »durchschlagen«, ohne daß sie sich um andere sorgen oder daß man sie umsorgt.

Es gibt eine fast vergessene Tradition, derzufolge das Leiden das Tor zum wirklichen Menschsein darstellt. Im Judentum wie im Christentum war der Erlöser – der uns in eine neue Wirklichkeit führen sollte – ein »Mann des Leidens und vertraut mit tiefem Kummer«. Tiefer Kummer verrät dem Bewußtsein, daß etwas, das wir lieben und wertschätzen, gefährdet, vielleicht sogar schon gestorben ist. Nur durch Trauer über das Vergangene können wir aus der Depression hinausgehen und eine neue Zukunft schaffen.

Vermutlich ist die epidemieartige Verbreitung depressiver Erkrankungen unter Frauen ein Signal aus der Tiefe unseres kollektiven Erbgutes, das zeigt, daß wir in Schwierigkeiten sind. Die heute grassierende Melancholie kann ein heilsames Unbehagen sein, eine Wunde, die uns zwingt, die eingefahrenen Bahnen unseres individuellen und politischen Lebens zu verlassen.

Was rät uns nun die Stimme der Frauen? Was sind die Wörter, die mit den traurigen Gefühlen einhergehen?

Am Anfang stehen Liebe, Intimität und Bindung.

Die Matrix, die Mutter und Kind vereinigt, bildet nur eine Kreuzung in der Verkettung der kosmischen Kommunion, in der wir leben, uns bewegen und unser Dasein finden.

Das »Wir« kommt vor dem »Ich«. Kommunion rangiert höher als Individualität.

Geben und Nehmen, eine liebevolle Beziehung bilden den Boden, in dem wir Menschen immer wurzeln werden.

Ohne Gefühle, Berührungen und Vertrautheit werden wir zu Fremden im eigenen Land, allein und ängstlich.

Die Familie, die Gemeinschaft und das Land sind die Wiege der Hoffnung. Kinder sind die fleischgewordene Hoffnung, unsere lebendige Zukunft.

Das weibliche Bewußtsein hat seinen Mittelpunkt im Bewußtsein der Wichtigkeit zwischenmenschlicher Beziehungen. Wie Forschungen im Bereich der Biologie, Physik und Ökologie zeigen, ist alle Realität Beziehung. Offenbar halten Frauen hartnäckig an dieser Tatsache fest. Im tiefsten Inneren hat sich die weibliche Psyche dem modernen Experiment des Individualismus verweigert, dessen Ethik etwa lautet: »Ich mach meine Sache, du machst deine Sache, und wenn wir uns dabei treffen, okay, wenn nicht, find' ich's schade.« Sie hat nie geglaubt, daß jeder nur für sich sorgen soll. Nie hat sie geglaubt, daß das Abstrakte wichtiger sei als das Konkrete, der Marktplatz wertvoller als der heimische Herd, man sich eher mit dem Fernen als mit dem Nahen verbünden sollte. Nie ist sie der Illusion verfallen, es gehe im Leben um die Anhäufung von Macht.

Wenn die Frauen ein genetisch verankertes Bedürfnis haben, Beziehungen herzustellen, sich um andere Menschen zu kümmern, das Band der Familie und der Gemeinschaft zu nähren – wie sollen sie da über die heutigen gesellschaftlichen Verhältnisse keinen Schmerz, keine Mutlosigkeit spüren? Der Verfall der Familie und der Gemeinschaft, die globale Umweltverschmutzung und die drohenden Schrecken des Krieges rauben uns den Glauben, wir hätten noch eine Zukunft. Soziologen diagnostizieren heute eine große Verbreitung von Zuständen der Entfremdung, der Angst und der Anomie. Unser Leben wird immer schneller, bestimmt von Zuständen des »High«-seins und großer Anonymität. Wir sind gut genährt, aber einsam, lassen uns unterhalten, aber langweilen uns, haben häufig Sex, werden aber kaum einmal richtig geliebt.

Der melancholische Ruf der Frauen fordert uns auf, andere Prioritäten zu setzen, unsere Volkswirtschaften und unsere politischen Strategien neu zu ordnen, Konkurrenz und Individualismus hinter uns zu lassen und eine fürsorglichere Gesellschaftspolitik zu betreiben. Er fordert uns auf, die Verbindungen mit der Erde zu ehren, die Intimität zu feiern, ohne die wir verhärten, die Familie wertzuschätzen, die das Nest der Freiheit bildet, für Gemeinschaften zu arbeiten, in denen Kooperation und Teilen großgeschrieben wird. Meist schenken wir der Weisheit der Frauen keine Beachtung, weil dies tiefgreifende Umwälzungen in der Gesellschaft erforderlich machen würde. Die gegenwärtige Krise entspringt der wachsenden Erkenntnis, daß wir uns ändern müssen oder aber sterben werden. Vielleicht sind wir ja schon derart verzweifelt, daß wir der sanften Weisheit zuhören, die wir zu lange zum Schweigen gebracht haben.

Es ist ein Zeichen der Hoffnung, daß die Männer nun endlich aus ihren patriarchalischen Träumen erwachen und sich auf ihre Gefühle und Intuitionen besinnen. Die aufkeimende Männerbewegung schickt Tausende auf die Abenteuerfahrt ins eigene Innere, wo sie die spirituellen Werte entdecken, die die Frauen nie ganz preisgegeben haben. Wir sind offenbar eine Generation von Sexisten die sich langsam befreien. Es ist an der Zeit, daß wir unseren Gefühlen trauen und unseren Schmerz achten. Vielleicht sollten wir unsere Aufputschtabletten und Beruhigungsmittel wegwerfen und beginnen, uns selbst, unsere Beziehungen, unsere Familien und unsere Gemeinschaften zu ändern.

Arbeiten – wofür?

Haben auch Sie manchmal Lust, laut zu schreien, weil Ihre Arbeit so ungeheuer monoton ist?

Arbeit ist ein Paradox. Wir arbeiten, und dennoch beklagen wir uns, wir seien in unseren Jobs gefangen. Nur 28 Prozent von uns würden weiterarbeiten, weil sie Spaß an der Arbeit haben.

Warum arbeiten wir?

Wenn wir nicht arbeiten, haben wir nichts zu essen. Die meisten Menschen ertragen ihre Arbeit, weil sie keine Alternative haben. In unserer von Technik geprägten Kultur sind die meisten Menschen durch die Forderungen der Industrie zur Langeweile verdammt. Die wirtschaftliche Ordnung beruht auf Routine, Standardisierung, Regelmäßigkeit, Quantifizierung sowie auf der großen arbeitenden Klasse, deren Arbeit sich auf monotone Verrichtungen beschränkt. Monotonie ist nur ein anderer Ausdruck für Effizienz. Gesellschaftlicher Reichtum beruht auf Massenproduktion und dem Verkauf von Waren. Da das Kapital vorwiegend in Maschinen investiert wird, die nicht stillstehen dürfen, müssen die Menschen dazu gebracht werden, ihr Leben so einzurichten, daß es mit den Bedürfnissen der Maschinen übereinstimmt. Die Menschen müssen so zurechtgestutzt werden, daß sie zu der Arbeit passen, nicht umgekehrt. In der von der Ökonomie beherrschten Gesellschaft regiert die Uhr. Der körpereigene Rhythmus geht zum Teufel. Ob man nun bereit ist oder nicht – um acht Uhr morgens trifft man bei der Arbeit ein, um zwölf Uhr ist Mittagspause, und um vier Uhr hört man wieder auf.

Mannhaft oder »frauhaft« tragen wir unsere Verantwortung, investieren wir unsere frischesten Kräfte in die Arbeit und ertragen die unvermeidliche Langeweile. Es geht nicht anders. Jedenfalls glauben wir das.

Blicken wir tiefer, so finden wir viele andere Motive, die uns zum Arbeiten veranlassen. In einer Umfrage der Zeitschrift *Psychology Today* gaben jene Personen, die sagten, sie würden weiterhin arbeiten, auch wenn keine finanzielle Notwendigkeit dazu bestehe, die folgenden Gründe an:[2]

	Männer	Frauen
Ich habe Spaß an meiner Arbeit.	29,0 %	28,6 %
Aus der Arbeit beziehe ich den Großteil meiner Identität.	25,8 %	27,5 %
Die Arbeit sorgt dafür, daß ich mich nicht langweile.	17,4 %	18,2 %
Meine Arbeit ist für andere wichtig und wertvoll.	13,9 %	10,8 %
Ich bin gern mit meinen Kollegen/innen zusammen.	5,3 %	8,1 %
Ich hätte ein schlechtes Gewissen, wenn ich durch meine Arbeit keinen Beitrag zum Wohle der Gesellschaft leistete.	4,4 %	3,4 %
Ich arbeite aus Gewohnheit weiter.	4,2 %	3,4 %

Die Mischung der Motive, die sich in dieser Umfrage spiegelt, zeigt, daß wir nicht nur berufstätig sind, weil wir unseren Lebensunterhalt verdienen müssen, sondern weil wir auch andere Werte mit unserer Arbeit verbinden – Kreativität, Identität, Engagement, Dienst am anderen, das Gefühl der Zusammengehörigkeit. Wie der Mann, der das Spanferkel erfand, als sein Haus niederbrannte, und weiterhin der kostspieligen Gewohnheit der Brandstiftung frönte, um geröstetes Schweinefleisch essen zu können, so erdulden auch wir die Langeweile, weil wir gern Arbeit haben.

So wie Frauen traditionellerweise ihre Identität in Beziehungen fanden, so fanden die Männer die ihre in der Arbeit. Die Frage, die ein Mann als erstes dem Gegenüber stellt, lautet: »Und was machen Sie beruflich?« Wir erwarten von der Arbeit mehr als nur ein geregeltes Einkommen, das uns den Lebensunterhalt sichert. Wir sehnen uns nach Sinn und dem Gefühl, daß wir anderen dienen und Wertvolles schaffen. Hier liegt das ausweglose Dilemma der heutigen Arbeit: Nach wie vor soll die Arbeit unserem Leben Sinn verleihen, und doch werden die Arbeitsplätze systematisch durch die Erfordernisse der zunehmenden Mechanisierung, der Urbanisierung und der Bürokratie trivialisiert. Eine Gesellschaft, die sich der Produktion und Konsumption verschreibt, stellt her, was Gewinn abwirft, nicht was sinnvoll ist.

Insgeheim stellen wir so große Forderungen an die Arbeit, daß es uns schwerfällt, mit der Abwesenheit von Arbeit – Freizeit – fertigzuwerden. Wir meinen, wir wünschten uns ein geruhsames Leben, aber zuviel freie Zeit empfinden wir als eine größere Belastung als zuwenig freie Zeit. Wir investieren so viel Identität und Hoffnung in die Arbeit (ungeachtet der Befriedigung, die sie uns wirklich schenkt), daß wir kaum wissen, was wir machen sollen, wenn man uns die Arbeit nimmt.

Während McCarthy-Ära weigerte sich ein berühmter Filmregisseur zunächst, vor dem »Untersuchungsausschuß für unamerikanische Aktivitäten« auszusagen. Daraufhin setzte man ihn auf die »schwarze Liste«, und er erhielt Berufsverbot. Schließlich gab er dem Druck nach und sagte aus, weil er in der Zeit der Arbeitslosigkeit unter Impotenz litt. Die Verbindung von Arbeitsplatz, Status und Männlichkeit ist so weit verbreitet, daß viele Männer bald nach der Pensionierung sterben. Keine Arbeit zu haben heißt, seine Identität zu verlieren. Über Freizeit zu verfügen, stellt eine Bedrohung dar.

Zwei Wege führen aus diesem Dilemma.

Zum einen könnten wir Arbeit und Beruf-ung trennen. Man kann die Erwartung aufgeben, unsere Arbeit könne schöpferisch oder sinnvoll sein, und sich damit begnügen, alles zu tun, damit man wenigstens genug Geld zum Leben hat. Der Job brächte das Geld ins Haus. Den Beruf, die Aktivitäten, in denen man Sinn findet, Identität, Gemeinschaftlichkeit und seine schöpferischen Triebe könnte man dazu verwenden, um ein Haus zu bauen, ein Kunstwerk zu schaffen, eine Beziehung einzugehen oder sich ein Hobby zuzulegen. Wir könnten die Arbeitszeit der Profitmaschine opfern und uns in der Freizeit dem Streben nach Sinn widmen.

Andererseits könnten wir fordern, daß die Firma, das Ladengeschäft, das Kaufhaus, die Farm, die Gewerkschaft, das Büro, in dem wir arbeiten, uns allmählich auf sinnvollere Weise beschäftigt. Wir könnten fordern, daß ein Auto sicher, langlebig und sparsam im Verbrauch zu sein habe; daß Rechtsanwaltskanzleien mehr der Gerechtigkeit dienen als dem Recht; daß in Schulen mehr erzogen als nur unterrichtet wird; daß jeder Arbeitsplatz auf irgendeine Weise die Möglichkeit bereitstellt, dem öffentlichen Wohl zu dienen, und nicht nur auf privaten Gewinn ausgerichtet ist.

Kein Arbeitsplatz kann oder sollte Sie voll und ganz in Anspruch nehmen – weder emotional, geistig noch seelisch – und Ihre Identität ganz und gar bestimmen. Die Frage, die Sie beantworten müssen, lautet: Wieviel Sinn und Befriedigung im Leben erwarten Sie von der Berufstätigkeit? Wieviel von Freunden? Der Familie? Dem politischen Engagement? Der Freizeit und dem Spielen?

Wenn Sie wollen, daß die Arbeit einen Großteil Ihrer Berufung zum Ausdruck bringt und Ihnen Raum gibt, ein wenig von Ihren schöpferischen, moralischen und politischen Impulsen umzusetzen, können Sie rasch in Schwierigkeiten geraten. Die Machtstruktur in jeder Gesellschaft besteht aus einer Gruppe von Menschen, die über die Macht verfügen, den anderen Langeweile aufzuzwingen. In *Humboldts Vermächtnis* vertritt Saul Bellow die These: »Die Kombination von Macht und Langeweile ist niemals angemessen untersucht worden. Langeweile ist ein Werkzeug der sozialen Kontrolle. Macht ist die Macht, Langeweile zu verhängen, Stillstand zu befehlen ...«

Sind Sie in einem Job gefangen, bei dem die Arbeitszeit nicht mit Ihrem Körperrhythmus übereinstimmt und die Arbeitsplatzbeschreibung keinen Gebrauch von Ihrer Kreativität macht? Wenn Sie sich die Arbeitsbedingungen genau ansehen, können Sie herausfinden, über wie viel oder wie wenig Macht Sie verfügen. Bestehen Sie auf Ihrem Recht auf interessante, sinnvolle Beschäftigung, und Sie gehen das Risiko ein, Ihren Arbeitgeber zum radikalen Umdenken zu bewegen oder sich selbständig machen zu müssen.

Aufgrund der Arbeitsteilung in industriellen Gesellschaften erhebt sich allerdings eine grundsätzliche Frage: Verdammt die Spezialisierung uns alle zur Langeweile? Heute gibt es immer mehr Spezialisten und Experten, die immer mehr über immer weniger wissen. Ärzte (deren Fachgebiete wiederum in Proktologie, innere Medizin, Dermatologie usw. untergliedert sind), kümmern sich um unseren Körper; Psychiater stellen unsere Psyche richtig ein; und der Pfarrer kümmert sich um das, was von der Seele übrigbleibt. Berufspolitiker regieren uns. Rechtsanwälte knebeln uns jedesmal mit Verträgen, wenn wir heiraten, uns scheiden lassen oder ein Grundstück oder Haus kaufen. Agro-Geschäftsleute produzieren unsere Lebensmittel.

Die Spezialisierung hat zu einer komplexen Gesellschaft geführt, in der die Begabungen und Interessen des einzelnen wenig Raum haben, sich auszudrücken. Jeder Individualismus führt unweigerlich zur Arbeitsteilung. Und wer will bestreiten, daß die Welt reicher geworden ist, weil Picasso die Freiheit genoß, sein Leben der Kunst zu widmen, und Einstein seins der reinen Mathematik? Was aber ist der Preis der Überspezialisierung?

Im vorigen Jahr saß ich in einem kleinen mexikanischen Dorf und sah zu, wie die Bauern auf den Markt kamen. An nordamerikanischen Maßstäben gemessen, waren sie alle arm. Aber während ich ihre Gesichter betrachtete – stark und schön, durchzogen von Falten, die von Jahren der Mühsal und der Arbeit kündeten –, fragte ich mich, ob diese Menschen wohl freier waren als die Amerikaner der Mittelschicht. Jeder von ihnen verfügte über das Ur-Wissen, wie man überlebte. Sie waren imstande, Nahrungsmittel anzubauen, die Kranken zu verarzten, eigenhändig ihre Häuser zu bauen. Je verfeinerter unsere Kultur wird, desto weniger Kenntnis hat der durchschnittliche Bürger, wie er sich selbst versorgen kann. Wir verdienen Geld und bezahlen Fachleute, um unsere Kinder zur Welt zu bringen, unsere Kleidung herzustellen, unsere Lieder zu komponieren, unsere Spiele zu spielen. Der Sex zählt zu den wenigen verbliebenen Aktivitäten, denen man nicht berufsmäßig nachgeht.

In der Sphäre der Spezialisierung sind wir beschränkt auf eine begrenzte Skala von Fertigkeiten und Freuden. Es kann aufregend sein, ein versierter Gehirnchirurg zu werden, aber wie steht es mit dem Menschen, der gezwungen ist, sein ganzes Leben Versicherungsanträge zu bearbeiten? Die Spezialisierung auf Routinearbeiten erzeugt ein gewisses Maß an Monotonie – und Angst. Wendell Berry sieht in der Arbeitsteilung die wesentliche Krankheit des modernen Menschen. Der Durchschnittsamerikaner, schreibt er, habe die Fähigkeit zur Selbstversorgung eingebüßt – mit einer Ausnahme: Geld.

> Von Morgens bis abends berührt er nichts, was er selbst hergestellt hat und auf das er stolz sein kann … Der durchschnittliche Bürger ist ängstlich, weil er es sein *soll* … weil er hilflos ist. Daß er von so vielen Spezialisten abhängig ist, der Nutznießer von so viel Hilfe durch die Experten, kann nur bedeuten – er ist ein Gefangener, ein potentielles Opfer. Wenn er sich des Sachverstandes so vieler anderer Menschen bedient, dann lebt er auch mit ihrer Duldung … Er besitzt eine Chance, das zu verwirklichen, was er sich im Leben wünscht: selber eine unbedeutende, kleine Spezialität in dem instabilen, spannungsgeladenen, überall brüchigen Gefüge von Spezialgebieten zu entwickeln.[3]

Die Arbeitsteilung beherrscht unsere Gesellschaft in solch großem Maße, daß man sich kaum vorstellen kann, was geschähe, wenn wir unser Leben der Kontrolle durch Experten entrissen. Man kann sich aber leicht vorstellen, daß wir reicher und sicherer wären, wenn unsere Erziehung und Ausbildung einschlösse, während einer Saison Getreide zu säen, die Grundlagen der Gesundheitsfürsorge zu erlernen, damit wir unsere Kinder zur Welt bringen und uns um unsere Sterbenden kümmern könnten, ein Haus zu bauen, ein Auto zu reparieren, vor Gericht ein Plädoyer zu halten, zu musizieren, eine Geschichte zu verfassen, einem Kind etwas zu lehren, einen Computer zu programmieren.

Es ist interessant, sich auszumalen, was geschähe, wenn die Gewerkschaften die Forderung nach sinnvollerer Arbeit stellten. Was wäre, wenn wir auf dem Recht bestünden, etwas Sinnvolles zu schaffen, einen Beitrag für die Allgemeinheit zu leisten, anderen zu dienen, eine Arbeit zu tun, auf die man stolz sein kann? Was würde geschehen, wenn die tiefen Wünsche, die sich in der Melancholie und der Langeweile der Frauen verbergen, als Forderungen auftauchten, unsere wirtschaftlichen und politischen Prioritäten zu ändern?

Medien contra Einbildungskraft

Macht uns das Fernsehen zu einer Nation von Voyeuren, die es erregend finden, anderen Menschen beim Handeln zuzuschauen?

Es mehren sich die Indizien, daß das Fernsehen zu den wichtigsten Produzenten unserer Passivität zählt, ein Sedativ der Einbildungskraft und ein Zerstörer der Leidenschaft ist, mithin eine gefährliche Droge. »Die

Mehrheit der erwachsenen Bevölkerung in den Vereinigten Staaten verbringt derzeit über die Hälfte der Zeit, in der sie wach sind und nicht arbeiten, vor dem Fernsehapparat. Im typischen Fall sieht das Vorschulkind pro Woche vierundfünfzig Stunden fern; 99 Prozent der US-amerikanischen Haushalte besitzen ein Fernsehgerät, das durchschnittlich 6 1/2 Stunden pro Tag angeschaltet ist.«[4]

Und was geht in uns vor, während wir fernsehen? ob wir uns nun Richard III. oder die neueste Game-Show ansehen, *das Fernsehsignal selbst* läßt die Augenbewegungen erstarren. Es hemmt das analytische Denken und das Erinnerungsvermögen und reduziert uns auf einen halb-infantilen Zustand der passiven Abhängigkeit, der durchaus mit bestimmten Formen der Drogensucht vergleichbar ist. In seinem Aufsatz *Vier Argumente für die Abschaffung des Fernsehens* trägt Jerry Mander einige erschütternde Indizien zusammen. Seine Schlußfolgerungen lauten unter anderem: Das Fernsehen vergrößert nicht unser Wissen, sondern beschränkt uns auf einen zerebralen Lebensmodus. Das Fernseh-Signal ruft einen hypnotischen, süchtig machenden Effekt hervor. Es hemmt die Lernbereitschaft, indem es uns in einen tranceähnlichen Alpha-Zustand versetzt, in dem man keine geordneten Gedanken entwickeln kann. (Demgegenüber erzeugt Lesen ein hohes Maß an Beta-Wellen-Aktivität, da wir mit dem Buch interagieren müssen. Lieber Leser: Merken Sie, wie sich der Fernseh-Bauch in Muskeln verwandelt und Sie gemeinsam mit mir begreifen, ordnen, zurückweisen, zustimmen, streiten, mich nach Belieben zur Hand nehmen oder aus der Hand legen, blättern, Absätze überspringen, von hinten nach vorne lesen? So schaffen wir gemeinsam einen Text. Danke!)

Das Fernsehen verringert unsere Wachsamkeit. Es hemmt unsere Handlungen, erzeugt einen Zynismus der Sinne, macht unseren Geist unflexibel, programmiert unser Unbewußtes mit gebrauchten Träumen, zerstört unsere Achtung vor komplizierten Zusammenhängen und erzeugt eine Mentalität, die der Kommerz-Vision vom Leben Glauben schenkt.

Dabei kann man leicht das Offensichtliche übersehen: Selbst wenn das Fernsehprogramm voll wäre von anspruchsvollen Sendungen – es würde uns dennoch nur Ersatzerfahrungen bieten. »Romeo und Julia« ist kein Ersatz für die ersten süßen Küsse zwischen Jugendlichen und das Steigen der Säfte, wenn wir zum erstenmal lieben. Und tausend Komödienfolgen können den Körper nicht so durchschütteln wie ein einziges spontanes Lachen. Die Kunst bereichert das Leben, aber ein Übermaß an passivem Fernsehkonsum erfüllt uns mit fremden Träumen, die wir nicht verarbeiten können. Auch wenn wir sechseinhalb Stunden lang die klassischen Werke des menschlichen Geistes anschauten – es würde uns aus der aktiven Beziehung zur eigenen Lebensgeschichte vertreiben. Das nachempfundene Leben ist eine Ersatzbefriedigung. Je stärker uns das Fernsehen fesselt, desto höher die Wahrscheinlichkeit, daß wir eines Tages aufwachen und feststellen, wir haben vergessen zu leben. Irgend jemand hat einmal gesagt, der viktorianische Gentleman habe es der Dienerschaft überlassen, an seiner Statt zu leben. Wir laufen Gefahr, Berufssportlern unsere Spiele, Berufssoldaten unsere Kämpfe und Berufspolitikern unsere Entscheidungen zu überlassen.

Unsere Lage ähnelt ein wenig der Beschreibung, die Plato von den Gefangenen in der Höhle des Nichtwissens gibt. Gleich diesen Gefangenen hocken auch wir in einem dunklen Raum und sehen nichts weiter als die Schatten der Bilder an der Wand. Dieses Bild halten wir fälschlich für die Wirklichkeit. (»Pappi, gibt es wirklich einen bionischen Menschen?«) Jeden Abend tanzen banale und gewalttätige Fernsehdramen vor unseren Augen und hypnotisieren unseren Geist. So werden die über den Bildschirm flimmernden Phantasmen zu unseren ständigen Begleitern. Unser Innenleben bevölkern blutleere Gespenster, die leere Reden halten und unsere Aufmerksamkeit immer stärker in Anspruch nehmen. Zunehmend werden wir aus der Gemeinschaft mit anderen Menschen vertrieben und in unsere Verliese – unsere Wohnungen und Häuser eingesperrt. (Das Wort *Idiot* bezeichnet im Griechischen eine Person, die keine Chance zur Teilhabe am politischen Geschehen hat).

Ohne Träume stirbt jeder Körper und jede Politik. Wenn wir schweigend verharren und den Blick nach innen richten, verbinden wir uns mit unseren tiefsten, unbewußten Begierden. Bei Tagträumen ruft uns das noch unfertige Selbst an, und das Versprechen, wer wir werden können, schreibt sich in unser Unbewußtes ein. Träume haben die Kraft, uns zu formen. Die Gefahr des Fernseh-Zeitalters besteht darin, daß der Blick in die Medien den Blick nach innen ersetzt. Vorfabrizierte Träume, programmiert von Händlern, die uns ihre Produkte aufdrängen, und Propagandisten, die unseren Geist beherrschen wollen, zerstören die stille, fruchtbare Dunkelheit, in der allein wir die Stimmen unserer intimen Phantasien hören.

Wer immer die Träume einer Nation beherrscht, hat die Macht, die Wirklichkeit zu formen. Die Hersteller der Bilder, die Fabrikanten der Helden und Heldinnen, die Geschichtenerzähler und offiziellen Sänger gestalten unsere Begierden und bestimmen, was wir schließlich lieben. Früher einmal gab es fahrende Sänger, Troubadours und Familienpicknicks, bei denen der Onkel von den Streichen erzählte, die der Vater als kleiner Junge spielte, und Großväter und Großmütter, die sich an längst vergangene Zeiten erinnerten.

Heute haben wir allenfalls die Fernsehserie *Roots*, gesponsert von Xerox (für diese Firmen sind Sie gleichsam eine Blaupause, ein geklonter Konsument). Durch die Bilder, die das Fernsehen aussendet beziehungsweise unterdrückt, formt es unsere Wünsche. Gene Youngblood beschreibt diesen Zustand mit großer Eindringlichkeit:

> Wir können nur begehren, was man uns gegeben hat. Begierden werden erlernt ... Es ist eine Gewohnheit, geformt durch die beständige Wiederholung einer bestimmten Klasse von Interaktionen. Das Begehren ist das wichtigste aller industriellen Produkte; es wird erworben durch erzwungene Gewohnheit aufgrund fehlender Alternativen. Daher kann man auch nur das begehren, was es gibt; genauso wichtig ist, daß wir *nicht* begehren können, was man uns *nicht* gibt. Natürlich treffen wir selber eine Wahl zwischen dem Material, mit dem wir unseren Lebenssinn, unsere Werte und unsere Vorlieben kultivieren ... Man ist aber nicht imstande, das zu pflegen, was man nicht bekommen kann. Wir bestellen kein Gericht, das nicht auf der Speisekarte steht. Wir wählen keinen Kandidaten, der nicht auf der Wahlliste steht ... Wir wählen nicht das aus, was selten zu bekommen ist, selten betont oder nur hin und wieder vorgestellt wird ... Die Videowelt wird bevölkert von Modellen menschlichen Schei-

terns, doch wo sind die Landkarten des Erfolgs und der Freude? Wie sollen wir ein ›gesundes‹ Leben führen, wenn die Videowelt nur krankhafte Verhaltensweisen und Verderbtheit darstellt? ... Das innerste Wesen des Totalitarismus besteht in der Herrschaft über unser Begehren durch die Herrschaft über unsere Wahrnehmung ... Die Herausforderung der Moderne besteht darin, zu erkennen, daß wir unser Leben ändern müssen.[5]

Ein Großteil der Langeweile in der modernen Gesellschaft rührt von den künstlichen Grenzen der Phantasie her, die uns die suchtartige Abhängigkeit von den Medien aufzwingt. Unsere Vorstellungen werden usurpiert und kolonisiert von den großen Produktionsgesellschaften, die uns zu passiven Konsumenten machen möchten. Die Existenz des kommerziellen Fernsehens hängt davon ab, daß man sich ruhig verhält, keine Fragen stellt, den kleinen falschen Botschaften vorgetäuschter Begeisterung Folge leistet, die die offiziellen Heldinnen uns ins Ohr flüstern, und dem Rat der zynischen »Persönlichkeiten« folgt, die ihren Namen dazu hergeben, Sie davon zu überzeugen, die Frühstücksflocken XY seien gut für Ihre Gesundheit. Sie sind es nicht! Wir müssen gedankenlos sein, sonst funktioniert das System nicht.

Gewalt – die endgültige Lösung?

Die Langeweile der schweigenden Mehrheit bleibt weitgehend unbewußt. Die Leere wäre uns bewußt zu schmerzlich, zu verwirrend. Aber sie ist vorhanden. Woran erkennt man sie? Man kann ein Vakuum ja nicht photographieren. Haben Sie schon einmal beobachtet, was geschieht, wenn ein Pechvogel in Hundekot getreten ist? Man zieht eine unsichtbare Mauer, alle Anwesenden meiden die verschmutzte Stelle, aber keiner sagt, daß da etwas stinkt. Dasselbe trifft auf die Langeweile zu. Man erkennt sie, wenn man sieht, daß die Leute alles daran setzen, sie zu übergehen.

Die schweigende Mehrheit zieht auch heute noch seelische und politische Gewalt dem Gespenst der Langeweile vor. Das Spannungsfeld innerhalb der Politik reicht von einer Minderheit, die melancholisch gestimmt ist, bis zur Mehrheit, den heißblütigen Befürwortern von Macht und Aggressivität. Rot, Weiß und Blau = Zorn, Langeweile und Depression. Die »Roten« glauben, wir müssen den *American way of life* mit unserem Blut verteidigen. Die »Blauen« sehen allein die Hoffnungslosigkeit unserer gegenwärtigen Lage und essen und trinken, um zu vergessen. Beide vermeiden die Leere, den weißen, neutralen Zustand des Nichts-Tuns und Nichts-Fühlens.

Gewalttätigkeit ist heute zu einem akzeptierten Teil des *American way of life* geworden. Wie meine Frau Janana sagt: »Krieg ist der Pickel der Langeweile, kurz bevor er aufgeht.« Bei kalten und heißen Kriegen und in Aufrüstungsprozessen vergießen wir unser Lebensblut in ausgeklügelten Abwehrmechanismen. Wir stärken unsere Umzäunungen, stählen unsere Entschlußkraft und kämpfen bis zur Selbstvergessenheit, anstatt die (unvorstellbare) Alternative in Erwägung zu ziehen, die Gewalt als Lebensform aufzugeben. Und in der Zwischenzeit wird die Seele, das Herz der Nation, traurig. Da bleibt kaum Geld für Sozialausgaben, die Alten, die Kranken, die Ausnahmen. Stagflation heißt diese besondere Form der Neurose der Konzerne, bei der wirtschaftliche Rezession mit Inflation einhergeht. Die »Roten« hegen zahllose grandiose Ideen hinsichtlich der Pax Americana, astronomisch hoher Ausgaben und neuer Anreize für die Wirtschaft. Die Traurigen meinen, unsere Städte, Familien und persönlichen Beziehungen wären im Verfall begriffen.

Dieses Problem erkannte schon ein erfahrener Soldat: Dwight D. Eisenhower. Bevor er aus dem Amt schied, warnte er vor dem militärisch-industriellen Komplex: »Jedes Gewehr, das hergestellt wird, jedes Kriegsschiff, das vom Stapel läuft, jede Rakete, die abgefeuert wird, bedeutet letztlich einen Diebstahl an jenen, die Hunger leiden und nicht genug zu essen haben, an jenen, die frieren und keine Kleidung besitzen. Unsere vor Waffen starrende Welt gibt nicht nur Geld aus: Sie vergeudet auch den Schweiß ihrer Arbeiter, das Genie ihrer Wissenschaftler und die Hoffnungen ihrer Kinder.«

Ein Leben, das sich am »Feind« orientiert, führt zu oberflächlichen Erregungen und tiefer Verzweiflung. Krankhaft mißtrauische Menschen können sich nur eines vorstellen: Wer könnte mich bedrohen? Nie, wer sie gerne streicheln, liebkosen würde oder Freude an ihnen hätte. Der Mensch, der einen Feind braucht, ist psychisch verarmt. Seine Einbildungskraft und sein Mitgefühl sind zu schwach entwickelt, als daß er das Band der Freundschaft spürt.

Die sterilsten Orte überhaupt sind militärische Gefechtszentralen. Generäle – die Spezialisten auf diesem Gebiet, die Verteidiger des rechten Glaubens – konzentrieren all ihre Energien auf tödliche Szenarien. Die Krieger-Mentalität hat uns an den Punkt auswegloser Absurdität geführt. Trotz Glasnost und des Zusammenbruchs des Kommunismus kann es immer noch zu einem atomaren »Schlagabtausch« kommen, bei dem die Hälfte der Weltbevölkerung ausgelöscht würde.

Wenn dann die ersehnte Krise kommt, fließt Adrenalin in den Adern dieser knallharten Männer, während sie sich das bevorstehende Blutbad vorstellen. Daniel Ellsberg beschrieb mir diese Szene: »Während einer Krise herrscht im Gefechtsraum eine riesengroße Erregung. Man ist mit allem, was geschieht, verbunden. Da sieht man Leute, denen man den Zugang verweigert hat, und sie wandern umher wie Zombies. Sie träumen immer noch von irgendeiner Möglichkeit, dieser wilden Erregung näherkommen zu können – dieser köstlichen, ungeheuren Spannung, die aufkommt, wenn man sich den Tag des Jüngsten Gerichts ausmalt. Das alles macht im buchstäblichen Sinne süchtig. Das gewöhnliche Leben wirkt daneben blaß und langweilig.«

Der Krieg kann die Hölle sein. Aber er ist eine ganz bestimmte Sichtweise, der Inbegriff des Lebensüberdrusses. Das Töten ist phantasielos, vorhersehbar, eine banale Form der Problembewältigung. Gewalt ähnelt dem Wiederholungszwang. Niemand lernt, gewinnt oder löst irgend etwas durch einen Krieg. Nationen haben ihre Ressourcen Generation um Generation erschöpft. Wenn uns die Geschichte irgend etwas lehrt, dann dies: Kriege (der Zufluchtsort der Hilflosen, Phantasielosen und Fühllosen) werden von den Toten geführt – psychischen Zombies, deren gesamtes Leidenschafts-Repertoire sich auf Gewalttätigkeit beschränkt.

Im zwischenmenschlichen Verkehr beginnt Erregung mit Vergebung. Allein das Verzeihen befreit uns aus dem geschlossenen, zwanghaften Kreislauf von

Mißtrauen-Kränkung-Vergeltung und gestattet uns, den Blick vom Feind abzuwenden und auf die kaleidoskopischen Möglichkeiten ringsum zu lenken. Feindschaft verhärtet unser Herz, verengt das Blickfeld, zieht die Muskeln und Blutgefäße zusammen. Nimmt man die Haltung des Kämpfens oder Fliehens ein, steigt der Blutdruck, und das gesamte Nervensystem konzentriert sich auf den einen Gefahrenherd. Vertrauen macht den Körper weich, erweitert die Gefäße, weitet die Augen, erlaubt uns, uns zu öffnen und die Umgebung freudig zu empfangen.

Können wir diese gewohnheitsmäßige Gewalt brechen? Eine Politik der Hoffnung entwickeln, die die Politik der Gewalt-Langeweile ersetzt?

Man stelle sich vor, was geschähe, wenn wir eine Politik hätten, die von Phantasie und Mitleid beherrscht wäre, statt von krankhaftem Mißtrauen und Gewalt.

De-eskalation ist ein Wagnis – aber ein faszinierendes. Gewohnheitsmäßig geübte Gewalt zeitigt vorhersehbare Ergebnisse – Depressionen, Zerstörung und Gewalt. Das Wettrüsten stellt uns vor eine alles entscheidende Wahl: Entweder wir erschöpfen unsere Lebenskraft, oder aber wir erwachen aus dem Alptraum der Gewalt. Die derzeitige epidemieartige Verbreitung psychischer und ökonomischer Depressionen läßt sich nicht heilen, indem wir die Wirtschaft stimulieren, den Geist ruhig stellen und die Stimmung in der Gesellschaft mit rhetorischen Fragen beschwichtigen. Unsere Traurigkeit ist echt. Den Großteil unserer Energie und unserer Phantasie investieren wir in das Geschäft des Tötens. »Seit mehr als einer Generation arbeitet ungefähr die Hälfte aller Wissenschaftler und Ingenieure in unserem Land an Projekten, die mit dem

Militär zusammenhängen. Die Folge ist: Die Vereinigten Staaten verfügen über die am weitesten entwickelten Raketen und Kampfflugzeuge, können aber keine ordentliche Eisenbahnstrecke bauen.«[6] Eine wahrhaft niederschmetternde Erkenntnis.

Der einzige gerechte Krieg besteht im Kampf gegen unsere Neigung, in den Krieg zu ziehen. Der gerechte Krieg geht gegen die Mächte im Selbst und in der Nation, die für ständige Konfliktherde in uns sorgen. Der wahre Feind ist in uns. Wie auch das Reich des Friedens. Angst macht uns die eigene Angst vor der Freiheit und einem erfüllten Leben.

Es gibt in der Geschichte der Menschheit immer wieder entscheidende Augenblicke. Heute stehen wir am Scheidewege. Die Zukunft unserer emotionalen und psychologischen Existenz hängt von unseren politischen Entscheidungen ab. Entweder wir vergehen, oder aber wir gehen das Wagnis des Friedens ein.

Jenseits der Politik der Depression

Die Probleme, die wir behandelt haben, sind so umfangreich, daß wir auf der Suche nach Lösungen fast wie gelähmt sind. Wie sollen wir damit beginnen, den weiblichen Weg des Seins zu schätzen und ihm die volle Gleichberechtigung einzuräumen? Die Arbeit neu zu erschaffen und unsere Berufung zu entdecken? Unsere Lust auf Gewalt zu kühlen? Schluß zu machen mit dem Wahnsinn des Krieges? Die Medien zu reformieren? Eine Gesellschaft zu schaffen, welche die Vielfalt der Phantasie, des Begehrens und der Lebensweisen wirklich und wahrhaftig ermutigt? Der Vorschlag, grundlegende Änderungen in der Art, wie wir Beziehungen, Gemeinschaften, Arbeitsplätze und Kriege konstruieren, herbeizuführen, mag naiv und bestenfalls utopisch erscheinen. Doch was wäre die Alternative? Mehr Depressionen. Mehr Konsum. Mehr Gewalt.

In der Politik wie in der Psychotherapie setzt der Heilungsprozeß mit dem Akzeptieren der Krankheit ein. Sie zeugt von der tiefen Krise unserer Werte und unserer Phantasie. Unsere namenlose Traurigkeit verrät uns, daß die Zeit gekommen ist, das Dahinscheiden des *American Dream* zu betrauern und sich einzugestehen, daß unsere zivile Religion mit ihrer Vision von »Freiheit und Gerechtigkeit für alle« ersetzt worden ist vom kommerziellen Glaubensbekenntnis der Produkte und des Gewinns für alle. Das Entscheidende bleibt das Bruttosozialprodukt. Vietnam war das Ende unserer Unschuld. Die Energiekrise, das Auftreten neuer Formen des Nationalismus und die globale Verbreitung der atomaren Waffen verweisen auf das Ende der amerikanischen Anmaßung, omnipotent zu sein.

Wir können den Anfang oder das Ende der *Amerikanischen Revolution* einläuten. Entweder es entwikkelt sich eine zunehmend militaristische, faschistische Gesellschaft, die den Löwenanteil der abnehmenden globalen Ressourcen für sich beansprucht, oder wir können ein neues Erwachen erleben, einen neuen Traum entdecken. Vielleicht können wir den Geschwindigkeits-Trip aufgeben und Freude an weniger verschwenderischen Rhythmen finden. Vielleicht können wir lernen, die einfachen Freuden zu genießen saubere Luft, reines Wasser, eine befriedigende Arbeit, das Berühren und Teilen von Essen, zu Fuß gehen, zusehen, wie ein Kind heranwächst, Sich-unterhalten, Stille, etwas anbauen, züchten, ernten, handwerkliches

Arbeiten, das Herstellen nützlicher Dinge und schöner Geräte, das Erschaffen solidarischer Gemeinden und Gemeinschaften. Im Willen zur Einfachheit finden wir vielleicht mehr Freude, als wir einst am Konsum fanden.

Die Neue Revolution wird – wenn sie sich denn vollzieht – das Werk mehrerer Generationen sein. Die Liebhaber von Maschinen müssen das Zusammenleben mit allen Formen des Lebens im Rahmen eines neuen Abenteuers erlernen. Vielleicht ist unsere Traurigkeit nur das erste Anzeichen für ein noch fernes Lied. Und wenn wir diesem Lied aufmerksam lauschen, vernehmen wir vielleicht einen neuen Ruf, der durch unsere Krankheit und unser Unbehagen hindurchdringt.

Anmerkungen

1. Kapitel
Die Epidemie der Langeweile

1 *Harper's*, Nr. 62, November 1962.
2 Zitiert in: Elwin Powell, *The Design of Discord*. Oxford 1970, S. 172.
3 Bertrand Russell, *Eroberung des Glücks*. Frankfurt/M. 1977, S. 47.

2. Kapitel
Eine kurze Geschichte der Traurigkeit und des Dämons des Mittags

1 Bertrand Russell, *Eroberung des Glücks*. Frankfurt/M. 1977, S. 46f.
2 Reinhard Kuhn, *The Demon of Noontide*. Princeton 1976.

5. Kapitel
Müdigkeit: Die Energiekrise des Individuums

1 The New England Journal of Medicine, April 1944.
2 The Journal of Psychosomatic Research, Nr. 11, 1967, C. Pergamon Press.

6. Kapitel
Einfache Langeweile: Monotonie

1 *Scientific American*, 196, S. 52-56.

7. Kapitel
Chronische Langeweile

1 Otto Fenichel, *Aufsätze*, Bd. 1, Frankfurt/M. – Berlin – Wien 1985, S. 302.
2 Zitiert in: Reinhard Kuhn, *The Demon of Noontide*. Princeton 1976, S. 326.
3 Pierre Janet, Fear of Action as an Essential Element in the Sentiment of Melancholia. In: *Feeling and Emotion*, Worcester, Mass., 1928.
4 Stephen Vincent Benét, *John Brown's Body*, New York 1927.
5 Bulletin of the Atomic Scientists, November 1975.

8. Kapitel
Seelenfinsternis: Depression und Apathie

1 *New York Times Magazine*, 12. Februar 1972.

9. Kapitel
Die fröhliche Kunst des Nichtstuns

1 *Science Digest*, Dezember 1972.
2 Chögyam Trungpa, *The Myth ot Freedom*, Berkeley 1976, S. 55f.
3 Zitiert in: Gabriel Marcel, *Homo Viator*, Düsseldorf 1949, S. 27.
4 Bertrand Russell, *Die Eroberung des Glücks*, S. 45.
5 Zitiert in: Nancy Ross (Hrsg.), *The World of Zen*, New York 1960, S. 84.

11. Kapitel
Die Erneuerung der Phantasie und des Verlangens

1 Zitiert in: Sam Keen, *Voices and Visions*, New York 1976, S. 97.

12. Kapitel
Sich-lebendig-fühlen: Das Eis der Gefühle auftauen

1 Norman O. Brown, *Love's Body*, München 1977.

13. Kapitel
Mut zum Risiko

1 *Psychology Today*, Oktober 1974.

14. Kapitel
Vom Sex zur Intimität

1 Milton Mayeroff, *On Caring*, New York 1971.

15. Kapitel
Depression und Hoffnung

1 Maggie Scarf, »The More Sorrowful Sex«, Psychology Today, April 1979.
2 Psychology Today, Mai 1978.
3 Wendell Berry, *The Unsettling of America*, New York 1978.
4 Peter Chowka, New Age 1979.
5 Gene Youngblood: »The Mass Media and the Future of Desire«, *CoEvolution Quarterly*, Winter 1977.
6 »SANE Reports«, *The Washington Spectator*, 1. Februar 1979.

Namens- und Sachregister

Dank:

The Social Readjustment Rating Scale wurde abgedruckt mit freundlicher Genehmigung des *Journal of Psychosomatic Research*, 11, Holmes, T. H. und Rahe, R. H. Copyright © 1967, Pergamon Press plc.

Ein Auszug aus *The Myth of Freedom* von Chögyam Trungpa, Copyright © 1976 by Chögyam Trungpa, wurde abgedruckt mit freundlicher Genehmigung von Shambhala Publications, Inc., 300 Massachusetts Avenue, Boston, MA 02115.

Band 60415

W. Christian Schmitt

Nachdenkliches von Vordenkern

Politikverdrossenheit. Werteverfall. Kulturabbau. Demokratiekrise. Nur Schlagworte? Oder Zustandsbeschreibung einer Gesellschaft im Umbruch? Wer könnte besser auf diese Frage antworten als die berühmten Vordenker der Nation, wie z.B. Martin Walser, Friedrich Schorlemmer, Walter Jens, Henryk M. Broder oder Jutta Ditfurth? W. Christian Schmitt hat sich in den letzten 20 Jahren mit weit über 100 Meinungsbildnern unterhalten. Aus diesen kontroversen Interviews ergibt sich ein facettenreiches Spiegelbild unserer Zeit.

W. Christian Schmitt schreibt als freier Journalist für fast drei Dutzend Tageszeitungen.

BASTEI
LÜBBE